〔改訂版〕
裁判上の各種目録記載例集

当事者目録、物件目録、請求債権目録、差押・仮差押債権目録等

編著　佐藤　裕義　（大船渡簡裁判事 兼 気仙沼簡裁判事）

新日本法規

改訂に際して

平成22年に本書を刊行してから9年が経過し，その間，家事事件手続法の施行があり，民法，会社法等の実体法規や行政事件訴訟法等の手続法規の改正が行われたので，このたび本書を改訂することとした。

今回の改訂に当たっては，上記の各法令の施行，改正，新たな判例等に対応して内容を更新するとともに，引用文献も可能な限り最新のものを引用した。また，目録作成上の留意点についても大幅に見直すとともに，本書の特色である具体的な書式・記載例についても新たなものを付加した。本書が従前同様，裁判実務関係者に幅広く利用され，各種事件の適正迅速な処理に少しでも役立つことができれば編者としては望外の喜びである。

なお，今回の改訂作業は，本書の意図，内容に精通している初版執筆者各位にお願いした。公務多忙のところ，快くお引き受けいただき無事改訂作業を終えることができた。また，新日本法規出版株式会社企画渉外部村田哲氏及び同社編集部の皆様には，本書刊行のために熱心にご尽力いただいた。ここに記して感謝の意を表する次第である。

令和元年10月

編　著　者

佐　藤　裕　義

は　し　が　き

　訴訟手続や非訟手続などの裁判手続の申立てにおいては，当事者目録や物件目録などの様々な目録を作成することが多い。しかし，裁判手続は事件種別ごとに様々であり，また，裁判上の請求も多種多様であるから，各種目録に記載する内容も同じではない。さらに，保全事件など急いで申立てをしなければならない事件については，迅速適切な目録の作成を要するなどの困難を伴う。

　その一方で，裁判上の各種目録の作成については，参考となる資料や文献が少ない上，その資料や文献も各事件種別ごとに分散していることから，実際に目録を作成する際には，一般の方々だけでなく実務家の中にも戸惑いを感じられる方が少なくなかった。

　そこで，本書では，民事訴訟事件のほか執行・保全・家事事件等において作成する当事者目録，物件目録，請求債権目録，差押・仮差押債権目録及びその他の目録について具体的な書式・記載例を示し，必要に応じて簡潔な作成上の留意点を付して，裁判上の各種目録の作成を迅速適切に行う手掛かりを提供することとした。

　記載例は，迅速を要し，一般的に目録の提出を求められる民事執行事件や民事保全事件を念頭に置き，実務上しばしば作成する目録のほか，希な目録で，どのように目録を作成したらよいか迷う事案の記載例も取り上げた。しかし，すべての事件類型や裁判上の請求に対応した目録記載例を網羅することは困難であるから，各目録の作成上の留意点の中で，その目録が他にどのような事件で利用できるかを記載し，汎用性を持たせることとした。

　また，記載例は，あえて記載方法の統一を図ることはせず，様々な記載方法を示すこととした。それは，そもそも各種目録の記載方法は一律ではなく，事案に応じて様々な記載方法があるのであるから，バ

リエーションに富んだ書式・記載例を読者に提供した方が参考になろうと考えたからである。

　幸い執筆者には，日頃から訴訟実務や非訟実務の現場において各種事件に接している経験豊富な書記官を得ることができ，所期の目的を達することができたものと考えている。今後とも読者諸氏のご叱正を得て，なお一層内容の充実を図って行きたい。本書が多くの法律実務家等に幅広く利用され，各種事件の適正迅速な処理に少しでも役立つことができればこれにまさる喜びはない。

　なお，執筆者各位には公務多忙の中本書の執筆を快くお引き受けいただき，力作をお寄せいただいた。また，新日本法規出版株式会社企画渉外部の小倉俊彦氏及び同社編集部の皆さんには，本書の刊行のために熱心にご尽力いただいた。ここに記して感謝の意を表する次第である。

　平成22年9月

編 著 者
佐 藤 裕 義

編集者・執筆者一覧

《編集者》

佐藤　裕義（大船渡簡易裁判所判事　兼　気仙沼簡易裁判所判事）

《執筆者》（五十音順）

川後　　誠（津地方裁判所熊野支部主任書記官　兼　庶務課長）

佐藤　裕義（大船渡簡易裁判所判事　兼　気仙沼簡易裁判所判事）

柴山　　昇（青森地方裁判所民事首席書記官）

竹内　　康（東京地方裁判所民事執行センター主任書記官）

長瀬　武照（横浜地方裁判所第7民事部主任書記官）

凡　　例

＜本書の意図＞

　本書は，裁判手続の申立てにおいて作成する目録（当事者目録，物件目録，請求債権目録など）の記載例を掲げ，作成上の留意点を解説することにより，関係者の利便の用に資することをねらいとしています。

＜本書の構成＞

　本書は，目録の種別によって，「第1章　当事者目録」「第2章　物件目録」「第3章　請求債権目録」「第4章　差押・仮差押債権目録」「第5章　その他の目録」と体系立てています。

　各事例は，具体的な内容を掲げた見出し，概要，【記載例】，作成上の留意点により構成しています。また，事例によっては，記載例のバリエーションとして【参考例】を掲げ，適宜≪参考となる判例≫を登載しました。

＜表記の統一事項＞

1　法令等の表記

　法令は，本文中では原則としてフルネームを用いて表記し，解説根拠として掲げる場合は次のように略記しました。なお，本文中で略称を使用する場合は，〔　〕に掲げる略称を用いました。

（1）　略記例

　　民事執行法16条1項2号 ＝（民執16Ⅰ②）

（2）　法令等略称

意匠	意匠法	会社	会社法
一般法人	一般社団法人及び一般財団法人に関する法律	会社非訟規	会社非訟事件等手続規則
会更	会社更生法	会社法整備法	会社法の施行に伴う関係法律の整備等に関する法律
会更規	会社更生規則		

家事	家事事件手続法	信金	信用金庫法
家事規	家事事件手続規則	人訴	人事訴訟法
行審	行政不服審査法	人保	人身保護法
行訴	行政事件訴訟法	人保規	人身保護規則
供託	供託法	水協	水産業協同組合法
供託規	供託規則	建物区分	建物の区分所有等に関する法律
憲	日本国憲法	地公企	地方公営企業法
検察	検察庁法	中小協	中小企業等協同組合法
戸	戸籍法		
鉱業	鉱業法	手	手形法
後見登記	後見登記等に関する法律	電子債権	電子記録債権法
小切手	小切手法	投資契約	投資事業有限責任組合契約に関する法律
国健保	国民健康保険法	独行法	独立行政法人通則法〔独行法〕
国大法人	国立大学法人法		
債権回収	債権管理回収業に関する特別措置法〔サービサー法〕	特許	特許法
		任意後見	任意後見契約に関する法律
私学	私立学校法	農協	農業協同組合法
司書	司法書士法	破	破産法
自治	地方自治法	破規	破産規則
借地非訟	借地非訟事件手続規則	犯罪被害保護	犯罪被害者等の権利利益の保護を図るための刑事手続に付随する措置に関する法律〔犯罪被害者保護法〕
社債株式振替	社債，株式等の振替に関する法律		
車両	道路運送車両法		
宗法	宗教法人法	犯罪被害保護規	犯罪被害者等の権利利益の保護を図るための刑事手続に付随する措置に関する規則〔犯罪被害者保護規則〕
商	商法		
商登	商業登記法		
商登規	商業登記規則		
商標	商標法	非営利活動	特定非営利活動促進法
新案	実用新案法		

非訟	非訟事件手続法	民再規	民事再生規則
非訟規	非訟事件手続規則	民執	民事執行法
不登	不動産登記法	民執令	民事執行法施行令
不登令	不動産登記令	民執規	民事執行規則
不登規	不動産登記規則	民訴	民事訴訟法
不登準則	不動産登記事務取扱手続準則	民訴規	民事訴訟規則
法税	法人税法	民保	民事保全法
法務大臣権限	国の利害に関係のある訴訟についての法務大臣の権限等に関する法律	民保規	民事保全規則
		有限組合	有限責任事業組合契約に関する法律
民	民法	労金	労働金庫法
民再	民事再生法	労審規	労働審判規則

2 判例の表記

判例は，次のように略記しました。

(1) 略記例

最高裁昭和47年9月1日判決，最高裁判所民事判例集26巻7号1289頁，判例時報683号92頁＝（最判昭47・9・1民集26・7・1289,判時683・92）

(2) 出典略称

下民	下級裁判所民事裁判例集	ジュリ	ジュリスト
		訟月	訟務月報
金判	金融・商事判例	東高時報	東京高等裁判所判決時報
金法	旬刊 金融法務事情		
高民	高等裁判所民事判例集	判時	判例時報
		判タ	判例タイムズ
裁時	裁判所時報	民集	最高裁判所民事判例集（大審院民事判例集）
裁判集民	最高裁判所裁判集民事		

参考文献一覧 (編・著者五十音順)

編著者名	書　名	略　称
相澤眞木 塚原聡	民事執行の実務　債権執行編（上） ［第4版］（金融財政事情研究会, 2018）	民執実務・債権 編（上）
相澤眞木 塚原聡	民事執行の実務　債権執行編（下） ［第4版］（金融財政事情研究会, 2018）	民執実務・債権 編（下）
秋山幹男ほか	コンメンタール民事訴訟法Ⅰ［第2 版追補版］（日本評論社, 2014）	
内田貴	民法Ⅳ［補訂版］親族・相続（東京 大学出版会, 2004）	
加藤新太郎ほか	新基本法コンメンタール民事訴訟法 1（日本評論社, 2018）	
菊井維大 村松俊夫	全訂民事訴訟法Ⅱ［第2版］（日本評 論社, 1989）	
小路謙二	人身保護請求事件に関する実務的研 究（法曹会, 1977）	小路・人身保護
小林昭彦 原司	平成11年民法一部改正法等の解説 （法曹会, 2002）	小林＝原・平11 民法改正
最高裁判所事務総 局民事局	条解民事訴訟規則（司法協会, 1997）	
最高裁判所事務総 局民事局監修	条解会社更生規則（法曹会, 2003）	条解会社更生規 則
最高裁判所事務総 局民事局監修	条解民事保全規則［改訂版］（司法協 会, 1999）	
裁判所書記官研修 所	新民事訴訟法における書記官事務の 研究Ⅱ（司法協会, 1998）	
裁判所職員総合研 修所	民事保全実務講義案（改訂版）（司法 協会, 補正版につき2007）	
裁判所職員総合研 修所監修	書記官事務を中心とした和解条項に 関する実証的研究［補訂版・和解条 項記載例集］（法曹会, 2010）	

阪本勁夫	不動産競売申立ての実務と記載例 [全訂3版]（金融財政事情研究会, 2005）	阪本・不動産競売申立て
園部厚	書式債権・その他財産権・動産等執行の実務[全訂14版]（民事法研究会, 2016）	園部・書式債権・その他財産権・動産等執行の実務
園部厚	書式不動産執行の実務［全訂10版］（民事法研究会, 2014）	園部・書式不動産執行の実務
立花宣男	［改訂］新・商業登記法から見た！新・会社法（日本加除出版, 2006）	
塚原朋一	事例と解説　民事裁判の主文［第二版］（新日本法規出版, 2015）	
東京地裁破産再生実務研究会	破産・民事再生の実務［第3版］民事再生・個人再生編（金融財政事情研究会, 2014）	
東京地裁保全研究会	書式民事保全の実務［全訂5版］（民事法研究会, 2010）	東京地裁保全研究会・書式民事保全
堂薗幹一郎野口宣大	一問一答新しい相続法（商事法務, 2019）	
深沢利一園部厚	民事執行の実務（中）［補訂版］（新日本法規出版, 2007）	深沢ほか・民執実務（中）
法務省民事局	不動産登記実務［五訂版］（法曹会, 1997）	不動産登記実務
松田克己	民事訴訟における証拠保全に関する実証的研究（裁判所書記官研修所, 1970）	
八木一洋関述之	民事保全の実務［第3版増補版］（上）（金融財政事情研究会, 2015）	
山野目章夫	不動産登記法［増補］（商事法務, 2014）	

目　　次

第1章　当事者目録

第1　当事者の表示　　　　　　　　　　　　　　　　頁

1　通常の場合（当事者の表示の基本型）……………………3

2　住居所不明の場合……………………………………………8

3　会社の商号変更，組織変更の場合…………………………11

4　現在の住所氏名と登記記録上の住所氏名が異な
る場合…………………………………………………………13

5　現在の住所氏名と手形上の住所氏名が異なる場
合………………………………………………………………15

6　商業登記簿（登記記録）上の本店では営業して
いない会社の場合……………………………………………18

7　通称名を用いる場合…………………………………………20

8　旧姓や旧名（名の変更）がある場合………………………22

9　破産者の場合…………………………………………………24

10　再生債務者の場合……………………………………………26

11　更生会社の場合………………………………………………28

12　遺言執行者の場合……………………………………………30

13　相続財産法人の場合…………………………………………32

14　不在者の場合…………………………………………………35

15　外国法人の場合………………………………………………38

16　刑事施設収容者の場合………………………………………40

17　権利能力なき社団の場合……………………………………42

18　選定当事者の場合……………………………………………45

19　未成年者の場合………………………………………………47

目　　次

20　成年被後見人の場合……………………………………50

21　被保佐人の場合…………………………………………52

22　被補助人の場合…………………………………………54

23　サービサーの場合………………………………………56

24　ジョイントベンチャーの場合…………………………58

25　公庫等の業務委託がある場合…………………………61

26　行政主体・行政庁の場合………………………………63

27　地方公共団体の場合……………………………………68

28　有限責任事業組合（ＬＬＰ）の場合…………………71

29　債務者を特定しない不動産占有移転禁止仮処分

　　の債務者の場合…………………………………………74

30　認可地縁団体の場合……………………………………76

第2　代理人，代表者等の表示

31　弁護士の場合……………………………………………78

32　司法書士の場合…………………………………………80

33　支配人の場合……………………………………………82

34　許可代理人の場合………………………………………84

35　特別代理人の場合………………………………………86

36　弁理士の場合……………………………………………88

37　補佐人の場合……………………………………………90

38　金融整理管財人の場合…………………………………93

39　不在者財産管理人の場合………………………………95

40　相続財産管理人の場合…………………………………97

41　株式会社の場合①（取締役会設置会社の場合）………100

42　株式会社の場合②（指名委員会等設置会社の場

　　合）………………………………………………………102

43　株式会社の場合③（代表者が欠けた場合等）…………104

44　持分会社の場合…………………………………………107

目　　次　　　　3

45　有限会社の場合……………………………………111

46　解散した会社や休眠会社の場合…………………113

47　農業協同組合等の場合……………………………115

48　一般社団法人及び一般財団法人の場合…………117

49　学校法人の場合……………………………………119

50　ＮＰＯ法人の場合…………………………………121

51　公社の場合…………………………………………123

52　その他の法人の場合………………………………125

第3　第三債務者の表示

53　国家公務員の俸給の差押えの場合………………128

54　独立行政法人国立病院機構の職員の俸給の差押
　　えの場合……………………………………………130

55　国立大学法人の大学教授の給料の差押えの場合…………133

56　自衛隊員の俸給の差押えの場合…………………135

57　国会議員の歳費の差押えの場合…………………137

58　裁判所職員の退職金の差押えの場合……………139

59　税還付請求権の差押えの場合……………………141

60　裁判所が保管する競売剰余金交付請求権の差押
　　えの場合……………………………………………143

61　債権差押命令申立事件における配当請求権の差
　　押えの場合…………………………………………145

62　供託金払渡請求権の差押えの場合………………148

63　地方公務員の給与等の差押えの場合……………150

64　地方議会議員の報酬の差押えの場合……………152

65　公営企業職員の給与等の差押えの場合…………154

66　会社員の給料の差押えの場合……………………156

67　銀行預金の差押えの場合…………………………159

68　郵便貯金の差押えの場合…………………………163

4　　　　　　　　　　　　　　目　　次

　　69　社会保険診療報酬請求権の差押えの場合……………………167
　　70　国民健康保険診療報酬請求権の差押えの場合……………169
　　71　電話加入権の差押えの場合………………………………………171
　　72　電子記録債権の差押えの場合……………………………………173

第4　訴訟形態による表示

　　73　訴え提起の場合（検察官が当事者になる場合）…………176
　　74　控訴提起の場合①（検察官が当事者であり，か
　　　つ補助参加がある場合）……………………………………179
　　75　控訴提起の場合②（相続等により当事者に変動
　　　があった場合）………………………………………………182
　　76　控訴提起の場合③（独立当事者参加により当事
　　　者に変動があった場合）……………………………………185
　　77　上告提起の場合……………………………………………………187
　　78　上告受理申立ての場合……………………………………………190
　　79　特別上告提起の場合………………………………………………192
　　80　抗告提起の場合……………………………………………………194
　　81　特別抗告提起の場合………………………………………………197
　　82　抗告許可申立ての場合……………………………………………199
　　83　再審申立ての場合…………………………………………………201
　　84　民事執行事件の場合①（執行申立て，執行異議
　　　申立ての場合）………………………………………………204
　　85　民事執行事件の場合②（執行抗告申立ての場合）………206
　　86　民事保全事件の場合①（通常の仮差押え，仮処
　　　分の場合）……………………………………………………208
　　87　民事保全事件の場合②（子の引渡しの場合）…………211
　　88　民事保全事件の場合③（保全異議申立て，起訴
　　　命令申立て，保全取消申立て及び保全抗告の場合）………213
　　89　証拠保全申立ての場合……………………………………………216

目　次　　5

90　民事再生申立ての場合……………………………218

91　破産申立ての場合…………………………………220

92　会社更生申立ての場合……………………………222

93　非訟事件の場合……………………………………224

94　損害賠償命令申立ての場合………………………227

95　人身保護請求の場合………………………………230

第2章　物件目録

第1　不動産

96　土地，建物の場合…………………………………235

97　区分建物の場合……………………………………238

98　共同住宅（アパート等）の場合…………………242

99　未登記建物の場合…………………………………244

100　建物の一部分の場合………………………………246

101　土地の一部分の場合………………………………248

102　増改築した場合……………………………………250

103　一部滅失した建物の場合…………………………252

104　建物の占有移転禁止の仮処分の場合……………254

105　土地上の一切の工作物の場合……………………256

第2　動　産

106　電化製品の場合……………………………………259

107　家具の場合…………………………………………261

108　絵画の場合…………………………………………263

109　書画の場合…………………………………………265

110　貴金属の場合………………………………………267

111　機械の場合…………………………………………270

第3　その他

112　自動車の場合……………………………………………272

113　船舶の場合………………………………………………274

114　航空機の場合……………………………………………276

115　建設機械の場合…………………………………………278

116　特許権の場合……………………………………………280

117　実用新案権の場合………………………………………283

118　商標権の場合……………………………………………286

119　意匠権の場合……………………………………………289

120　鉱業権の場合……………………………………………291

121　電話加入権の場合………………………………………293

122　ゴルフ会員権の場合……………………………………296

123　電子化された株式の場合………………………………299

124　電子化されていない非上場株式の場合………………301

125　国債の場合………………………………………………303

第3章　請求債権目録

126　売買代金債権の場合……………………………………307

127　貸金返還請求権の場合…………………………………309

128　敷金返還請求権の場合…………………………………311

129　請負代金債権の場合……………………………………314

130　約束手形金債権，為替手形金債権，小切手金債
　　　権の場合…………………………………………………316

131　連帯保証債務履行請求権の場合………………………321

132　求償債権の場合…………………………………………323

133　債権譲渡に基づく貸金債権の場合……………………325

134　債務引受による貸金債権等の場合……………………327

135　債務不履行による損害賠償請求権の場合……………329

目　　次　　　　7

136　債権者代位権行使による貸金債権の場合……………………331

137　詐害行使取消権行使による価額賠償請求権の
　　　場合……………………………………………………………333

138　清算金債権の場合……………………………………………336

139　立替金債権の場合……………………………………………339

140　分割払金債権の場合…………………………………………341

141　意思表示の取消しに基づく売買代金返還請求
　　　権の場合…………………………………………………………343

142　契約解除に基づく返還請求権の場合………………………345

143　不当利得返還請求権の場合…………………………………347

144　会社法423条1項に基づく損害賠償請求権の場
　　　合…………………………………………………………………350

145　会社法429条1項に基づく損害賠償請求権の場
　　　合…………………………………………………………………352

146　離婚に伴う慰謝料請求権の場合……………………………354

147　離婚に伴う財産分与請求権の場合…………………………356

148　債務者の相続の場合…………………………………………358

149　遺産分割に伴う代償金債権の場合…………………………360

150　サービサー法に基づき委託を受けた場合…………………362

151　譲受債権の場合………………………………………………364

152　リース料金支払請求権の場合………………………………366

153　債務不履行による請負代金返還請求権の場合……………368

154　判決，和解調書に基づく場合………………………………370

155　公正証書に基づく場合………………………………………374

第4章　差押・仮差押債権目録

第1　各種契約関係

156　預託金返還請求権の場合……………………………………379

157　預金債権，貯金債権の場合…………………………………384

158　請負代金債権の場合…………………………………………396

159　売買代金債権の場合…………………………………………400

160　貸金債権の場合………………………………………………403

161　連帯保証人の求償債権の場合………………………………405

162　債務不履行に基づく損害賠償債権の場合…………………407

163　敷金返還請求権の場合………………………………………409

164　賃料債権の場合………………………………………………411

165　運送代金債権の場合…………………………………………417

166　カード代金債権の場合………………………………………420

167　生命保険金の場合……………………………………………423

168　火災保険金の場合……………………………………………429

169　執筆料債権の場合……………………………………………433

170　特許権等の専用実施料債権の場合…………………………435

第2　給与・報酬関係

171　給料，賞与及び退職金債権の場合…………………………439

172　給料，賞与及び退職金債権（仮差押えの本執行
移行）の場合…………………………………………………442

173　養育費その他扶養義務等に係る定期金債権の
場合……………………………………………………………445

174　労務報酬債権（給料支払形態が不明のとき）の
場合……………………………………………………………449

175　役員報酬債権及び役員退職慰労金債権の場合……………452

176　公務員の俸給債権の場合……………………………………456

目　次　　9

177　国会議員の歳費債権の場合……………………………459
178　地方公共団体の議会議員報酬債権の場合…………461
179　診療報酬債権の場合……………………………………463
180　介護報酬債権の場合……………………………………467

第3　裁判手続関係

181　和解金の場合……………………………………………469
182　供託金の場合……………………………………………471
183　破産手続による配当請求権の場合…………………476
184　民事再生手続による民事再生弁済金の場合………478
185　更生債権の場合…………………………………………480
186　更生計画認可決定に基づく弁済金の場合…………482
187　競売代金剰余金の場合…………………………………484
188　競売手続における配当金の場合……………………486
189　買受申出保証金の場合…………………………………488
190　保釈保証金の場合………………………………………490

第4　その他

191　抵当権（根抵当権）付債権の場合…………………492
192　交通事故による損害賠償債権の場合………………496
193　郵便振替払込金払渡請求権の場合…………………498
194　法人税還付請求権の場合………………………………500
195　ジョイントベンチャーの分配金の場合……………502
196　貸金庫の内容物の引渡請求権の場合………………504

第5章　その他の目録

第1　手形・小切手目録

197　手形の場合………………………………………………509
198　小切手の場合……………………………………………511

第2 登記目録

199 一般的な場合……………………………………………513
200 仮登記上の権利の場合…………………………………516
201 保全仮登記の場合………………………………………519

第3 担保権目録

202 先取特権の場合…………………………………………521
203 抵当権の場合……………………………………………524
204 根抵当権の場合…………………………………………527

第4 財産目録

205 土地，建物の場合………………………………………530
206 現金，預貯金，国債，株式等の場合…………………532

第5 その他

207 債権一覧表………………………………………………534
208 登記権利者・義務者目録………………………………536
209 登録権利者・義務者目録………………………………537
210 遺産目録…………………………………………………539
211 証拠保全申立ての検証物目録…………………………543
212 出資持分権目録…………………………………………545
213 社員持分権目録…………………………………………547
214 振替社債等目録…………………………………………549
215 電子記録債権目録………………………………………553
216 補助人の同意行為目録…………………………………555
217 任意後見契約目録………………………………………557

第1章　当事者目録

2

第1 当事者の表示

1 通常の場合（当事者の表示の基本型）

　債権差押命令の申立てや債権仮差押えの申立てをしようとする際に，当事者目録を作成する場合

【記　載　例】

```
                当 事 者 目 録


〒○○○－○○○○　　○○県○○市○○町○丁目○番○号
                債　権　者　○　○　○　○
〒○○○－○○○○　　○○県○○市○○町○丁目○番○号
                ○○法律事務所（送達場所）
                債権者代理人弁護士　○　○　○　○


〒○○○－○○○○　　○○県○○市○○町○丁目○番○号
                債　務　者　○　○　○　○


〒○○○－○○○○　　○○県○○市○○町○丁目○番○号
                第　三　債　務　者　○○株式会社
                代表者代表取締役　○　○　○　○
                                        以　上
```

4　　　　当事者目録　　当事者の表示

作成上の留意点

1　当事者目録の作成

　　当事者目録を作成するのは，当事者が多数の場合や当事者目録を裁判書等の別紙に引用することにより効率的な裁判書等の作成が可能となる場合です。

　　保全事件及び執行事件については，当事者目録を作成して当事者を表示するのが一般的です。また，訴訟事件においても当事者が多数の場合は，当事者目録を作成するのが通例です。

　　当事者目録に記載すべき当事者は，事件の種類や申立ての内容によって異なります。主なものを列挙すると，次のとおりです。

① 　訴訟（民訴規2Ⅰ①）………原告，被告

② 　強制競売（民執規21①）………債権者，債務者

③ 　担保権の実行としての競売（民執規170Ⅰ①）

　　　　　　　　　　　　　　　………債権者，債務者，所有者

④ 　債権差押え（民執規133Ⅰ・21①）

　　　　　　　　　　　　　　………債権者，債務者，第三債務者

⑤ 　債権仮差押え（民保規13Ⅰ①・18Ⅰ）

　　　　　　　　　　　　　　………債権者，債務者，第三債務者

⑥ 　仮差押え（債権を除く），仮処分（民保規13Ⅰ①）

　　　　　　　　　　　　　　　　　………債権者，債務者

2　当事者の表示

　　当事者の表示は，当該事件に関与する者を明らかにするとともに，権利者及び義務者を特定するものですから非常に重要なものです。したがって，住民票写し，登記事項証明書，登記記録等と照合するなどして正確に記載しなければなりません。

　　当事者を表示する場合，当事者の氏名又は名称及び住所並びに代

理人の氏名及び住所を記載します（民訴規2Ⅰ①，民執規21①・133Ⅰ・170Ⅰ①，民保規13Ⅰ①，破規13Ⅰ①②，民再規12Ⅰ①②等）。自然人であるときは氏名及び住所を，法人であるときは名称及び主たる事務所又は本店所在地，代表者の氏名を記載します。

　また，執行力ある債務名義の正本（執行文の付された判決正本等）に基づいて民事執行の申立てをする場合は，申立書記載の当事者の表示（債権者，債務者の住所氏名（名称））と当該執行力ある債務名義の正本に記載されている当事者の表示が一致しなければなりません。担保権実行の場合も，申立書記載の当事者の表示と担保権の存在を証する文書（民執193Ⅰ）に表示されている債権者，債務者，担保権設定者が同一でなければなりません。異なる場合は，変更前後の氏名（名称）等を併記するなどして同一性を明確にする必要があります。

　このほか，当事者の特定のために，旧姓や旧商号を併記したり，登記嘱託の関係で，登記記録上の住所氏名を併記する場合があります。具体的な記載例は，本書の該当事例を参照してください。

　なお，訴状や調停申立書の当事者目録に原告又は申立人の実際の住所を記載すると，原告又は申立人の身体や生命に危害を加えられることが予想され，実際の住所を記載しないことについてやむを得ない事由がある場合には，裁判所に秘匿希望（秘匿措置）の申出をすることができます。その場合，当事者目録に記載する原告又は申立人の住所は，実際には居住していない便宜的な住所（前住所，住民票上の住所，実家の住所，代理人の事務所等）を記載します。

　ただし，強制執行手続では，判決や調停調書などの債務名義に記載された住所が住民票等の公文書では証明できなくなり，他の方法で執行裁判所に同一性を証明しないと強制執行ができなくなるおそれもあります。便宜的な住所としてどの住所を記載するかは，その

ようなリスクがあることを踏まえて検討する必要があります。

3　本事例のように債権差押命令の申立てをする場合，債権差押命令申立書には，債権者，債務者，代理人，第三債務者の住所及び氏名（名称）を記載しなければなりません（民執規133Ⅰ・21①）。なお，抵当権（物上代位）に基づき，所有者が第三債務者に対して有する債権の差押命令を求めるような事案（下記【参考例1】）や，担保権に基づき競売申立てをする事案（下記【参考例2】）では，この他に所有者の住所氏名も記載します。

【参考例1：所有者が第三債務者に対して有する債権の差押命令を求める場合】

```
〒○○○―○○○○　○○県○○市○○町○丁目○番○号
　　　　　　　所　　有　　者　○　○　○　○
〒○○○―○○○○　○○県○○市○○町○丁目○番○号
　　　　　　　第　三　債　務　者　○　○　○　○
```

【参考例2：担保権に基づき競売申立てをする場合】

```
〒○○○―○○○○　○○県○○市○○町○丁目○番○号
　　　　　　　債　務　者　兼　所　有　者　○　○　○　○
```

4　第三債務者とは，差し押さえるべき債権の債務者のことです（民執144Ⅱ）。厳密には当事者ではありませんが，差押えの効力が第三債務者に送達されたときに生じる（民執145Ⅳ）など，第三債務者は金銭債権執行において極めて重要なので，当事者目録に記載するのが一般的な取扱いです。

5 申立書には，申立人又はその代理人の郵便番号，電話番号及びファクシミリ番号を記載します（訴状につき民訴規53Ⅳ，保全申立書につき民保規6，執行申立書につき民執規15の2で民訴規則を各準用）。申立書自体にはこれらを記載しなければなりませんが，電話番号とファクシミリ番号については当事者目録には記載しない例が少なくありません。ただし，第三債務者がいる場合は，第三債務者から債権者（代理人）への連絡や照会の便宜のために当事者目録中に債権者又は債権者代理人の電話番号及びファクシミリ番号を記載する例もあります。

6 送達場所の届出がある場合は，その旨の表示をします（民訴規41参照）。送達受取人の定めがあるときもその旨の表示をします。

7 目録の末尾に「以上」と記載するのが一般的です。これは，末尾余白に不要な書込みや記載挿入による改ざんを防止するためです。

8 本事例は，債権の差押えや仮差押えの場合を想定していますので「債権者」「債務者」と表示されていますが，訴訟の場合は「原告」「被告」と，調停（民事・家事）の場合は「申立人」「相手方」と表示します。そのほか，本書において「債権者」「債務者」と表示されている場合は，必要に応じ適宜読み替え変更してください。

2　住居所不明の場合

住居所が不明である債務者に対して確定判決に基づき強制競売の申立てをしようとする際に，当事者目録を作成する場合

【記　載　例】

当　事　者　目　録

〒○○○−○○○○　○○県○○市○○町○丁目○番○号
　　　　　　　債　権　者　○　○　○　○

（住所・居所）　　　不明
（最後の住所）
〒○○○−○○○○　○○県○○市○○町○丁目○番○号
　　　　　　　債　務　者　○　○　○　○
　　　　　　　　　　　　　　　　　　　　以　上

作成上の留意点

1　自然人の住所，居所が知れない場合の記載例です。債務者の最後の住所は，管轄認定の基準となります（民執20，民訴4Ⅱ）。
2　本事例のように判決等の債務名義に基づいて民事執行の申立てをする場合，当該債務名義に債務者の住居所が不明で最後の住所が記載されていれば，本記載例のように記載しても特に問題ありません。

しかし，債務名義にその旨の記載がない場合には，債務者の住居所が不明である旨と最後の住所が申立書（当事者目録）記載のとおりであることを証明しなければなりません。

証明資料としては，住民票写し，戸籍附票写し，外国人登録証明書，登記事項証明書，送達証明書（裁判所書記官又は公証人作成），執行官作成の動産執行調書謄本などの公文書が一般的です（園部・書式債権・その他財産権・動産等執行の実務100頁参照）。

3　住所は不明で，居所が判明している場合は，居所が管轄認定の基準となりますので（民執20，民訴4Ⅱ），次のように居所を記載します。

【参考例1：住所は不明で，居所が判明している場合】

```
（住所）　　不明
（居所）
　〒○○○○－○○○○　○○県○○市○○町○丁目○番○号
　　　　　　　　　債　　務　　者　○　○　○　○
```

4　法人の所在地が不明で代表者の住所が判明している場合は，代表者（主たる業務担当者）の住所が管轄認定の基準となるので（民執20，民訴4Ⅳ），次のように記載します（園部・書式債権・その他財産権・動産等執行の実務104頁参照）。

【参考例2：法人の所在地が不明で，代表者の住所が判明している場合】

```
（住所）　　不明
（債務名義上及び商業登記記録上の住所）
　○○県○○市○○町○丁目○番○号
```

10　　　　　**当事者目録　　当事者の表示**

```
（主たる業務担当者の住所）
〒○○○－○○○○　○○県○○市○○町○丁目○番○号
　　　　　　　　債　　務　　者　○○株式会社
　　　　　代表者代表取締役　○　○　○　○
```

5　本事例は，強制競売の申立ての場合を想定していますので「債権者」「債務者」と表示されていますが，訴訟の場合は「原告」「被告」と表示します。

3 会社の商号変更，組織変更の場合

会社の商号変更があった債権者が組織変更があった債務者に対して強制競売の申立てをしようとする際に，当事者目録を作成する場合

【記 載 例】

```
                    当 事 者 目 録

〒○○○−○○○○　　○○県○○市○○町○丁目○番○号
　　債　　権　　者　旧商号　○○物産株式会社
　　　　　　　　　　　現商号　○○興商株式会社
　　代表者代表取締役　　　　　○　○　○　○


〒○○○−○○○○　　○○県○○市○○町○丁目○番○号
　　債　　務　　者　組織変更前の商号　　○○合資会社
　　　　　　　　　　組織変更後の現商号　○○株式会社
　　代表者代表取締役　　　　　○　○　○　○
                                            以　上
```

作成上の留意点

1　商号変更や組織変更により当事者の表示が債務名義上の表示や登記記録上の表示と異なる場合は，両者の同一性を明らかにするため，変更前と変更後の商号を記載します。そして，債務名義等に表示された当事者と申立書に表示した当事者が同一であることを証明する

ため，登記事項証明書等の公文書を提出します。

2 会社の商号変更や組織変更があった場合，次のような表示方法もあります。

【参考例1】

〒○○○－○○○○　○○県○○市○○町○丁目○番○号
　　　　　　　　旧商号　A株式会社
　　債 権 者（債 務 者）　B株式会社
　　代表者代表取締役　○　○　○　○

【参考例2】

〒○○○－○○○○　○○県○○市○○町○丁目○番○号
　　　　　　　　組織変更前の商号　A合資会社
　　債 権 者（債 務 者）　B株式会社
　　代表者代表取締役　○　○　○　○

【参考例3】

〒○○○－○○○○　○○県○○市○○町○丁目○番○号
　（債務名義上の商号　A株式会社）
　　債 権 者（債 務 者）　B株式会社
　　代表者代表取締役　○　○　○　○

3 本事例は，強制競売の申立ての場合を想定していますので「債権者」「債務者」と表示されています。保全命令の申立ての場合も同様です。訴訟の場合は「原告」「被告」と表示します。

当事者目録　　当事者の表示　　　　　13

4　現在の住所氏名と登記記録上の住所氏名が異なる場合

　住所変更と名の変更があり現在の住所氏名と登記記録上の住所氏名と異なる債務者に対し，不動産仮差押命令の申立てをしようとする際に，当事者目録を作成する場合

【記　載　例】

```
                    当　事　者　目　録

　〒○○○－○○○○　　○○県○○市○○町○丁目○番○号
　　　　　　　　　債　権　者　○　○　○　○


　〒○○○－○○○○　　○○県○○市○○町○丁目○番○号
　　　　　　　　　債　務　者　○　○　○　○
　（登記記録上の住所氏名　○○県○○市○○町○丁目○番○号
　　　　　　　　　　　　　　　　　○　○　○　○）
　　　　　　　　　　　　　　　　　　　　　　　　以　上
```

作成上の留意点

1　登記を要する事件で，登記記録（登記簿）上の住所氏名（商号）が現在の住所氏名（商号）と異なる場合は，登記記録（登記簿）上の住所氏名（商号）と現在の住所氏名（商号）を併記します。

2　登記嘱託の際に，嘱託書に記載する登記記録上の住所氏名と原因証書（登記原因証明情報）となる決定書の住所氏名が一致しないと却下されます（不登25⑦）。したがって，嘱託書と決定書に記載した当事者が同一であることが分かるように登記記録上の住所氏名も併記する必要があります。

3　登録を要する事件の場合も同様です。例えば，自動車の場合において，自動車登録ファイル（車両4・6）に記録されている住所氏名が異なるときは，当事者目録には「自動車登録ファイル上の住所氏名」を併記します。

4　本事例の場合，次のような表示方法もあります。

【参考例】

〒○○○－○○○○　　○○県○○市○○町○丁目○番○号 （登記記録上の住所　○○県○○市○○町○丁目○番○号） 　　　　　　　　　　債　権　者（債　務　者）　　○　○　○　○ 　　　　　　　　　　（登記記録上の氏名　○　○　○　○）

5　本事例は，不動産仮差押えの申立ての場合を想定していますので「債権者」「債務者」と表示されています。民事執行の申立ての場合も同様です。訴訟の場合は「原告」「被告」と表示します。

当事者目録　　当事者の表示　　　　　15

5　現在の住所氏名と手形上の住所氏名が異なる場合

　住所変更と名の変更があり現在の住所氏名と手形上の住所氏
名が異なる債務者に対し，保全命令の申立てをしようとする際
に，当事者目録を作成する場合

【記　載　例】

```
　　　　　　　　　当　事　者　目　録


　〒○○○－○○○○　　○○県○○市○○町○丁目○番○号
　　　　　　　　　　債　　権　　者　○　○　○　○


　〒○○○－○○○○　　○○県○○市○○町○丁目○番○号
　　　　　　　　　　債　　務　　者　○　○　○　○
　（手形上の住所氏名　○○県○○市○○町○丁目○番○号
　　　　　　　　　　　　　　　　　　○　○　○　○）

　　　　　　　　　　　　　　　　　　　　　　　以　上
```

作成上の留意点

1　手形に関する事件で，手形上の住所氏名（商号）が現在の住所氏
　名（商号）と異なる場合は，手形上の住所氏名（商号）と現在の住
　所氏名（商号）を併記します。

2　手形上の当事者間では，現在の住所氏名（商号）から当事者を特

定することができますが，例えば，第三債務者との関係では，現在の住所氏名（商号）を表示しただけでは当事者の特定に疑義が出されて，執行が適正に行われない事態が生じる場合があるので，併記する必要があります（東京地裁保全研究会・書式民事保全102頁）。

3　本事例の場合，次のような表示方法もあります。

【参考例1】

〒○○○−○○○○　○○県○○市○○町○丁目○番○号
（手形上の住所　○○県○○市○○町○丁目○番○号）
債 権 者（債 務 者）　○　○　○　○
（手 形 上 の 氏 名　○　○　○　○）

4　小切手の場合も同様です。なお，申立書の住所氏名が手形・小切手，登記記録，債務名義，契約書等の記載と一致しない原因としては，名の変更，氏の変更，住所変更など種々考えられますが，申立書とこれらの書類が一致していない場合は，同一性を明らかにするため原則として併記します。この場合の記載は，「4　現在の住所氏名と登記記録上の住所氏名が異なる場合」，「6　商業登記簿（登記記録）上の本店では営業していない会社の場合」のほか，次のような表示方法があります。

【参考例2：債務名義の記載と申立書の住所氏名が異なる場合】

〒○○○−○○○○　○○県○○市○○町○丁目○番○号
債 権 者（債 務 者）　○　○　○　○
（債務名義上の住所氏名　○○県○○市○○町○丁目○番○号
○　○　○　○）

当事者目録　　当事者の表示　　　　　　　　17

【参考例3：契約書上の記載と申立書の氏名が異なる場合】

〒○○○－○○○○　　○○県○○市○○町○丁目○番○号
　　　　　債 権 者（債 務 者）　　　　　○　○　○　○
　　　　　（抵当権設定契約書上の氏名　○　○　○　○）

5　本事例は，保全命令の申立ての場合を想定していますので「債権
　者」「債務者」と表示されていますが，訴訟の場合は「原告」「被告」
　と表示します。

6 商業登記簿（登記記録）上の本店では営業していない会社の場合

商業登記簿（登記記録）上の本店所在地では営業していないが，実質上の所在地が判明している会社に対し民事執行の申立てをしようとする際に，当事者目録を作成する場合

【記　載　例】

```
                    当 事 者 目 録

    〒○○○－○○○○　　○○県○○市○○町○丁目○番○号
                    債　　権　　者　○　○　○　○

    〒○○○－○○○○　　○○県○○市○○町○丁目○番○号
    （商業登記記録上の住所）
       ○○県○○市○○町○丁目○番○号
                    債　　務　　者　○○株式会社
                    代表者代表取締役　○　○　○　○
                                          以　上
```

作成上の留意点

1　会社の実質上の所在地は，その会社の主たる事務所又は営業所と考えられ，管轄認定の基準になります（民執20，民訴4Ⅳ）。したがっ

当事者目録　　当事者の表示　　　　19

　　て，実質上の所在地を記載します。
2　本事例の場合，実質上の所在地の証明は，現在の所在地において
　　債務名義が送達されたことが記載されている送達証明書，不配達と
　　なった郵便物の封筒，現地調査報告書等によると考えられます（園
　　部・書式債権・その他財産権・動産等執行の実務103頁）。
3　なお，【記載例】では「（商業登記記録上の住所）」と表示されてい
　　ますが（商登規1参照），「（商業登記簿上の住所）」と記載しても差し支
　　えありません（商登6参照）。
4　本事例は，民事執行の申立ての場合を想定していますので「債権
　　者」「債務者」と表示されています。保全命令の申立ての場合も同様
　　です。訴訟の場合は「原告」「被告」と表示します。

7 通称名を用いる場合

債務名義の当事者の表示に通称名が記載されている債務者に対し競売の申立てをしようとする際に，当事者目録を作成する場合

【記 載 例】

```
                当 事 者 目 録

〒○○○－○○○○　○○県○○市○○町○丁目○番○号
                債　権　者　　○　○　○　○

〒○○○－○○○○　○○県○○市○○町○丁目○番○号
                債務者　○○○○こと　○　○　○　○
                                            以　上
```

作成上の留意点

1　債務名義中の当事者の表示に通称名が記載されている場合は，当事者目録においても本名と通称名を併記します。
2　裁判実務では，執行の場合の便宜を考慮し，債務名義に通称名を併記して，本人と通称名の同一性を明らかにすることが多いと思われます。債務名義自体から本人と通称名の同一性が明らかでない場合は，本人と通称名との同一性を証明しなければなりません。

3 保全命令の申立てにおいて，疎明書類となる契約書中の当事者の表示に通称名が記載されている場合や契約書自体から同一性が明らかでない場合も，上記1，2と同様です。

4 本事例は，競売の申立てを想定していますので「債権者」「債務者」と表示しますが，訴訟の場合は「原告」「被告」と表示します。

8 旧姓や旧名（名の変更）がある場合

　債務名義中の当事者の表示に旧名が記載されている債務者に対し競売の申立てをしようとする際に，当事者目録を作成する場合

【記　載　例】

```
               当 事 者 目 録


  〒○○○−○○○○　○○県○○市○○町○丁目○番○号
                  債　　権　　者　○　○　○　○


  〒○○○−○○○○　○○県○○市○○町○丁目○番○号
                  債　　務　　者　○　○　○　○
                  （債務名義上の氏名　○　○　○　○）
                                            以　上
```

作成上の留意点

1　債務名義中の当事者の表示に旧姓や旧名が記載されている場合は，当事者目録においても現在の氏名と旧姓，旧名を併記します。

2　裁判実務では，執行の場合の便宜を考慮し，債務名義に旧姓や旧名を記載して，両者の同一性を明らかにすることが多いと思われます。しかし，債務名義成立後に姓や名前が変わった場合には，競売

等の申立書に表示された現在の氏名との同一性を証明しなければなりません。旧姓が婚姻又はその解消によるものである場合は戸籍謄本（戸籍全部事項証明書）により，氏の変更審判（戸107）によるものである場合は審判書謄本又は戸籍謄本（戸籍全部事項証明書）により，旧名が名の変更審判（戸107の2）による場合は審判書謄本又は戸籍謄本（戸籍全部事項証明書）により証明します。

3　保全命令の申立ての際に，疎明書類となる契約書中の当事者の表示に旧姓や旧名が記載されている場合や契約書作成後に姓や名前が変わった場合も，上記1，2と同様です。

4　旧名，旧姓のある場合，次のような表示方法もあります。

【参考例1：旧名のある場合】

> 〒〇〇〇－〇〇〇〇　〇〇県〇〇市〇〇町〇丁目〇番〇号
> 　　　　　　　　　　旧　名　〇　〇　〇　〇
> 　　　　　　債権者（債務者）　〇　〇　〇　〇

【参考例2：旧姓のある場合】

> 〒〇〇〇－〇〇〇〇　〇〇県〇〇市〇〇町〇丁目〇番〇号
> 　　　　　　　　　　旧　姓　〇　〇　〇　〇
> 　　　　　　債権者（債務者）　〇　〇　〇　〇

5　本事例は，競売の申立ての場合を想定していますので「債権者」「債務者」と表示されます。保全命令の申立ての場合も同様です。訴訟の場合は，「原告」「被告」と表示します。

9 破産者の場合

破産手続開始決定を受け破産管財人が選任された事案におい
て，担保権者が別除権行使として競売の申立てをしようとする
際に，当事者目録を作成する場合

【記　載　例】

当　事　者　目　録

〒○○○－○○○○　　○○県○○市○○町○丁目○番○号
　　債　　　権　　　者　　　　　　　○　○　○　○

〒○○○－○○○○　　○○県○○市○○町○丁目○番○号
　　（破産者住所　○○県○○市○○町○丁目○番○号）
　　債　　　務　　　者　破産者○○○○破産管財人
　　　　　　　　　　　　　　　　　　○　○　○　○
　　　　　　　　　　　　　　　　　　　　以　上

作成上の留意点

1　破産手続開始決定があると，破産者が破産手続開始の時において
　有する一切の財産は破産財団となり（破34Ⅰ），破産財団の管理及び
　処分する権利は破産管財人に専属することになります（破78Ⅰ）。し
　たがって，当事者適格を有するのは破産管財人であると解されるの
　で（破80参照），破産管財人を当事者として表示します。

当事者目録　　当事者の表示　　25

2　破産管財人の住所は，裁判所の選任命令書に記載された管財人の
事務所の所在地又は住所を表示します。

3　本事例は，担保権者が別除権の行使（破65）として競売を申し立て
た事案ですので，当該破産管財人が担保権の存在を証する文書（登
記事項証明書）に記載された当事者の破産管財人であることを明確
にするために，【記載例】のように破産者の住所も併記します（園部・
書式不動産執行の実務74頁参照）。

4　破産管財人が複数いる場合は，原則として全員を表示します（破
76Ⅰ参照）。

5　破産管財人が破産裁判所の許可を得て破産管財人代理を選任した
場合（破77）の表示は次のとおりです。

なお，弁護士が破産管財人代理に選任されている場合は，それを
明確にするために「破産管財人代理弁護士」と表示する実務例もあ
ります。

【参考例：破産管財人代理を選任した場合】

```
〒〇〇〇－〇〇〇〇　　〇〇県〇〇市〇〇町〇丁目〇番〇号
　（破産者住所　〇〇県〇〇市〇〇町〇丁目〇番〇号）
債権者（債務者）破産者　　　〇　〇　〇　〇
　　　　　　　　破産管財人　〇　〇　〇　〇
〒〇〇〇－〇〇〇〇　　〇〇県〇〇市〇〇町〇丁目〇番〇号
　　　　　　　　破産管財人代理　〇　〇　〇　〇
```

6　本事例は，競売の申立ての場合を想定していますので「債権者」
「債務者」と表示されていますが，訴訟の場合は「原告」「被告」と
表示します。

なお，破産財団に関する訴えについては，破産管財人を原告又は
被告とします（破80）。

26 当事者目録　　当事者の表示

10　再生債務者の場合

　再生手続開始決定を受け再生管財人が選任され，同管財人が
民事執行の申立てをしようとする際に，当事者目録を作成する
場合

【記　載　例】

```
                当 事 者 目 録

    〒○○○─○○○○　　○○県○○市○○町○丁目○番○号
      （再生債務者住所　○○県○○市○○町○丁目○番○号）
          債　　権　　者　再生債務者○○株式会社管財人
                                ○　○　○　○


    〒○○○─○○○○　　○○県○○市○○町○丁目○番○号
          債　　務　　者　　　　　　○　○　○　○
                                      以　上
```

作成上の留意点

1　裁判所は，再生債務者の業務及び財産に関し，管財人による管理
　を命ずる処分をすることができます（民再64Ⅰ）。この管理命令を発
　する場合は，当該管理命令において1人又は数人の管財人を選任し
　なければなりません（民再64Ⅱ）。そして，管理命令が発せられた場

合には，再生債務者の業務の遂行並びに財産の管理及び処分する権利は管財人に専属することになります（民再66）。したがって，管財人を当事者としてその住所・氏名を記載しますが，どの再生債務者の管財人かを特定するために，再生債務者の住所も併記します（園部・書式不動産執行の実務75頁）。

2　管財人の住所は，裁判所の選任命令書に記載された管財人の事務所の所在地又は住所を表示します。また，管財人が複数いる場合は，原則として全員を表示します（民再70Ⅰ参照）。

3　本事例は管財人が選任された事案ですが，管財人が選任されない場合は，民事再生手続開始決定があっても，再生債務者本人が業務の遂行並びに財産の管理及び処分する権利を有するので（民再38Ⅰ），当事者の表示には再生債務者の住所氏名（会社の場合は，商号及び代表者）を記載することになります。

4　本事例は民事執行の申立てを想定していますので「債権者」「債務者」と表示されています。保全命令の申立ての場合も同様です。訴訟の場合は「原告」「被告」と表示します。

11　更生会社の場合

　会社更生法に基づく更生手続開始決定を受けた会社に対し民
事執行の申立てをしようとする際に，当事者目録を作成する場
合

【記　載　例】

　　　　　　　　　　当　事　者　目　録

　〒○○○－○○○○　　○○県○○市○○町○丁目○番○号
　　　　債　　権　　者　　　　　　　　○　○　○　○

　〒○○○－○○○○　　○○県○○市○○町○丁目○番○号
　　　（更生会社住所　○○県○○市○○町○丁目○番○号）
　　　　債　　務　　者　更生会社○○株式会社管財人
　　　　　　　　　　　　　　　　　　　○　○　○　○
　　　　　　　　　　　　　　　　　　　　　　以　上

作成上の留意点

1　裁判所は，更生手続開始決定と同時に，1人又は数人の管財人を選
　任しなければなりません（会更42Ⅰ）。更生手続開始決定があった場
　合は，更生会社の事業の経営並びに財産の管理及び処分をする権利
　は管財人に専属します（会更72Ⅰ）。したがって，当事者としては管

財人を表示します。

　住所は管財人の住所（管財人証明書に記載された住所）を記載し，更生会社の住所を破産管財人の場合と同様に併記します。これは，抵当権の存在を証する書面に記載された債務者との同一性を明確にするためです（阪本・不動産競売申立て153頁）。

　なお，住所の記載については，会社更生手続においては，送達は原則として会社宛になされることになるので，更生会社の住所を記載するという見解もあります（園部・書式不動産執行の実務75頁）。この見解によれば，債務者の表示としては，更生会社の住所，名称（商号）及び管財人の氏名で足りるということになります。

2　管財人が複数いる場合は，原則として全員を表示します（会更69 I 参照）。

3　本事例は民事執行の申立てを想定していますので「債権者」「債務者」と表示されています。保全命令の申立ての場合も同様です。訴訟の場合は「原告」「被告」と表示します。

12　遺言執行者の場合

　遺言執行者が当事者となって民事執行の申立てをしようとする際に，当事者目録を作成する場合

【記　載　例】

```
                当 事 者 目 録

    〒○○○－○○○○　　○○県○○市○○町○丁目○番○号
              債　　　権　　　者　亡○○○○遺言執行者
                              ○　○　○　○


    〒○○○－○○○○　　○○県○○市○○町○丁目○番○号
              債　　　務　　　者　　○　○　○　○
                                      以　上
```

作成上の留意点

1　遺言執行者には，遺言者が自ら指定し又はその指定を第三者に委託して指定される場合（民1006 I）と，裁判所が選任する場合（民1010）があります。いずれの場合も遺言執行者は，遺言の内容を実現するため，相続財産の管理その他遺言の執行に必要な一切の行為をする権利義務を有するので（民1012 I），当事者として遺言執行者の住所氏名を記載します。

2 遺言執行者の場合，次のような表示方法もあります。

【参考例】

〒○○○－○○○○　○○県○○市○○町○丁目○番○号
債権者(債務者)　亡○○○○
遺言執行者　○○○○

3 本事例は民事執行の申立てを想定していますので「債権者」「債務者」と表示されていますが，保全命令の申立ての場合も同様です。訴訟の場合は「原告」「被告」と表示します。

《参考となる判例》

○遺言執行者がある場合に相続人が相続財産についてした処分行為は絶対無効であるとした事例（大判昭5・6・16民集9・550，新聞3171・7）

○特定不動産の遺贈の執行として所有権移転登記手続を受遺者が求める場合，被告適格を有する者は遺言執行者に限られるとした事例（最判昭43・5・31民集22・5・1137，判時521・49）

13 相続財産法人の場合

　債務者が死亡し，相続人の有無が不明であるときに，相続財産法人に対して競売の申立てや保全命令の申立てをしようとする際に，当事者目録を作成する場合

【記　載　例】

```
                当 事 者 目 録

  〒○○○－○○○○　　○○県○○市○○町○丁目○番○号
             債　権　者　　株式会社○○銀行
             代表者代表取締役　　○　○　○　○
  〒○○○－○○○○　　○○県○○市○○町○丁目○番○号
             ○○法律事務所（送達場所）
             債権者代理人弁護士　　○　○　○　○


  〒○○○－○○○○　　○○県○○市○○町○丁目○番○号
             債　務　者　　亡○○○○相続財産
             代表者相続財産管理人　○　○　○　○
  （上記送達場所）
  〒○○○－○○○○　　○○県○○市○○町○丁目○番○号
             ○○法律事務所
                                以　上
```

作成上の留意点

1　相続人のあることが明らかでないときは，相続財産は法人となります（民951）。したがって，相続財産に関する裁判手続等の当事者適格があるのは相続財産法人ということになります。この場合，利害関係人又は検察官の請求によって相続財産管理人を選任しなければなりません（民952Ⅰ）。民法952条による相続財産管理人の法律上の地位は，相続財産法人の代表者であると解されています（大決昭5・6・28民集9・640）。

　　当事者目録の「住所」部分には，相続財産法人の住所，つまり被相続人の最後の住所（死亡時の住所）を記載します。そして，「送達場所」として相続財産管理人の住所を併記します（阪本・不動産競売申立て162頁，163頁）。なお，実務例の中には，「(亡○○○○の最後の住所)」という見出しを付して住所を記載する例もあります。

2　本事例は，民法951条による相続財産法人の事例であり，相続財産管理人も民法952条に基づくものです。相続財産管理人には，この他に民法936条に基づくものがありますので，混同しないように注意する必要があります（「40　相続財産管理人の場合」参照）。

3　本事例の場合，次のような表示方法もあります。

【参考例】

> (亡○○○○の最後の住所)
> 　○○県○○市○○町○丁目○番○号
> (連絡先〒○○○－○○○○　○○市○○町○丁目○番○号)
> 　　　　債　務　者　亡○○○○相続財産
> 　　　　　　　代表者相続財産管理人　○○○○

34 **当事者目録　　当事者の表示**

4　本事例は，競売の申立てや保全命令の申立てを想定していますので「債権者」「債務者」「債権者代理人弁護士」と表示されていますが，訴訟の場合には「原告」「被告」「原告訴訟代理人弁護士」と表示します。

当事者目録　　当事者の表示　　　　　　35

14　不在者の場合

　民法25条の不在者である債務者に対して競売の申立てや保全命令の申立てをしようとする際に，当事者目録を作成する場合

【記　載　例】

```
　　　　　　　　　　当　事　者　目　録

　〒○○○−○○○○　　○○県○○市○○町○丁目○番○号
　　　　　　　　　　　債　権　　者　株式会社○○銀行
　　　　　　　　　　　代表者代表取締役　○　○　○　○
　〒○○○−○○○○　　○○県○○市○○町○丁目○番○号
　　　　　　　　　　　○○法律事務所（送達場所）
　　　　　　　　　　　債権者代理人弁護士　○　○　○　○


　○○県○○市○○町○丁目○番○号
　　　　　　　　　　　債　務　　者　○　○　○　○
　　　　　　　　　　　不在者財産管理人　○　○　○　○
　（送達場所）
　〒○○○−○○○○　　○○県○○市○○町○丁目○番○号
　　　　　　　　　　　○○法律事務所
　　　　　　　　　　　　　　　　　　　　　　　以　上
```

作成上の留意点

1　本事例は，債務者が民法25条の不在者で財産の管理人がいる事例です。不在者財産管理人は，不在者本人が置く場合と家庭裁判所が申立てにより選任する場合があります（民25）。不在者の置いた財産管理人は民事訴訟法54条1項本文の法令により裁判上の行為をすることができる代理人に当たり（大判昭9・4・6民集13・511），家庭裁判所が選任した不在者財産管理人は法定代理人と解されています（後記《参考となる判例》参照）。

2　債務者は不在者本人なので，住所は不在者の最後の住所を記載します。実務では，不在者財産管理人の住所を記載例のように「送達場所」として表示するのが一般的です。

　なお，不在者の住所について，不在者財産管理人選任の審判書には，「従来の住所」（民25，家事145参照）と記載されているのが一般的ですが，民事訴訟，民事執行及び民事保全などでは「最後の住所」（民訴4Ⅱ，民執20・144，民保7・12等参照）と記載するのが一般的です。

3　本事例の場合，次のような表示方法もあります。

【参考例】

```
住所・居所　不明
最後の住所　○○県○○市○○町○丁目○番○号
　　　　　債権者（債務者）　○　○　○　○
　　　　　同財産管理人　○　○　○　○
（上記送達場所）
　〒○○○－○○○○　○○県○○市○○町○丁目○番○号
　　　　　　　　　　　○○法律事務所
```

《参考となる判例》

○家庭裁判所の選任した不在者の財産の管理人は，不在者を被告とする訴
　訟において，民法28条の許可を得ることなく，控訴，上告をする権限を
　有するとした事例（最判昭47・9・1民集26・7・1289，判時683・92）

○家庭裁判所が不在者のために選任した財産管理人は，不在者のための法
　定代理人と解すべきであるとした事例（横浜地判昭54・9・5判タ403・149）

15 外国法人の場合

日本における営業所を有する外国法人が債権者として競売の
申立てや保全命令の申立てをしようとする際に，当事者目録を
作成する場合

【記　載　例】

当　事　者　目　録

アメリカ合衆国○○州○○，○○ストリート○○
（日本における営業所）
　〒○○○−○○○○　　○○県○○市○○町○丁目○番○号
　　　　　　　　債　　権　　者　　○○コーポレーション
　　　　　　　　代　　表　　者　　○　○　○　○
　　　　　　　　日本における代表者　○　○　○　○

　〒○○○−○○○○　　○○県○○市○○町○丁目○番○号
　　　　　　　　債　　務　　者　　○　○　○　○
　　　　　　　　　　　　　　　　　　　　　　　以　上

作成上の留意点

1　外国法人の資格証明書等の公文書に住所が記載されている場合
　は，それを外国法人の住所として記載します。漢字以外の文字を用

いている国の地名等は片仮名で記載するのが一般的です。

2　外国法人の場合は，日本における主たる事務所又は営業所の所在地が，日本国内に主たる事務所又は営業所がないときは日本における代表者その他の主たる業務担当者の住所が管轄認定の基準になります（民訴4Ⅴ，民執20，民保7）。したがって，外国法人で日本国内に登記された営業所を有する場合は，外国法人の住所と日本における営業所の所在地を併記し，日本における代表者も記載します。代表者の表示については，日本における代表者を記載し，外国法人の代表者は記載しない実務例もあります（下記【参考例】参照）。

3　なお，債務名義成立後に日本における営業所が移転した場合は，移転する前の債務名義に表示されている日本における営業所と現在の営業所を次のように併記します（園部・書式債権・その他財産権・動産等執行の実務101頁）。

【参考例：債務名義成立後に日本における営業所が移転した場合】

ベルギー王国○○○，Ｂ－１２３４○○○５０ （日本における債務名義上の営業所） 　〒○○○－○○○○　○○県○○市○○町○丁目○番○号 （日本における現営業所） 　〒○○○－○○○○　○○県○○市○○町○丁目○番○号 　　　　　　　　　　債　権　者　○　○　○　○ 　　　　　　　日本における代表者　○　○　○　○

4　本事例は，競売の申立てや保全命令の申立てを想定していますので「債権者」「債務者」と表示されていますが，訴訟の場合には「原告」「被告」と表示します。

16 刑事施設収容者の場合

　現住所は不明であるが刑事施設に収容されていることが判明している債務者に対し競売の申立てや保全命令の申立てをしようとする際に，当事者目録を作成する場合

【記　載　例】

```
              当 事 者 目 録

  〒○○○─○○○○　○○県○○市○○町○丁目○番○号
              債　　権　　者　○　○　○　○

  〒○○○─○○○○　○○県○○市○○町○丁目○番○号
              ○○刑務所収容中
              債　　務　　者　○　○　○　○
                                        以　上
```

作成上の留意点

1　刑事施設とは，刑事収容施設及び被収容者等の処遇に関する法律3条に規定する施設をいいます。具体的には，刑務所，少年刑務所，拘置所，警察留置場等が刑事施設に該当します。債務者が刑事施設に収容中であっても，住所が判明している場合は，当事者目録には当該住所を記載し，送達場所として刑事施設を併記するのが相当です。

当事者目録　　当事者の表示　　　　41

2　本事例は，現住所が不明で，刑事施設に収容されていることが判明している場合です。このような場合には，判明している刑事施設の住所と施設名称を記載するのが一般的です。

3　訴訟の場合には「原告」「被告」と表示します。

17 権利能力なき社団の場合

権利能力なき社団である町内会が保全命令の申立てをしよう
とする際に，当事者目録を作成する場合

【記　載　例】

```
                    当 事 者 目 録


〒○○○－○○○○　　○○県○○市○○町○丁目○番○号
              債　　権　　者　　○○町自治会
              代　　表　　者　○　○　○　○


〒○○○－○○○○　　○○県○○市○○町○丁目○番○号
              債　　務　　者　○　○　○　○
                                        以　上
```

作成上の留意点

1　法人でない社団を権利能力なき社団といいます。このような権利
　能力なき社団も当事者能力が認められています（民訴29）。本事例の
　ような自治会や町内会についても保全命令の当事者となることがで
　きます（民保7，民訴29。東京地裁保全研究会・書式民事保全103頁）。

2　当事者目録には，規約，約款，議事録その他の証明書に記載され
　ている住所（団体活動の本拠地），名称，代表者の資格・呼称（会長，

理事長，代表等）及び氏名を記載します。

3　本事例は保全命令の申立てを想定していますが，保全執行の方法が登記による場合は，権利能力なき社団名義では不動産の仮差押えや処分禁止の仮処分の登記はできません。登記先例上，権利能力なき社団名義の登記（昭23・6・21民甲1897法務省民事局長回答）や代表者である旨の肩書を付した代表者個人名義の登記（昭36・7・21民三625法務省民事局第三課長回答）を認めていないからです。

　権利能力なき社団を債務者とする金銭債権を有する債権者が，当該社団の構成員全員に総有的に帰属し，当該社団のために第三者がその登記名義人とされている不動産に対して仮差押えをする場合における申立ての方法及び当該社団のために第三者がその登記名義人とされている不動産に対して強制執行をしようとする場合における申立ての方法について判示した判例として後記《参考となる判例》があります。

　なお，町内会や自治会であっても，地方自治法260条の2により市町村長の認可を受けた認可地縁団体については，団体名義で登記できます（「30　認可地縁団体の場合」参照）。

4　本事例は，保全命令の申立てを想定していますので「債権者」「債務者」と表示されていますが，訴訟の場合には「原告」「被告」と表示します。

《参考となる判例》

○特定の地域に居住する住民により福祉事業を営むことを目的として結成され，存続及び活動している任意団体について，権利能力のない社団として民事訴訟法29条（旧民訴46）の適用を肯定し，当事者能力を有するとした事例（最判昭42・10・19民集21・8・2078，判時500・26）

○権利能力なき社団の資産たる不動産については，社団の代表者が，社団

の構成員の受託者たる地位において，個人の名義で所有権の登記をすることができるにすぎず，社団を権利者とする登記をし，又は社団の代表者である旨の肩書を付した代表者個人名義の登記をすることは，許されないものと解すべきであるとした事例（最判昭47・6・2民集26・5・957，判時673・3）

○権利能力のない社団を債務者とする金銭債権を表示した債務名義を有する債権者が，当該社団の構成員全員に総有的に帰属する不動産に対して強制執行をしようとする場合において，上記不動産につき，当該社団のために第三者がその登記名義人とされているときは，上記債権者は，強制執行の申立書に，当該社団を債務者とする執行文の付された上記債務名義の正本のほか，上記不動産が当該社団の構成員全員の総有に属することを確認する旨の上記債権者と当該社団及び上記登記名義人との間の確定判決その他これに準ずる文書を添付して，当該社団を債務者とする強制執行の申立てをすべきであり，上記債務名義につき，上記登記名義人を債務者として上記不動産を執行対象財産とする執行文の付与を求めることはできないとした事例（最判平22・6・29民集64・4・1235，判時2082・65）

○権利能力のない社団を債務者とする金銭債権を有する債権者が，当該社団の構成員全員に総有的に帰属する不動産に対して仮差押えをする場合において，上記不動産につき，当該社団のために第三者がその登記名義人とされているときは，上記債権者は，仮差押命令の申立書に，上記不動産が当該社団の構成員全員の総有に属する事実を証する書面を添付して，当該社団を債務者とする仮差押命令の申立てをすることができ，上記書面は，強制執行の場合とは異なり，上記事実を証明するものであれば足り，必ずしも上記不動産が当該社団の構成員全員の総有に属することを確認する旨の上記債権者と当該社団及び上記登記名義人との間の確定判決その他これに準ずる文書であることを要しないとした事例（最決平23・2・9民集65・2・665，判時2107・112）

18 選定当事者の場合

選定当事者によって不動産仮差押命令の申立てをしようとする際に，当事者目録を作成する場合

【記 載 例】

当 事 者 目 録

〒○○○－○○○○　　○○県○○市○○町○丁目○番○号
債権者（選定当事者）　○　○　○　○
（選定者は別紙選定者目録記載のとおり）

〒○○○－○○○○　　○○県○○市○○町○丁目○番○号
債　務　者　　○　○　○　○
以　上

（別紙）

選 定 者 目 録

〒○○○－○○○○　　○○県○○市○○町○丁目○番○号
○　○　○　○
〒○○○－○○○○　　○○県○○市○○町○丁目○番○号

当事者目録　　当事者の表示

```
                              ○　○　○　○
〒○○○−○○○○　○○県○○市○○町○丁目○番○号
                              ○　○　○　○
〒○○○−○○○○　　○○県○○市○○町○丁目○番○号
                              ○　○　○　○

                                    以　上
```

作成上の留意点

1　共同の利益を有する多数の当事者がいる場合，その中から，全員のために原告又は被告となるべき1人又は数人を選定することができます（民訴30Ⅰ）。こうして選定されて当該訴訟の当事者となる者を選定当事者といいます。選定当事者は，訴訟に限らず，保全命令の申立てや民事執行の申立ての場合にもあります（民保7，民執20により民訴30を準用）。

2　被選定者（選定当事者）も選定者の一員になるので，選定者目録には被選定者（選定当事者）も記載します。

3　選定当事者選定の効力は，審級限りではなく，訴訟終了まで継続します（最判昭52・9・22裁判集民121・271，判時873・31）。

4　本事例は，不動産仮差押命令の申立てを想定していますので「債権者」「債務者」と表示されています。民事執行の申立ての場合も同様です。訴訟の場合には「原告」「被告」と表示します。

19　未成年者の場合

　未成年者に対し競売の申立てや保全命令の申立てをしようと
する際に，当事者目録を作成する場合

【記　載　例】

　　　　　　　　　　当　事　者　目　録

　　〒○○○－○○○○　　○○県○○市○○町○丁目○番○号
　　　　　　　　債　　権　　者　○　○　○　○

　　〒○○○－○○○○　　○○県○○市○○町○丁目○番○号
　　　　　　　　債　　務　　者　○　○　○　○

　　〒○○○－○○○○　　○○県○○市○○町○丁目○番○号
　　　　法定代理人親権者父　○　○　○　○

　　〒○○○－○○○○　　○○県○○市○○町○丁目○番○号
　　　　法定代理人親権者母　○　○　○　○

　　　　　　　　　　　　　　　　　　　　　　　　以　上

作成上の留意点

1　成年に達しない子（未成年者）は，父母の親権に服します（民818
　Ⅰ）。そして，親権は父母の婚姻中は共同して行使しなければなり
　ません（民818Ⅲ）。親権者は財産管理権と財産に関する法律行為の

代理権を有しています（民824）。したがって，未成年者が債権者又は
債務者の場合，未成年者本人のほか，その法定代理人として父母も
表示します。なお，未成年者の生年月日を記載する例もあります（下
記【参考例1】参照）。

2　当事者目録には法定代理人の住所を記載しますが（民執規21①，民
保規13Ⅰ①等），法定代理人の住所が未成年者と同一である場合は，
次のような表示方法もあります。

【参考例1：住所が同一の場合】

```
　〒○○○－○○○○　　○○県○○市○○町○丁目○番○号
　　　　　　　　　　債　　務　　者　○　○　○　○
　　　　　　　　　　（平成○年○月○日生）
　同　　所
　　　　　　　　　　法定代理人親権者父　○　○　○　○
　　　　　　　　　　法定代理人親権者母　○　○　○　○
```

3　なお，未成年者に親権者がいないとき又は親権者が管理権を有し
ないとき（民838①）は，その他の法定代理人（未成年後見人（民839
～841），特別代理人（民訴35））が訴訟行為等を行います。この場合の
表示方法は次のとおりです。

【参考例2：未成年後見人の場合】

```
　〒○○○－○○○○　　○○県○○市○○町○丁目○番○号
　　　　　　　　　　債　　務　　者　　○　○　○　○
　〒○○○－○○○○　○○県○○市○○町○丁目○番○号
　　　　　　　　　　法定代理人未成年後見人　○　○　○　○
```

【参考例3：特別代理人の場合】

```
〒○○○－○○○○　○○県○○市○○町○丁目○番○号
　　　　　　　　　　債　　務　　者　○　○　○　○
〒○○○－○○○○　○○県○○市○○町○丁目○番○号
　　　　　　　　　　特　別　代　理　人　○　○　○　○
```

4　訴訟の場合には「債権者」「債務者」とあるのを，「原告」「被告」
　と表示します。

20 成年被後見人の場合

　後見開始の審判を受けた成年被後見人が債権者として競売の申立てや保全命令の申立てをしようとする際に，当事者目録を作成する場合

【記　載　例】

```
                    当 事 者 目 録

  〒○○○─○○○○　○○県○○市○○町○丁目○番○号
                  債　権　者　○　○　○　○
  〒○○○─○○○○　○○県○○市○○町○丁目○番○号
                  法定代理人成年後見人　○　○　○　○

  〒○○○─○○○○　○○県○○市○○町○丁目○番○号
                  債　務　者　○　○　○　○
                                            以　上
```

作成上の留意点

1　精神上の障害により事理を弁識する能力を欠く常況にある者について，家庭裁判所は，申立権者の請求により，後見開始の審判をすることができます (民7)。そして，後見開始の審判を受けた者は「成年被後見人」とし，これに成年後見人が付されます (民8)。

2　成年後見人は法定代理権を有しています（民859）。成年被後見人は，法定代理人によらなければ訴訟行為をすることができません（民訴31）。したがって，当事者目録には成年後見人を記載します。

3　本事例は成年後見人が法定代理人となった場合ですが，任意後見監督人（任意後見4）がいる場合は，次のように表示します。

　　具体的には，任意後見契約に関する法律2条1号，4条1項により任意後見監督人が選任され，同法7条1項3号により必要な処分をし，同4号により本人を代表する場合が想定されます。

　　なお，任意後見人は法定代理人ではないので，弁護士であって訴訟行為の授権があるため訴訟代理人となる場合を除き，表示しないのが一般的です。

【参考例：任意後見監督人がいる場合】

```
〒○○○−○○○○　○○県○○市○○町○丁目○番○号
　　　　債　務　者（債　権　者）　○　○　○　○
〒○○○−○○○○　○○県○○市○○町○丁目○番○号
　　　　法定代理人任意後見監督人　○　○　○　○
```

4　成年被後見人，成年後見人，任意後見監督人の表示は，登記事項証明書（後見登記10）等により正確に表示します。

5　本事例は，競売の申立てや保全命令の申立てを想定していますので「債権者」「債務者」と表示されていますが，訴訟の場合には「原告」「被告」と表示します。

21　被保佐人の場合

　保佐開始の審判を受けた被保佐人が債権者として競売の申立てや保全命令の申立てをしようとする際に，当事者目録を作成する場合

【記　載　例】

```
                当 事 者 目 録


  〒○○○−○○○○　○○県○○市○○町○丁目○番○号
               債　　権　　者　○　○　○　○
  〒○○○−○○○○　○○県○○市○○町○丁目○番○号
               法定代理人保佐人　○　○　○　○


  〒○○○−○○○○　○○県○○市○○町○丁目○番○号
               債　　務　　者　○　○　○　○
                              以　上
```

作成上の留意点

1　精神上の障害により事理を弁識する能力が著しく不十分な者について，家庭裁判所は，申立権者の請求により，保佐開始の審判をすることができます(民11)。そして，保佐開始の審判を受けた者は「被保佐人」とし，これに保佐人が付されます (民12)。

2 本事例は，保佐人が民法876条の4第1項の代理権付与の審判を受けていることを想定しています。民法876条の4第1項の代理権付与の審判を受けた保佐人は，被保佐人の法定代理人たる地位を有すると考えられます（小林＝原・平11民法改正324頁）。したがって，【記載例】のように表示します。

3 保佐人，被保佐人の表示は，登記事項証明書（後見登記10）等により正確に表示します。

4 本事例は，競売の申立てや保全命令の申立てを想定していますので「債権者」「債務者」と表示されていますが，訴訟の場合には「原告」「被告」と表示します。

22　被補助人の場合

　補助開始の審判を受けた被補助人が債権者として競売の申立てや保全命令の申立てをしようとする際に，当事者目録を作成する場合

【記　載　例】

```
                当 事 者 目 録

 〒○○○－○○○○　　○○県○○市○○町○丁目○番○号
               債　権　者　○　○　○　○
 〒○○○－○○○○　　○○県○○市○○町○丁目○番○号
               法定代理人補助人　○　○　○　○


 〒○○○－○○○○　　○○県○○市○○町○丁目○番○号
               債　務　者　○　○　○　○
                                    以　上
```

作成上の留意点

1　精神上の障害により事理を弁識する能力が不十分な者について，家庭裁判所は，申立権者の請求により，補助開始の審判をすることができます（民15Ⅰ）。そして，補助開始の審判を受けた者は「被補助人」とし，これに補助人が付されます（民16）。

2 本事例は，補助人が代理権付与の審判（民876の9Ⅰ）を受けていることを想定しています。代理権付与の審判により，補助人は，特定の法律行為について被補助人の法定代理人たる地位を有することになると考えられます（小林＝原・平11民法改正351頁）。したがって，【記載例】のように表示します。

3 補助人，被補助人の表示は，登記事項証明書（後見登記10）等により正確に表示します。

4 本事例は，競売の申立てや保全命令の申立てを想定していますので「債権者」「債務者」と表示されていますが，訴訟の場合には「原告」「被告」と表示します。

56　　当事者目録　　当事者の表示

23　サービサーの場合

　債権回収会社（サービサー）が債権者である金融機関等から
委託を受けて競売の申立てをしようとする際に，当事者目録を
作成する場合

【記　載　例】

```
                    当 事 者 目 録


　〒○○○－○○○○　○○県○○市○○町○丁目○番○号
（委託者の住所及び名称）
　○○県○○市○○町○丁目○番○号　株式会社○○銀行
　　　　　　　　債 権 者 （受 託 者）　　○○債権回収株式会社
　　　　　　　　代表者代表取締役　○　○　○　○


　〒○○○－○○○○　○○県○○市○○町○丁目○番○号
　　　　　　　　債　　務　　者　○　○　○　○
　　　　　　　　　　　　　　　　　　　　　　　以　上
```

作成上の留意点

1　債権回収会社（サービサー）は，債権者から委託を受けて，委託
　者のために，自己の名で当該債権の管理又は回収に関する一切の裁
　判上又は裁判外の行為を行うことができます（債権回収11Ⅰ）。

2 本事例のような場合は，実体上の債権者と裁判手続（執行申立て，
保全申立て，訴訟）における当事者としての債権者が異なりますの
で，実体上の債権者を委託者として表示するのが実務の取扱いです
（園部・書式債権・その他財産権・動産等執行の実務98頁，東京地裁保全研究
会・書式民事保全105頁）。ただし，判決書の場合には，委託者の住所及
び名称を表示しない例が多いと思われます。
3 本事例は，競売の申立てを想定していますので「債権者」「債務者」
と表示されています。保全命令の申立ての場合も同様の表示方法に
なります。訴訟の場合には「原告」「被告」と表示します。

58　　当事者目録　　当事者の表示

24　ジョイントベンチャーの場合

　ジョイントベンチャー（共同企業体）が第三債務者であるときに債権の差押えや仮差押えの申立てをしようとする際に，当事者目録を作成する場合

【記　載　例】

当　事　者　目　録

〒○○○─○○○○　　○○県○○市○○町○丁目○番○号
　　　　　　　　　　債　　権　　者　　○○株式会社
　　　　　　　　　　代表者代表取締役　○　　○　　○　　○
〒○○○─○○○○　　○○県○○市○○町○丁目○番○号
　　　　　　　　　　○○法律事務所（送達場所）
　　　　　　　　　　債権者代理人弁護士　○　　○　　○　　○

〒○○○─○○○○　　○○県○○市○○町○丁目○番○号
　　　　　　　　　　債　　務　　者　　○○株式会社
　　　　　　　　　　代表者代表取締役　○　　○　　○　　○

〒○○○─○○○○　　○○県○○市○○町○丁目○番○号
　　　　　　　　　　第三債務者　　○○タワー(仮称)建築工事
　　　　　　　　　　　　　　　　○○，○○建設共同企業体
　　　　　　　　　　代　　　表　　　者　　○○株式会社

代表者代表取締役 ○ ○ ○ ○

以　上

作成上の留意点

1　ジョイントベンチャーとは，共同企業体のことをいいます。共同企業体とは，複数の企業が特定の事業を営むことを目的として形成する事業組織体で，建設業においてよく見られる形態です。例えば，Ａ社，Ｂ社，Ｃ社の建設業者が一つの建設工事を受注，施工することを目的として「Ａ・Ｂ・Ｃ建設共同企業体」という名称で形成する事業組織体です。この共同企業体には法人格はありません。その性質は民法上の組合であると解されています（後記《参考となる判例》参照）。

2　ジョイントベンチャーと契約をする場合，各社（例えば，Ａ社，Ｂ社，Ｃ社）の共同名義であれば問題はありません。当事者目録についても，各社の住所と名称と代表者を記載すれば足ります。しかし，通常，契約名義はジョイントベンチャー名義（例えば「Ａ・Ｂ・Ｃ建設共同企業体」名義）になっています。そこで，法人格のないこの共同企業体の当事者の表示をどのようにするかが問題になるわけです。

　　実務では，ジョイントベンチャーとの契約の場合，契約書の記載は「○○建築工事　Ａ社，Ｂ社，Ｃ社建設共同企業体　代理人（又は代表者）　Ａ社　代表取締役○○○○㊞」とされることが多く，後記《参考となる判例》のとおり共同企業体が契約当事者と解され，連帯責任を負うので，当事者目録には，【記載例】のように共同企業体の名称と代表となる会社名とその代表者を記載します。

3　本事例は，民事執行の申立てや保全命令の申立てを想定していま

すので「債権者」「債務者」「債権者代理人弁護士」と表示されていますが，訴訟の場合には「原告」「被告」「原告訴訟代理人弁護士」と表示します。

《参考となる判例》

○共同企業体の基本的性質は民法上の組合であり，共同企業体の各構成員は，共同企業体がその事業のために第三者に対して負担した債務につき連帯債務を負うとされた事例（最判平10・4・14民集52・3・813，判時1639・122）

○建設工事を目的とする共同企業体が事業の執行に当たって第三者との間でした契約につき，代表者である会社が共同企業体のためにすることを表示しない場合でも，商法504条により契約の当事者は共同企業体となるとされた事例（函館地判平12・2・24判時1723・102）

25 公庫等の業務委託がある場合

株式会社日本政策金融公庫がその業務の一部を他の金融機関に委託し，債務名義（判決）に基づき受託者が債務者に対し強制競売の申立てをしようとする際に，当事者目録を作成する場合

【記 載 例】

当 事 者 目 録

〒○○○－○○○○　○○県○○市○○町○丁目○番○号
　　　　　　　　株式会社日本政策金融公庫業務受託者
　　　　　　　債　　権　　者　株式会社○○銀行
　　　　　　　代表者代表取締役　○　○　○　○

〒○○○－○○○○　○○県○○市○○町○丁目○番○号
　　　　　　　債　　務　　者　○　○　○　○
　　　　　　　　　　　　　　　　　　　　　　以　上

作成上の留意点

1　株式会社日本政策金融公庫や独立行政法人住宅金融支援機構等は，その業務の一部を他の金融機関等に委託することができます（株式会社日本政策金融公庫法14，独立行政法人住宅金融支援機構法16等）。

2　この業務委託の性質については，信託と解する見解と委任と解する見解に分かれていますが，債務名義上受託者である金融機関等が当事者として記載されている場合には，受託者である金融機関を当事者として記載します（阪本・不動産競売申立て148頁）。

3　本事例は債務名義に基づく強制競売の事案ですが，担保権の実行としての競売手続においては，【参考例】のように記載します。業務委託者である公庫を当事者，業務受託者である金融機関等を代理人として表示するのは，登記実務において公庫を抵当権の登記名義人とし金融機関等は取扱店と表示しているため，競売手続上の債権者と登記記録上の抵当権者の表示を一致させて円滑な事務処理を図るためです（阪本・不動産競売申立て148頁）。

【参考例：担保不動産競売の場合】

〒１００－０００４　　東京都千代田区大手町1丁目9番3号
　　　　債　　権　　者　株式会社日本政策金融公庫
　　　代表者代表取締役　○　　○　　○　　○

〒○○○－○○○○　　○○県○○市○○町○丁目○番○号
　　　業　務　受　託　者　株式会社○○銀行
　　　代表者代表取締役　○　　○　　○　　○

〒○○○－○○○○　　○○県○○市○○町○丁目○番○号
　　　債　務　者　兼　所　有　者　○　○　○　○

4　本事例は，競売の申立てを想定していますので「債権者」「債務者」と表示されていますが，訴訟の場合には「原告」「被告」と表示します。

当事者目録　　当事者の表示　　63

26　行政主体・行政庁の場合

　国土交通大臣を被告として行政訴訟を提起しようとする際
に，当事者目録を作成する場合

【記　載　例】

```
                    当　事　者　目　録


  〒○○○−○○○○　○○県○○市○○町○丁目○番○号
            原　　　　告　　　　　　○　○　○　○
  〒○○○−○○○○　○○県○○市○○町○丁目○番○号
            原　　　　告　　　　　　○　○　○　○
  〒○○○−○○○○　○○県○○市○○町○丁目○番○号
            原　　　　告　　　　　　○　○　○　○
  〒○○○−○○○○　○○県○○市○○町○丁目○番○号
            原　　　　告　　　　　　○　○　○　○
  〒○○○−○○○○　○○県○○市○○町○丁目○番○号
            ○○法律事務所（送達場所）
            原告ら訴訟代理人弁護士　○　○　○　○


  〒１００−８９１８　東京都千代田区霞が関2丁目1番3号
            被　　　告　国土交通大臣　○　○　○　○
                                        以　　上
```

64 当事者目録 当事者の表示

作成上の留意点

1 行政訴訟においては，国や地方公共団体などの行政主体が当事者
になる場合と，行政庁が当事者になる場合があります。どちらが当
事者になるかは事案によって様々です。

2 行政庁とは，国又は公共団体などの行政主体の行政上の意思を決
定し，かつこれを外部に表示する権限を有する行政機関をいいます。
行政官庁という組織や建物を指すのではなく，法律により処分や裁
決などの行政上の決定をする権限を与えられた自然人（例えば，各
省大臣，知事，特許庁長官，税務署長等）や合議制の機関（例えば，
公正取引委員会，労働委員会など）を指しています（行訴3・11，行審
1等）。

3 国，大臣，知事等の行政庁が当事者になる場合，住所は，当該行
政庁の所属する庁の建物の所在地（行政主体の本拠地）を記載しま
す。

4 本事例は多数の住民が国土交通大臣を被告として行政訴訟を提起
した事例ですが，その他の主な行政主体・行政庁の記載例は次のと
おりです。

【参考例1：国の場合】

〒１００−８９７７ 東京都千代田区霞が関1丁目1番1号
　　　　　　　　被　　　　告　国
　　　　　　　　代表者法務大臣　○　○　○　○

【参考例2：事務承継があった場合】

〒１００−８９１８ 東京都千代田区霞が関2丁目1番3号
　　　　　　　　　旧建設大臣事務承継者

被　　　告　国土交通大臣　○　○　○　○

【参考例3：知事の場合】

〒○○○−○○○○　○○県○○市○○町○丁目○番○号
被　　　告　○○県知事　○　○　○　○

【参考例4：行政庁が代表者になる場合】

〒○○○−○○○○　○○県○○市○○町○丁目○番○号
被　　　　　告　○○県
代　　表　　者　○○公安委員会
同委員会代表者委員長　○　○　○　○

【参考例5：特別区の区長の場合】

〒○○○−○○○○　東京都○○区○○町○丁目○番○号
被　　　告　東京都○○区長　○　○　○　○

【参考例6：政令指定都市の区長の場合】

〒○○○−○○○○　○○市○○区○○町○丁目○番○号
被　　　告　○○市○○区長　○　○　○　○

　なお，知事，市町村長，特別区の区長は，行政庁として当事者になる場合と地方公共団体自体が当事者で，知事等はその代表者である場合があるので注意する必要があります。後者の記載例は，「27

地方公共団体の場合」のとおりです。

5 国が当事者又は参加人となる場合は，法務大臣が国を代表します（法務大臣権限1）。この場合，「国」に住所の概念はありませんので，理論的には住所の記載は不要であり，住所の記載のない裁判書も多数ありますが，送達先を明らかにするため，訴状には法務省の住所を記載するのが一般的です。

6 区長には，特別区（自治281）の場合と政令指定都市の区（自治252の20）の場合があります。それぞれ【参考例5】【参考例6】のように，東京都や市を記載します。

7 抗告訴訟の場合，原則として行政庁が属する国又は公共団体が被告になります。その場合，当事者の表示には，処分（裁決）行政庁も記載します（行訴11Ⅳ・Ⅵ・38Ⅰ）。この場合の記載例は次のとおりです。

【参考例7：被告が国の場合】

〒100−8977　東京都千代田区霞が関1丁目1番1号
　　　　被　　　　告　国
　　　　代表者法務大臣　○　○　○　○
　　　　処分行政庁　○○税務署長　○　○　○　○

【参考例8：被告が地方公共団体の場合】

〒○○○−○○○○　○○県○○市○○町○丁目○番○号
　　　　被　　　告　○○県
　　　　代表者知事　○　○　○　○
　　　　処分行政庁　○○県○○県税事務所長　○　○　○　○

8 本事例は，訴訟を想定していますので「原告」「被告」と表示され
ていますが，保全命令の申立ての場合には「債権者」「債務者」「第
三債務者」と表示します。行政機関や地方公共団体が第三債務者に
なる場合の具体的な記載例は，「53 国家公務員の俸給の差押えの
場合」や「63 地方公務員の給与等の差押えの場合」等のとおりで
す。

27　地方公共団体の場合

県を被告として住民訴訟を提起しようとする際に，当事者目録を作成する場合

【記　載　例】

当　事　者　目　録

〒○○○－○○○○　　○○県○○市○○町○丁目○番○号
　　　　　　　原　　　　告　　　　　　○　○　○　○
〒○○○－○○○○　　○○県○○市○○町○丁目○番○号
　　　　　　　原　　　　告　　　　　　○　○　○　○
〒○○○－○○○○　　○○県○○市○○町○丁目○番○号
　　　　　　　原　　　　告　　　　　　○　○　○　○
〒○○○－○○○○　　○○県○○市○○町○丁目○番○号
　　　　　　　原　　　　告　　　　　　○　○　○　○
〒○○○－○○○○　　○○県○○市○○町○丁目○番○号
　　　　　　○○法律事務所（送達場所）
　　　　　　原告ら訴訟代理人弁護士　○　○　○　○

〒○○○－○○○○　　○○市○○区○○町○丁目○番○号
　　　　　　　被　　　　告　　　　　○○県
　　　　　　代表者知事　　　　　○　○　○　○
　　　　　　　　　　　　　　　　　　　　以　　上

当事者目録　　当事者の表示　　　　　69

作成上の留意点

1　知事，市町村長，特別区の区長は，行政庁として当事者になる場合と本事例のように地方公共団体の代表者である場合があります。具体的な記載例は，前記「26　行政主体・行政庁の場合」のとおりです。

　　また，抗告訴訟の場合，原則として行政庁が属する地方公共団体が被告になります。その場合，当事者の表示には，処分（裁決）行政庁も記載します（行訴11ⅣⅥ・38Ⅰ）。この場合の記載例は，前記「26　行政主体・行政庁の場合」の【参考例8：被告が地方公共団体の場合】のとおりです。

2　地方公共団体が当事者の場合は，地方公共団体の名称，代表者（知事，市区町村長）の氏名を記載し，住所は都道府県庁，市区町村役場の所在地を記載します。

3　本事例は多数の住民が県を被告として住民訴訟を提起した事例ですが，その他の主な地方公共団体の記載例は次のとおりです。

【参考例1：市の場合】

```
〒○○○○−○○○○　○○県○○市○○町○丁目○番○号
　　　　　　　　　被　　　告　○○市
　　　　　　　　　代表者市長　○　○　○　○
```

【参考例2：特別区の場合】

```
〒○○○○−○○○○　東京都○○区○○町○丁目○番○号
　　　　　　　　　被　　　告　東京都○○区
　　　　　　　　　代表者区長　○　○　○　○
```

【参考例3：政令指定都市の市議会の場合】

〒○○○-○○○○　○○市○○区○○町○丁目○番○号

被　　　告　○○市議会

代表者議長　○　○　○　○

【参考例4：事業管理者が地方公共団体の代表者となる場合】

〒○○○-○○○○　○○県○○市○○町○丁目○番○号

被　　　告　　　　　　　　○○市

代表者交通事業管理者交通局長　○　○　○　○

(注)　地方公営企業法8条1項。地方公営企業に管理者を置かない場合は市町村長が代表者になる（地公企8Ⅱ）。なお，事業管理者が行政庁として当事者となる場合は「被告　○○市交通事業管理者交通局長　○○○○」と記載する。

4　本事例は，訴訟を想定していますので「原告」「被告」と表示されていますが，保全命令の申立ての場合には「債権者」「債務者」「第三債務者」と表示します。地方公共団体が第三債務者になる場合の具体的な記載例は，後記「63　地方公務員の給与等の差押えの場合」や「64　地方議会議員の報酬の差押えの場合」のとおりです。

当事者目録　　当事者の表示　　　71

28　有限責任事業組合（ＬＬＰ）の場合

　有限責任事業組合（ＬＬＰ）が債権者として競売の申立てや
保全命令の申立てをしようとする際に，当事者目録を作成する
場合

【記　載　例】

```
              当　事　者　目　録


  〒○○○－○○○○　　○○県○○市○○町○丁目○番○号
              債　　権　　者　○○有限責任事業組合
          代 表 者 組 合 員　○　○　○　○


  〒○○○－○○○○　　○○県○○市○○町○丁目○番○号
              債　　務　　者　○　○　○　○
                                      以　　上
```

作成上の留意点

1　有限責任事業組合（ＬＬＰ）とは，「有限責任事業組合契約に関す
　る法律」により認められた事業体です。ＬＬＰは，民法上の組合の
　特例として認められた組合で，法人格はありません。構成員全員が
　有限責任です。また，株式会社等とは異なり法人課税はされず，出
　資者（組合員）に直接課税されるなどの特徴があります。

2　組合の業務執行権は組合員全員にあり（有限組合13Ⅰ），登記簿（有限責任事業組合契約登記簿）にも「組合員」として登記されます（投資事業有限責任組合契約及び有限責任事業組合契約登記規則別表第2)。

3　誰が組合を代表するかについては規定がありません。また，株式会社における代表取締役や民法組合における業務執行者（民670）のように一部の組合員に業務執行権限を集中させる規定もありません。そこで，代表者の表示をどうするかが問題になるわけです。これについては，前述のとおり，組合の業務執行権は組合員全員にあり，登記簿にも「組合員」と登記され，また，組合員と契約や取引をした第三者は，ＬＬＰと契約，取引したものとして保護されるので（有限組合13Ⅲ・17・18参照），実質的には各自代表（代理）と同様の考え方ができます。したがって，当事者目録には，代表者の定めあればその組合員を記載し，定めがなければ組合員の1名を記載すれば足りると考えられます。具体的な表示方法は，【記載例】のように「代表者組合員」と記載します。

　なお，法人も組合員になることができます（有限組合3・19)。法人が組合の代表者の場合は，法人の名称のほか，当該組合員の職務を行うべき者（職務執行者。有限組合19Ⅰ参照）の氏名を記載します。その表示方法は「44　持分会社の場合」の【参考例3】と同様です。

4　「有限責任事業組合」に類似した組合として「投資事業有限責任組合」という組合があります。これは「投資事業有限責任組合契約に関する法律」に基づく組合です。この場合の代表者は無限責任組合員になります（投資契約7，投資事業有限責任組合契約及び有限責任事業組合契約登記規則別表第1参照）。

　当事者目録の記載例は，次のとおりです。

【参考例：投資事業有限責任組合の場合】

当 事 者 目 録

〒○○○－○○○○　　○○県○○市○○町○丁目○番○号
　　　　債　　権　　者　　　○○投資事業有限責任組合
　　　代表者無限責任組合員　○　○　○　○

〒○○○－○○○○　　○○県○○市○○町○丁目○番○号
　　　　債　　務　　者　　　○　○　○　○
以　上

5　本事例は，競売の申立てや保全命令の申立てを想定していますの
　で「債権者」「債務者」と表示されていますが，訴訟の場合は「原告」
　「被告」と表示します。

74 当事者目録 当事者の表示

29 債務者を特定しない不動産占有移転禁止仮処分の債務者の場合

建物の賃借人が行方不明である上，同建物に複数の氏名不詳の者が出入りして建物の占有者が特定できないときに，占有移転禁止仮処分命令申立書の当事者目録を作成する場合

【記　載　例】

当　事　者　目　録

　〒○○○－○○○○　　○○県○○市○○町○丁目○番○号
　　　　　　　　　　　　債　権　者　○　○　○　○
　〒○○○－○○○○　　○○県○○市○○町○丁目○番○号
　　　　　　　　　　　　○○法律事務所（送達場所）
　　　　　　　　　　　　債権者代理人弁護士　○　○　○　○

　債　務　者　　本件仮処分命令執行の時において別紙物
　　　　　　　　件目録記載の不動産を占有する者
　　　　　　　　　　　　　　　　　　　　　　　以　上

（別紙物件目録省略）

作成上の留意点

1　本事例のような場合，建物明渡等請求訴訟を提起し勝訴判決を得ても，建物の占有が不特定の第三者に移転され，その執行が著しく

困難になります。そこで，このような場合に債務者を特定しないで
占有移転禁止の仮処分命令を求めることができます（民保25の2）。

2　当事者目録の記載は【記載例】の程度で足り，債務者の住所の記
載も不要です（東京地裁保全研究会・書式民事保全81頁，82頁）。なお，申
立書には「当事者の表示　別紙当事者目録記載のとおり（債務者不
特定）」と記載します（民保規13Ⅰ①参照）。

30 認可地縁団体の場合

認可地縁団体である町内会に対し保全命令の申立てをしよう
とする際に，当事者目録を作成する場合

【記　載　例】

当　事　者　目　録

〒○○○－○○○○　　○○県○○市○○町○丁目○番○号
　　　　　　　　　　債　　権　　者　○　○　○　○
〒○○○－○○○○　　○○県○○市○○町○丁目○番○号
　　　　　　　　　　債　　務　　者　地縁団体Ａ地区町
　　　　　　　　　　　　　　　　　　内会
　　　　　　　　　　代　　表　　者　○　○　○　○
　　　　　　　　　　　　　　　　　　　　　　以　　上

作成上の留意点

1　地縁団体とは，町又は字の区域その他市町村内の一定の区域に住
　所を有する者の地縁に基づいて形成された団体をいい，この地縁団
　体が市町村長の認可を受けたときは，その規約に定める目的の範囲
　において，権利を有し，義務を負います（自治260の2）。そして，前掲
　（「17　権利能力なき社団の場合」）の権利能力なき社団である自治
　会や町内会の場合と異なり，認可地縁団体名義の不動産登記も可能

です（自治260の38・260の39。月報司法書士562号65頁参照）。

2　当事者目録には，地縁団体台帳証明書に記載されている認可地縁団体の名称，事務所の所在地，代表者の氏名を記載します。

3　本事例は，保全命令の申立てを想定していますので「債権者」，「債務者」と表示されていますが，訴訟の場合には「原告」「被告」と表示します。

78 当事者目録 代理人，代表者等の表示

第2 代理人，代表者等の表示

31 弁護士の場合

弁護士を代理人として競売の申立てや保全命令の申立てをしようとする際に，当事者目録を作成する場合

【記 載 例】

当 事 者 目 録

〒○○○−○○○○ ○○県○○市○○町○丁目○番○号
　　　　　　　　　債 権 者 ○ ○ ○ ○
〒○○○−○○○○ ○○県○○市○○町○丁目○番○号
　　　　　　　　　○○法律事務所（送達場所）
　　　　　　　　　債権者代理人弁護士 ○ ○ ○ ○

〒○○○−○○○○ ○○県○○市○○町○丁目○番○号
　　　　　　　　　債 務 者 ○ ○ ○ ○
　　　　　　　　　　　　　　　　　　　以 上

作成上の留意点

1 当事者目録に代理人を表示する場合，その資格も記載します。例えば，「訴訟代理人支配人」（商21Ⅰ），「代理人」（独行法25等），「指定代理人」（法務大臣権限2・8，自治153等），「訴訟代理人弁護士」（民訴54

Ⅰ），「訴訟復代理人弁護士」（民訴55Ⅱ⑤）のように記載します。

2　代理人の住所氏名は，委任状，資格証明書，指定書，登記事項証明書等と照合して正確に記載します。

3　委任者が複数の場合は，「債権者ら代理人弁護士」「上記両名代理人弁護士」「上記債権者○○名代理人弁護士」などと記載し，誰の代理人か，債権者全員の代理人か明確になるように記載します。

4　代理人が複数の場合は全員を記載します。また，代理人弁護士のほかに復代理人，指定代理人，法定代理人がいる場合も省略せずに記載します。こうした場合の表示方法は次のとおりです。

　　なお，弁護士法人である法律事務所が法人受任している場合もあります。その場合，目録には法人受任の旨は表示しないのが一般的です。

【参考例：法定代理人や復代理人がいる場合】

```
〒○○○－○○○○　　○○県○○市○○町○丁目○番○号
　　　　　　　　　　　　債　権　者　　　○　○　○　○
同所
　　　　　　　　　　　　法定代理人親権者父　○　○　○　○
　　　　　　　　　　　　法定代理人親権者母　○　○　○　○
〒○○○－○○○○　　○○県○○市○○町○丁目○番○号
　　　　　　　　　　　　債権者代理人弁護士　○　○　○　○
〒○○○－○○○○　　○○県○○市○○町○丁目○番○号
　　　　　　　　　　　　○○法律事務所（送達場所）
　　　　　　　　　　　　債権者復代理人弁護士　○　○　○　○
```

5　本事例は，競売の申立てや保全命令の申立てを想定していますので「債権者」「債務者」「債権者代理人弁護士」と表示されていますが，訴訟の場合には「原告」「被告」「原告訴訟代理人弁護士」と表示します。

32 司法書士の場合

認定司法書士を代理人として簡易裁判所に訴訟を提起する際に，当事者目録を作成する場合

【記　載　例】

```
                当 事 者 目 録

  〒○○○―○○○○　○○県○○市○○町○丁目○番○号
                原　　　　　　告　○　○　○　○
  〒○○○―○○○○　○○県○○市○○町○丁目○番○号
                ○○司法書士事務所（送達場所）
                訴訟代理人司法書士　○　○　○　○
  〒○○○―○○○○　○○県○○市○○町○丁目○番○号
                被　　　　　　告　○　○　○　○
                                        以　上
```

作成上の留意点

1　認定司法書士（司書3Ⅱ）は，簡易裁判所の訴訟事件において裁判所の許可なく代理人になることができます（司書3Ⅰ・Ⅱ）。また，少額訴訟において訴訟代理人であった司法書士は，当該少額訴訟債権執行手続（請求の価額が140万円を超えないものに限ります（裁判所法33Ⅰ①）。）について裁判所の許可なく代理人になることができま

す（司書3Ⅶただし書）。このように認定司法書士は特別な地位を有している ので，当事者目録に記載する場合は，司法書士である旨を明示します。

2　司法書士が，簡易裁判所事件や執行事件における許可代理人（民訴54Ⅰただし書，民執13Ⅰ）の場合は，「訴訟代理人○○○○」「債権者代理人○○○○」と記載します（後掲「34　許可代理人の場合」参照）。

3　本事例は，訴訟の場合を想定していますので「原告」「被告」と表示されていますが，執行や保全申立ての場合には「債権者」「債務者」と表示します。

《参考となる判例》
○債務整理を依頼された認定司法書士は，当該債務整理の対象となる個別の債権の価額が司法書士法3条1項7号に規定する額を超える場合には，その債権に係る裁判外の和解について代理することができないとした事例（最判平28・6・27民集70・5・1306，判時2311・16）

82　　当事者目録　　代理人，代表者等の表示

33　支配人の場合

会社の支配人を代理人として競売の申立てや保全命令の申立てをしようとする際に，当事者目録を作成する場合

【記　載　例】

```
                  当　事　者　目　録


    〒○○○―○○○○　　○○県○○市○○町○丁目○番○号
                        債　権　者　　○○株式会社
                        代表者代表取締役　○　○　○　○
    〒○○○―○○○○　　○○県○○市○○町○丁目○番○号
                        ○○株式会社○○支店内（送達場所）
                        債権者代理人支配人　○　○　○　○


    〒○○○―○○○○　　○○県○○市○○町○丁目○番○号
                        債　務　者　○　○　○　○
                                            以　上
```

作成上の留意点

1　支配人が代理人として競売や保全命令の申立てをする場合は（商21Ⅰ），【記載例】のように代理人の資格として支配人である旨も表示します。

2 支配人の住所は，書類の送達・送付等のために必要です。本事例
は，支配人が支店に勤務しているため会社の住所と異なる場合を想
定しています。支配人の住所が会社と同一の場合，住所の記載を省
略する実務例もあります。
3 支配人が弁護士に委任した場合は，次のように表示します。
なお，実務上「復代理人」と記載している例もありますが，復代
理人の選任とは解されません（傍論ですが，後記《参考となる判例》
参照）。

【参考例：支配人が弁護士に委任した場合】

〒○○○－○○○○　○○県○○市○○町○丁目○番○号
　　　　　　　債　　権　　者　○○株式会社
　　　　　　　代表者代表取締役　○　○　○　○
　　　　　　　債権者代理人支配人　○　○　○　○
〒○○○－○○○○　○○県○○市○○町○丁目○番○号
　　　　　　　○○法律事務所（送達場所）
　　　　　　　債権者代理人弁護士　○　○　○　○

4 本事例は，競売の申立てや保全命令の申立てを想定していますの
で「債権者」「債務者」「債権者代理人支配人」と表示されています
が，訴訟の場合には「原告」「被告」「原告訴訟代理人支配人」と表
示します。

《参考となる判例》
○「支配人がその代理権に基づき訴訟代理人の選任を為す場合においては
その選任は主人に代わりてこれを為すものにして復代理人の選任に非ざ
るが故にこれにつき民法104条の適用なきものとす」とした事例（大判昭
6・10・10民集10・859）

34 許可代理人の場合

裁判所の許可を受けた上，代理人が民事執行の申立てをしようとする際に，当事者目録を作成する場合

【記　載　例】

当　事　者　目　録

〒○○○−○○○○　　○○県○○市○○町○丁目○番○号
　　　　　　　　　債　　権　　者　　○○株式会社
　　　　　　　　　代表者代表取締役　○　○　○　○
〒○○○−○○○○　　○○県○○市○○町○丁目○番○号
　　　　　　　　　○○株式会社○○支店内（送達場所）
　　　　　　　　　債　権　者　代　理　人　○　○　○　○

〒○○○−○○○○　　○○県○○市○○町○丁目○番○号
　　　　　　　　　債　　務　　者　　○　○　○　○
　　　　　　　　　　　　　　　　　　　　　　以　上

作成上の留意点

1　弁護士や法律上代理人となることができる者以外の者が代理人として民事執行の申立てをする場合は，裁判所の許可を受けなければなりません（民執13Ⅰ）。簡易裁判所に保全命令の申立てをする場合

も同様です（民保7，民訴54Ⅰただし書）。

　　本事例は，代理人許可申立書（民執規9参照）を提出し，同時に代理人名義による競売申立てをし，当事者目録には代理人を表示する事例を想定しています。これは，いわば代理人となることが許可されることを停止条件として行うものと解されますので，実務では，これを認めています（園部・書式不動産執行の実務103頁）。

2　許可代理人の住所は，許可申請書に記載された住所を記載します。この住所は，裁判所や相手方からの書類の送達・送付や連絡のために必要なものです。したがって，実務では代理人個人の住所ではなく，【記載例】のように勤務先を記載するのが一般的です。

3　簡易裁判所の裁判所書記官に対し少額訴訟債権執行の申立てをする場合（民執167の2），認定司法書士（司書3Ⅱ）は，請求の価額が140万円を超えないものについては，裁判所の許可なく代理人になることができます（司書3Ⅰ⑥ホ，裁判所法33Ⅰ①）。また，当該少額訴訟において訴訟代理人であった認定司法書士は，さらに委任状も裁判所の許可も必要なく，少額訴訟債権執行手続（請求の価額が140万円を超えないものに限る。）について代理人になることができます（司書3Ⅶただし書，裁判所法33Ⅰ①）。

4　本事例は，民事執行の申立てを想定していますので「債権者」「債務者」「債権者代理人」と表示されています。許可代理人が簡易裁判所に保全命令の申立てをする場合も同様です。

　　訴訟事件の場合，許可代理人が認められるのは簡易裁判所の事件のみで（民訴54Ⅰ），この場合には「原告」「被告」「原告訴訟代理人」と表示します。

35　特別代理人の場合

株式会社である債務者の代表者が死亡により不存在であることが判明したので特別代理人を選任して競売の申立てをしようとする際に，当事者目録を作成する場合

【記　載　例】

当　事　者　目　録

〒○○○－○○○○　○○県○○市○○町○丁目○番○号
　　　　　　　　　債　権　者　○　○　○　○
〒○○○－○○○○　○○県○○市○○町○丁目○番○号
　　　　　　　　　○○法律事務所（送達場所）
　　　　　　　　　債権者代理人弁護士　○　○　○　○

〒○○○－○○○○　○○県○○市○○町○丁目○番○号
　　　　　　　　　債　務　者　○○株式会社
　　　　　　　　　特　別　代　理　人　○　○　○　○
（送達場所）
〒○○○－○○○○　○○県○○市○○町○丁目○番○号
　　　　　　　　　○　○　法　律　事　務　所
　　　　　　　　　　　　　　　　　　　　以　上

作成上の留意点

1 特別代理人とは，法人の代表者が死亡したり破産手続開始決定を受けるなどして欠けた場合や未成年者や成年被後見人について法定代理人が欠けた場合に，申立てにより受訴裁判所の裁判長（民事執行の場合は執行裁判所）が選任する代理人です（民訴35・37，民執20・41）。

2 本事例は，株式会社の代表者が死亡により欠けた場合です。このような場合は，後任の代表者を選任し，その登記をすることが原則です。このほかに一時代表取締役の職務を行うべき者（仮代表取締役）を選任する方法（会社351Ⅱ）や仮処分命令により代表取締役職務代行者を選任する方法（民保56）があります。しかし，これらの方法は，時間もかかり，また，費用もかかることから，本事例のように特別代理人を選任することが多いと思われます。保全命令の申立ての場合も，同様の理由から特別代理人を選任（民保7，民訴35・37）することが多いと思われます。

3 本事例は，競売の申立てを想定していますので「債権者」「債務者」「債権者代理人弁護士」と表示されています。訴訟の場合には「原告」「被告」「原告訴訟代理人弁護士」と表示します。

88   当事者目録　　代理人，代表者等の表示

36　弁理士の場合

弁理士を代理人として特許法178条1項の審決に対する訴えを
提起しようとする際に，当事者目録を作成する場合

【記　載　例】

当　事　者　目　録

〒○○○−○○○○　　○○県○○市○○町○丁目○番○号
　　　　　　　　　　原　　　告　○　○　○　○
〒○○○−○○○○　　○○県○○市○○町○丁目○番○号
　　　　　　　　　　○○特許事務所（送達場所）
　　　　　　　　　　原告訴訟代理人弁理士　○　○　○　○
　　　　　　　　　　電　話　○○○−○○○−○○○○
　　　　　　　　　　ＦＡＸ　○○○−○○○−○○○○

〒○○○−○○○○　　○○県○○市○○町○丁目○番○号
　　　　　　　　　　被　　　告　○　○　○　○
　　　　　　　　　　　　　　　　　　　　　　　以　　上

作成上の留意点

1　弁理士法6条により，弁理士は，特許法178条1項，実用新案法47条
　1項，意匠法59条1項及び商標法63条1項に規定する訴訟に関しては

当事者目録　　代理人，代表者等の表示　　　　89

訴訟代理人となることができます。

　弁理士と共に弁護士が訴訟代理人になる場合は，「訴訟代理人弁護士〇〇〇〇」の次に「訴訟代理人弁理士〇〇〇〇」と併記します。

2　訴訟事件の場合，訴訟代理人の住所，郵便番号，送達場所，電話番号及びファクシミリ番号は訴状自体に記載されているので，当事者目録には記載しない例も多いと思われますが，本【記載例】ではこれらを記載しました。

3　なお，弁理士が弁理士法5条により補佐人として訴訟に関与する場合の当事者目録の記載例は，「37　補佐人の場合」のとおりです。

37 補佐人の場合

訴訟代理人弁護士のほか許可を受けた補佐人がいる訴訟事件の被告が，反訴を提起しようとする際に当事者目録を作成する場合

【記　載　例】

```
                当 事 者 目 録


  〒○○○－○○○○　○○県○○市○○町○丁目○番○号
                反訴原告（本訴被告）　○　○　○　○
  〒○○○－○○○○　○○県○○市○○町○丁目○番○号
                ○○法律事務所（送達場所）
                同訴訟代理人弁護士　　○　○　○　○
                  電　話　○○○－○○○－○○○○
                  ＦＡＸ　○○○－○○○－○○○○
  〒○○○－○○○○　○○県○○市○○町○丁目○番○号
                同　補　佐　人　　○　○　○　○


  〒○○○－○○○○　○○県○○市○○町○丁目○番○号
                反訴被告（本訴原告）　○　○　○　○
                                  以　　上
```

当事者目録　　代理人，代表者等の表示　　　91

作成上の留意点

1　補佐人（民訴60）とは，当事者，補助参加人又はこれらの訴訟代理人に付き添って期日に出頭し，その補足をする者です（加藤新太郎ほか『新基本法コンメンタール民事訴訟法1』187頁（日本評論社，2018））。

　補佐人は，知的財産権に関する訴訟などの専門的知識が必要な訴訟において，当事者又は代理人が専門的知識を有しない場合にそれを補ったり，当事者本人に言語障害や聴力の欠陥がある場合に，当事者の陳述を補足する必要がある場合などに認められるもので，当事者又は訴訟代理人の請求により裁判所が許可します（民訴60Ⅰ）。

2　補佐人は当事者でも代理人でもありませんが，当該訴訟に関与した訴訟関係者ということで，裁判書にも表示されることがあります。訴訟係属中に反訴を提起する場合などには，補佐人も表示した当事者目録を作成するのが相当と考えられます。

3　訴訟事件の場合，訴訟代理人や補佐人の住所等を当事者目録に記載しない例もあります。

　なお，本【記載例】では，「反訴原告（本訴被告）訴訟代理人弁護士」とか「反訴原告（本訴被告）補佐人」と記載せずに，「同訴訟代理人弁護士」「同補佐人」と記載していますが，このような記載も差し支えありません。

4　前記2のとおり，補佐人は当事者でも代理人でもないことから，実務上，裁判所の許可による補佐人（民訴60）については記載する例としない例がありますが，法律の規定により選任されれば当然に補佐人になることができる弁理士や税理士については当事者目録（当事者の表示）に記載するのが一般的です。弁理士が弁理士法5条により補佐人として訴訟に関与する場合は次のように表示します。税理士法2条の2の場合も同様です。

92 当事者目録 代理人，代表者等の表示

【参考例：弁理士が補佐人として訴訟に関与する場合】

〒○○○−○○○○ ○○県○○市○○町○丁目○番○号

原 告 ○ ○ ○ ○

〒○○○−○○○○ ○○県○○市○○町○丁目○番○号

○○法律事務所（送達場所）

同訴訟代理人弁護士 ○ ○ ○ ○

電 話 ○○○−○○○−○○○○

ＦＡＸ ○○○−○○○−○○○○

〒○○○−○○○○ ○○県○○市○○町○丁目○番○号

○○特許事務所

同 補 佐 人 弁 理 士 ○ ○ ○ ○

38　金融整理管財人の場合

　金融整理管財人が選任されている債務者（金融機関）に対し競売の申立てや保全命令の申立てをしようとする際に，当事者目録を作成する場合

【記　載　例】

当　事　者　目　録

〒○○○－○○○○　　○○県○○市○○町○丁目○番○号
　　　　　債　　権　　者　　　　○　○　○　○
〒○○○－○○○○　　○○県○○市○○町○丁目○番○号
　　　　　○○法律事務所（送達場所）
　　　　　債権者代理人弁護士　　　○　○　○　○

〒○○○－○○○○　　○○県○○市○○町○丁目○番○号
　　　　　債　　務　　者　　　　株式会社○○銀行
　　　　　代表者金融整理管財人　○　○　○　○
　　　　　同　　　　　　　　　　預金保険機構
　　　　　預金保険機構代表者理事長　○　○　○　○
　　　　　　　　　　　　　　　　　　　以　　上

作成上の留意点

1　本事例は，金融整理管財人（預金保険法74・77参照）が複数選任され，預金保険機構が金融整理管財人になっている事例です。この場合，【記載例】のように預金保険機構の代表者も表示します。

2　金融整理管財人は，あくまでも被管理金融機関を代表し，業務の執行並びに財産の管理及び処分を行うのであり，当事者適格は有しないと解されています。この点において，会社更生手続等における管財人等とは法的地位を異にします（塚原朋一『事例と解説　民事裁判の主文［第二版］』10頁（新日本法規出版，2015年）。後記《参考となる判例》参照）。

3　本事例は，競売の申立てや保全命令の申立てを想定していますので「債権者」「債務者」「債権者代理人弁護士」と表示されていますが，訴訟の場合には「原告」「被告」「原告訴訟代理人弁護士」と表示します。

《参考となる判例》

○金融機関に対する金融整理管財人による業務及び財産の管理を命ずる処分と株主等代表訴訟の関係について判示した判例（最判平15・6・12民集57・6・640，判時1825・136）

39　不在者財産管理人の場合

不在者である債務者に対し競売の申立てや保全命令の申立てをしようとする際に，当事者目録を作成する場合

【記　載　例】

当　事　者　目　録

〒○○○－○○○○　○○県○○市○○町○丁目○番○号

債　　権　　者　○　○　○　○

〒○○○－○○○○　○○県○○市○○町○丁目○番○号

○○法律事務所（送達場所）

債権者代理人弁護士　○　○　○　○

○○県○○市○○町○丁目○番○号

債　　務　　者　○　○　○　○

不在者財産管理人　○　○　○　○

（送達場所）

〒○○○－○○○○　○○県○○市○○町○丁目○番○号

○○法律事務所

以　　上

96　　　　当事者目録　　代理人，代表者等の表示

作成上の留意点

1　本事例では，債務者は不在者本人なので，住所は不在者の最後の住所を記載します。不在者財産管理人（民25）には，不在者が置いた財産管理人と家庭裁判所が選任した不在者財産管理人があります。前者は，民事訴訟法54条1項にいう法令により裁判上の行為をすることができる不在者の代理人と解され（大判昭9・4・6民集13・511），後者は不在者の法定代理人と解されています（大判昭15・7・16民集19・1185，評論全集29・684，最判昭47・9・1民集26・7・1289，判時683・92）。

　実務では，不在者財産管理人の住所を【記載例】のように「送達場所」として表示するのが一般的です。

2　不在者の意義，参考判例及び他の記載例については，「14　不在者の場合」を参照してください。なお，訴訟事件の裁判書においては，「不在者」である旨は表示せず「原告（被告）○○○○」の次に「同財産管理人○○○○」と記載する例もあります。

3　本事例は，競売の申立てや保全命令の申立てを想定していますので「債権者」「債務者」「債権者代理人弁護士」と表示されていますが，訴訟の場合には「原告」「被告」「原告訴訟代理人弁護士」と表示します。

当事者目録　　代理人，代表者等の表示　　97

40　相続財産管理人の場合

　債務者が死亡し，相続人がいることが明らかで，相続財産管理人が選任されたときに，相続財産に対して競売の申立てや保全命令の申立てをしようとする際に，当事者目録を作成する場合

【記　載　例】

当　事　者　目　録

〒○○○－○○○○　　○○県○○市○○町○丁目○番○号
　　　　債　　権　　者　　　○　○　○　○

〒○○○－○○○○　　○○県○○市○○町○丁目○番○号
　　　　債　　務　　者　　　○　○　○　○
〒○○○－○○○○　　○○県○○市○○町○丁目○番○号
　　　　債　　務　　者　　　○　○　○　○
〒○○○－○○○○　　○○県○○市○○町○丁目○番○号
　　　　上記両名相続財産管理人　○　○　○　○
　　　　　　　　　　　　　　　　　　　以　　上

作成上の留意点

1　本事例は，債務者が死亡し，複数の法定相続人が相続し，民法936条による相続財産管理人が選任された事例です。この場合，債務者

は相続人全員を表示します。そして，相続財産管理人は相続人全員の法定代理人となりますので（後記《参考となる判例》参照），相続財産管理人を表示します。

2 遺産分割の場合における家事事件手続法200条1項所定の財産の管理者(旧家事審判規則106条1項が適用されていた当時の判例では「相続財産管理人」としていました。)も相続人全員の法定代理人であり，財産の管理者としての資格では当事者適格を有しないと解されます（最判昭47・7・6民集26・6・1133，判時683・93）。この他に，相続人があることが明らかでない場合及び相続人不存在が明らかな場合に民法952条に基づき選任される相続財産管理人があります（「13 相続財産法人の場合」参照）。

3 本事例の場合，次のような表示方法もあります。

【参考例1】

```
〒○○○－○○○○　○○県○○市○○町○丁目○番○号
　　　　　　　　亡○○○○相続人
　　　　　　債　　務　　者　○　○　○　○
〒○○○－○○○○　○○県○○市○○町○丁目○番○号
　　　　　　　　亡○○○○相続人
　　　　　　債　　務　　者　○　○　○　○
〒○○○－○○○○　○○県○○市○○町○丁目○番○号
　　　　　　上記両名相続財産管理人　○　○　○　○
```

　なお，債務者が死亡し，相続人はいるが相続財産管理人はいない場合の当事者目録中の債務者の表示は，次のとおりです。

当事者目録　　代理人，代表者等の表示　　　99

【参考例2：相続人はいるが，相続財産管理人はいない場合】

〒○○○−○○○○　　○○県○○市○○町○丁目○番○号
亡○○○○相続人
　　　　　　債　　務　　者　○　○　○　○

《参考となる判例》

○家庭裁判所が家事審判規則106条1項により選任する相続財産管理人は，相続財産に関して提起された訴につき，相続人の法定代理人として，家庭裁判所の許可なくして応訴することができるものと解すべきであるとした事例（最判昭47・7・6民集26・6・1133，判時683・93）

○民法936条による相続財産管理人は，相続人全員の法定代理人として訴訟に関与するもので，相続財産管理人の資格では当事者適格を有しないとした事例（最判昭47・11・9民集26・9・1566，判時689・71）

100　　当事者目録　　代理人，代表者等の表示

41　株式会社の場合①（取締役会設置会社の場合）

　　取締役会を設置している株式会社が競売の申立てや保全命令の申立てをしようとする際に，当事者目録を作成する場合

【記　載　例】

```
                    当 事 者 目 録


　　〒○○○─○○○○　　○○県○○市○○町○丁目○番○号
　　　　　　　　　債　　権　　者　　○○株式会社
　　　　　　　　　代表者代表取締役　○　○　○　○
　　〒○○○─○○○○　　○○県○○市○○町○丁目○番○号
　　　　　　　　　○○法律事務所（送達場所）
　　　　　　　　　債権者代理人弁護士　○　○　○　○


　　〒○○○─○○○○　　○○県○○市○○町○丁目○番○号
　　　　　　　　　債　　務　　者　○　○　○　○
　　　　　　　　　　　　　　　　　　　　　以　上
```

作成上の留意点

1　株式会社には，取締役会を設置している会社（取締役会設置会社，会社2⑦）と設置しない会社があります。取締役会設置会社では取締役会が取締役の中から代表取締役を選定しなければなりません（会社

362Ⅲ）。そして，代表取締役が会社を代表します（会社349Ⅰただし書・Ⅳ）。

2 取締役会を設置していない会社においては，取締役が会社を代表します（会社349Ⅰ本文）。なお，取締役会を設置しない株式会社でも取締役の中から代表取締役を定めることができます（会社349Ⅲ）。代表取締役は，会社の業務に関する一切の裁判上又は裁判外の行為をする権限を有します（会社349Ⅳ）。

3 株式会社を代表する者が複数いる場合は，各自が会社を代表します（会社349Ⅱ）。旧商法261条2項で認められていた共同代表の定めは廃止されました。したがって，代表者が複数いる場合は，そのうちの1名を記載すれば足ります。

4 本事例は，競売の申立てや保全命令の申立てを想定していますので「債権者」「債務者」「債権者代理人弁護士」と表示されていますが，訴訟の場合には「原告」「被告」「原告訴訟代理人弁護士」と表示します。

102 当事者目録 代理人，代表者等の表示

42 株式会社の場合②（指名委員会等設置会社の場合）

指名委員会等設置会社である株式会社が競売の申立てや保全命令の申立てをしようとする際に，当事者目録を作成する場合

【記　載　例】

```
                    当 事 者 目 録

     〒○○○－○○○○　　○○県○○市○○町○丁目○番○号
                        債　　権　　者　○○株式会社
                        代表者代表執行役　○　○　○　○
     〒○○○－○○○○　　○○県○○市○○町○丁目○番○号
                        ○○法律事務所（送達場所）
                        債権者代理人弁護士　○　○　○　○


     〒○○○－○○○○　　○○県○○市○○町○丁目○番○号
                        債　　務　　者　○　○　○　○
                                              以　　上
```

作成上の留意点

1　株式会社には，会社法2条12号所定の「指名委員会等設置会社」があります。指名委員会等設置会社では，取締役会の決議により執行

役 (会社402) の中から代表執行役を選定し (会社420 I), 代表執行役が会社を代表します (会社420 III・349 IV)。

2　代表者の表示をする場合,「代表取締役」と混同しないように登記事項証明書等により代表執行役を確認し, 当事者目録に正確に表示することが肝要です。

43 株式会社の場合③（代表者が欠けた場合等）

株式会社の代表取締役が欠けたため職務代行者を選任して競売の申立てや保全命令の申立てをしようとする際に，当事者目録を作成する場合

【記　載　例】

```
               当 事 者 目 録


〒○○○─○○○○  ○○県○○市○○町○丁目○番○号
          債　権　者　　　　○○株式会社
          代表者代表取締役職務代行者　○　○　○　○
〒○○○─○○○○  ○○県○○市○○町○丁目○番○号
          ○○法律事務所（送達場所）
          債権者代理人弁護士　　　　○　○　○　○


〒○○○─○○○○  ○○県○○市○○町○丁目○番○号
          債　務　者　　　　○　○　○　○
                              以　上
```

作成上の留意点

1　株式会社の代表取締役等の代表者が死亡や破産手続開始決定を受けるなどして欠けた場合には，特別代理人を選任する方法（民訴35・

37。執行，保全につき民執20，民保7で準用。「35　特別代理人の場合」参照）や一時代表取締役（仮代表取締役）を選任する方法（会社351Ⅱ）や職務代行者を置く方法（民保56，会社352）があります。本事例は，代表取締役職務代行者を選任した事例です。

2　会社法351条による一時代表取締役が代表となる場合の代表者の表示は「代表者仮代表取締役○○○○」とする例と「代表者一時代表取締役○○○○」とする例があります。会社法記載の名称（一時代表取締役）と資格証明書の名称（仮代表取締役）が異なるため，実務では，両方の記載例があるのです。

3　会社の代表者が欠けた場合と同様に，（代表）取締役が会社を代表しない事例として，監査役設置会社における会社と（代表）取締役（取締役であった場合を含む。）間の訴訟があります。この場合，当該訴訟については監査役が会社を代表します（会社386Ⅰ①）。この場合の記載例は次のとおりです。

【参考例：監査役設置会社と取締役との間の訴訟の場合】

当　事　者　目　録

〒○○○－○○○○　○○県○○市○○町○丁目○番○号
　　　　　原　　　　告　○○株式会社
　　　　　代表者監査役　○　○　○　○

〒○○○－○○○○　○○県○○市○○町○丁目○番○号
　　　　　被　　　　告　○　○　○　○

以　上

(注) 公開会社ではなく，監査役設置会社又は会計監査人設置会社でもない株式会社が，監査役の監査の範囲を会計に関するものに限定する旨を定款で定めた場合には，株主総会又は取締役会において当該株式会社を代表する者が定められない限り，当該株式会社を代表するのは監査役ではなく代表取締役なので（会社389 I Ⅶ・349Ⅳ・353・364），注意する必要がある。

4　なお，会社法353条に基づき株式会社と取締役との間の訴訟において会社を代表する場合や同法364条に基づき取締役会設置会社と取締役との間の訴訟において会社を代表する場合は，「代表者（会社法353条に基づく代表者）○○○○」，「代表者（会社法364条に基づく代表者）○○○○」と表示するのが一般的です。

《参考となる判例》

○取締役選任決議無効確認請求訴訟を本案とする代表取締役の職務執行停止及び代行者選任の仮処分がなされた場合には，本案訴訟において被告たる会社を代表して訴訟の追行に当たる者も前記代表取締役職務代行者であるとした事例（最判昭59・9・28民集38・9・1121，判時1142・136）

○農業協同組合と同組合の理事との間の訴訟の場合も監事が組合を代表するとした事例（最判平9・12・16裁時1210・2，判時1627・144）

当事者目録　　代理人，代表者等の表示　　107

44　持分会社の場合

代表者の定めがない合名会社が債権者として競売の申立てや保全命令の申立てをしようとする際に，当事者目録を作成する場合

【記　載　例】

```
                   当　事　者　目　録


〒○○○－○○○○　　○○県○○市○○町○丁目○番○号
                 債　　権　　者　　○○合名会社
                 代表者業務執行社員　○　○　○　○


〒○○○－○○○○　　○○県○○市○○町○丁目○番○号
                 債　　務　　者　○　○　○　○
                                          以　上
```

作成上の留意点

1　持分会社には，合名会社，合資会社及び合同会社があります（会社575 I）。合名会社は，社員の全部が無限責任社員であり（会社576 II），合資会社は，無限責任社員と有限責任社員で構成され（会社576 III），合同会社は，社員の全部が有限責任社員です（会社576 IV）。

2　持分会社の社員は，定款に別段の定めがある場合を除き，持分会

社の業務を執行します（会社590Ⅰ）。旧商法（旧商法156）下と異なり，現行会社法下では合資会社の有限責任社員も業務を執行できます。そして，他に持分会社を代表する社員その他持分会社を代表する者を定めた場合を除き，業務を執行する社員は持分会社を代表します（会社599Ⅰ）。業務を執行する社員が2人以上ある場合には，各自が持分会社を代表します（会社599Ⅱ）。

3　本事例は，代表者の定めのない合名会社の事例です。前述のとおり，業務を執行する社員は持分会社を代表し，業務を執行する社員が2人以上ある場合には，各自が持分会社を代表しますので，【記載例】のように1名を記載すれば足ります。

　なお，合名会社の場合，代表者の定めがないときは単に「社員」と登記されます（会社912⑤，商登規1・別表第6「社員区」参照）。したがって，登記どおり「代表者社員」，あるいは代表権がある社員という意味で「代表者代表社員」と表示する方法もあります。本書では【記載例】のように「代表者業務執行社員」と表示することとしました。これは，法律上，業務執行社員が会社を代表することから，法律上の規定にも合致し，単なる社員と誤解されず，端的に代表権を有することを表現できるからです。実務上も本事例と同様に代表者の定めがない合名会社の場合に「代表者業務執行社員」と表示されています（園部・書式債権・その他の財産権・動産等執行の実務95頁）。

4　持分会社においては，前述のとおり，原則として業務執行社員が会社を代表しますが，別に持分会社を代表する社員その他持分会社を代表する者を定めることができます（会社599Ⅰただし書）。また，定款又は定款に基づく社員の互選によって，業務を執行する社員の中から持分会社を代表する社員を定めることができます（会社599Ⅲ）。この持分会社を代表する社員（「代表社員」。商登規1・別表第6（合名会社登記簿）・別表第7（合資会社登記簿）・別表第8（合同会社登記簿）の各

当事者目録　　代理人，代表者等の表示　　　　109

「社員区」参照）は，持分会社の業務に関する一切の裁判上又は裁判
外の行為をする権限を有します（会社599Ⅳ）。

5　持分会社においては，法人も業務執行社員となることができます
（会社598Ⅰ）。この場合には，当該法人は，当該業務を執行する社員
の職務を行うべき者（職務執行者）を選任し，その者の氏名及び住
所を他の社員に通知しなければなりません（会社598Ⅰ）。持分会社の
場合は，株式会社と異なり（会社331Ⅰ①・402Ⅳ参照），法人が持分会社
の代表者になる場合もあります。法人が持分会社の代表者になった
ときは，当事者目録に職務執行者も記載します（【参考例3】参照）。

6　本事例は，代表者の定めのない合名会社の場合です。そのほかの
持分会社の代表者の表示方法は次のとおりです。

　　なお，清算持分会社の場合は，「代表者（代表）清算人」と表示し
ます（会社655）。

【参考例1：代表者の定めのある合名会社の場合】

〒○○○−○○○○　　○○県○○市○○町○丁目○番○号
　　　　　　　　債権者（債務者）　　　○○合名会社
　　　　　　　　代表者代表社員（注）○　　○　　○　　○

(注)　会社590Ⅰ・599ⅠⅢ・912⑥，商登規1・別表第6参照。立花宣男『〔改訂〕
　　新・商業登記法から見た！新・会社法』195頁（日本加除出版，2006）。「代
　　表者代表業務執行社員」と表示する例もある（園部・書式債権・その他の
　　財産権・動産等執行の実務96頁）。

【参考例2：代表者の定めのある合資会社の場合】

〒○○○−○○○○　　○○県○○市○○町○丁目○番○号

110 　　当事者目録　　代理人，代表者等の表示

```
┌──────────────────────────────────────────────┐
│          債権者（債務者）　　○○合資会社        │
│          代表者代表社員（注）○　○　○　○      │
└──────────────────────────────────────────────┘
```

（注）　会社599Ⅲ・913⑧，商登規1・別表第7参照。なお，代表者の定めのない
　　　合資会社の場合は「代表者無限責任社員」と表示する（会社599Ⅰ・913⑤
　　　⑥，商登規1・別表第7参照）。理論的には，業務執行社員が各自会社を代表
　　　することから，有限責任社員，無限責任社員のいずれでもよいが（会社576
　　　Ⅲ・590Ⅰ・599ⅠⅡ），無限責任を負う業務執行社員である無限責任社員を
　　　表示するのが相当であろう。

【参考例3：代表者の定めのある合同会社の場合】

```
┌──────────────────────────────────────────────┐
│  〒○○○－○○○○　○○県○○市○○町○丁目○番○号  │
│          債権者（債務者）　　○○合同会社        │
│          代表者代表社員（注）○○株式会社        │
│          職務執行者　　　　　○　○　○　○      │
└──────────────────────────────────────────────┘
```

（注）　会社599Ⅲ・914⑦⑧，商登規1・別表第8参照。「職務執行者」については，
　　　「代表社員職務執行者」と表示する実務例もある。なお，代表者の定めの
　　　ない合同会社の場合は「代表者業務執行社員」と表示する（会社599Ⅰ・914
　　　⑥，商登規1・別表第8）。

7　持分会社と社員間の訴えに関する代表社員の表示は「代表者（会
　社法601条に基づく代表者）○○○○」となります（会社601）。

8　本事例は，競売の申立てや保全命令の申立てを想定していますの
　で「債権者」「債務者」と表示されていますが，訴訟の場合には「原
　告」「被告」と表示します。

当事者目録　　代理人，代表者等の表示　　111

45　有限会社の場合

　会社法施行（平18・5・1）後も「有限会社」を名乗る，いわゆる「特例有限会社」が債権者として競売の申立てや保全命令の申立てをしようとする際に，当事者目録を作成する場合

【記　載　例】

```
              当　事　者　目　録

  〒○○○－○○○○　　○○県○○市○○町○丁目○番○号
                    債　　権　　者　　○○有限会社
                    代表者代表取締役　○　○　○　○

  〒○○○－○○○○　　○○県○○市○○町○丁目○番○号
                    債　　務　　者　○　○　○　○
                                          以　　上
```

作成上の留意点

1　会社法（平成17年法律第86号）は，株式会社と有限会社の会社類型を統合して株式会社に一本化し，会社法の施行に伴い有限会社法は廃止されました（会社法整備法1③）。そして，会社法施行後は有限会社を設立することはできなくなりました。

　しかし，会社法施行時に既に存在する有限会社は，会社法の株式

会社として存続し（会社法整備法2Ⅰ），「特例有限会社」として取り扱われます（会社法整備法3以下）。したがって，会社法施行後であっても「有限会社」という名称の会社は存在するので，その代表者の表示方法について論ずる実益はあります。

2　特例有限会社の代表者は，取締役会を設置しない株式会社と同様です（会社法整備法2Ⅰ）。したがって，原則として取締役が会社を代表しますが（会社349Ⅰ本文），定款，定款の定めに基づく取締役の互選又は株主総会の決議によって，取締役の中から代表取締役を定めることもできます（会社349Ⅲ）。会社を代表する者が複数あるときは，各自が会社を代表します（会社349Ⅱ）。旧有限会社法27条3項に規定されていた共同代表制度は廃止されました。

3　本事例は，代表者の定めのある事例です。代表者の定めがない場合は，前述のように取締役が会社を代表します。この場合の表示方法は次のとおりです。

【参考例：代表者の定めのない場合】

```
〒○○○－○○○○　　○○県○○市○○町○丁目○番○号
　　　　　　　　債権者（債務者）　　○○有限会社
　　　　　　　　代表者取締役　　　　○　○　○　○
```

4　本事例は，競売の申立てや保全命令の申立てを想定していますので「債権者」「債務者」と表示されていますが，訴訟の場合には「原告」「被告」と表示します。

46 解散した会社や休眠会社の場合

商業登記簿上解散の事実が明らかである会社に対し抵当権設定登記抹消登記手続請求訴訟を提起しようとする際に，当事者目録を作成する場合

【記 載 例】

```
              当 事 者 目 録


  〒○○○−○○○○  ○○県○○市○○町○丁目○番○号
                  原        告     ○  ○  ○  ○
  〒○○○−○○○○  ○○県○○市○○町○丁目○番○号
                  ○○法律事務所（送達場所）
                  原告訴訟代理人弁護士  ○  ○  ○  ○


  〒○○○−○○○○  ○○県○○市○○町○丁目○番○号
                  被        告     ○○株式会社
                  代表者代表清算人  ○  ○  ○  ○
                                       以    上
```

作成上の留意点

1 会社が解散した場合（会社471），清算をしなければなりません（会社475①）。清算をする株式会社（清算株式会社，会社476）を代表するの

は，清算人又は代表清算人です（会社483Ⅰ）。したがって，解散した株式会社の代表者の表示は（代表）清算人となります。

2　解散の登記だけされ，清算人の登記がされていない場合も，会社法478条1項1号，483条4項により，当然解散時の取締役又は代表取締役が清算人又は代表清算人となるので，代表者の表示は「（代表）清算人」とするのが相当です。

3　休眠会社（会社472）の代表者の表示については，商業登記簿上みなし解散（会社472Ⅰ，商登72）の事実が明らかであれば「代表者（代表）清算人」と記載するのが相当です。

《参考となる判例》

○株式会社の解散前既に代表取締役の任期が満了していたが，後任の選任が行われず，商法（平成17年法律87号による改正前）258条（会社346）により依然取締役の権限を有していたときは，解散と同時に，同人が当然清算人となるとした事例（最判昭44・3・28民集23・3・645，判時553・74）

47 農業協同組合等の場合

農業協同組合が債権者となって競売の申立てや保全命令の申立てをしようとする際に，当事者目録を作成する場合

【記　載　例】

```
                    当 事 者 目 録


  〒○○○－○○○○    ○○県○○市○○町○丁目○番○号
                    債　権　者　○○農業協同組合
                    代表者代表理事　○　○　○　○


  〒○○○－○○○○    ○○県○○市○○町○丁目○番○号
                    債　務　者　○　○　○　○
                                          以　上
```

作成上の留意点

1　農業協同組合の代表者は代表理事です（農協35の3）。

　このほかに代表者が「代表理事」になる組合等の主なものとしては，漁業協同組合（水協39の3），事業協同組合（中小協36の8），信用金庫（信金35の9・36Ⅳ），労働金庫（労金37の7・38Ⅳ）などがあります。

2　登記簿上，単に「理事」と記載されている場合があります。この場合，当事者目録には「代表者理事○○○○」と表示します。それ

ぞれの登記簿や登記事項証明書等により正確に記載することが肝要です。

3 訴訟の場合には「原告」「被告」と表示します。

なお，農業協同組合，漁業協同組合，事業協同組合等の場合，「参事」が一切の裁判上又は裁判外の行為をする権限を有するので（農協42Ⅲ，水協45Ⅲ，中小協44Ⅱ，会社11Ⅰ），参事が代理人として裁判手続に関与するときは「債権者代理人参事○○○○」「訴訟代理人参事○○○○」と記載します。

当事者目録　　代理人，代表者等の表示　　　117

48　一般社団法人及び一般財団法人の場合

　一般財団法人が一般社団法人に対し競売の申立てや保全命令の申立てをしようとする際に，当事者目録を作成する場合

【記　載　例】

```
              当 事 者 目 録


  〒○○○－○○○○　○○県○○市○○町○丁目○番○号
              債　　権　　者　一般財団法人○○協会
          代 表 者 代 表 理 事　○　○　○　○
  〒○○○－○○○○　○○県○○市○○町○丁目○番○号
          ○○法律事務所（送達場所）
          債権者代理人弁護士　○　○　○　○


  〒○○○－○○○○　○○県○○市○○町○丁目○番○号
              債　　務　　者　一般社団法人○○○○
          代 表 者 代 表 理 事　○　○　○　○
                              以　上
```

作成上の留意点

1　一般社団法人，一般財団法人とは，一般社団法人及び一般財団法人に関する法律に基づいて設立した法人です。一般社団法人の代表

者は，代表理事を定めた場合は代表理事であり，定めない場合は理事です（一般法人77ⅠⅣ）。一般財団法人の代表者は，代表理事です（一般法人197・77Ⅳ）。ただし，旧民法（平成18年法律第50号による改正前の民法）の規定により設立された財団法人については，代表理事の定めのない場合もあり，その場合は理事が代表者となるので，「代表者理事」と表示することになります。

　なお，理事（理事であった者を含む。）が，監事設置一般社団法人に対して決議不存在確認などの訴えを提起する場合は，当該訴えについては監事が同法人を代表します。監事設置一般社団法人が理事（理事であった者を含む。）に対する訴えを提起する場合も同様です（一般法人104Ⅰ）。

2　旧民法（平成18年法律第50号による改正前の民法）の規定により設立された社団法人や財団法人（特例社団法人，特例財団法人）については，従前通り「社団法人」「財団法人」という名称を使用してもよいことになっています（一般社団法人及び一般財団法人に関する法律及び公益社団法人及び公益財団法人の認定等に関する法律の施行に伴う関係法律の整備等に関する法律42）。したがって，法人の名称も「一般」が付されたものと付されないものが混在しますので，登記事項証明書等によりよく確認する必要があります。

3　本事例は，競売の申立てや保全命令の申立てを想定していますので「債権者」「債務者」「債権者代理人弁護士」と表示されていますが，訴訟の場合には「原告」「被告」「原告訴訟代理人弁護士」と表示します。

当事者目録　　代理人，代表者等の表示　　119

49　学校法人の場合

　私立大学が債権者となって競売の申立てや保全命令の申立て
をしようとする際に，当事者目録を作成する場合

【記　載　例】

```
                    当  事  者  目  録

　　〒○○○－○○○○　　○○県○○市○○町○丁目○番○号
　　　　　　　　　　債　　権　　　者　学校法人○○大学
　　　　　　　　　　代 表 者 理 事 長　○　○　○　○

　　〒○○○－○○○○　　○○県○○市○○町○丁目○番○号
　　　　　　　　　　債　　務　　　者　○　○　○　○
　　　　　　　　　　　　　　　　　　　　　　　　以　上
```

作成上の留意点

1　学校法人の代表者は，理事長です（私学35Ⅱ・37Ⅰ）。国立大学法人
　の場合は，「55　国立大学法人の大学教授の給料の差押えの場合」を
　参照してください。

2　理事長が欠け理事が理事長の職務を行う場合（私学37Ⅱ）は，「代表
　者理事長職務代行者理事○○○○」と表示します。また，保全処分
　により「仮に理事長の地位にある者」が選任された場合には，「代表

者・仮に理事長の地位にある者」と表示する実務例もあります。

　なお，理事も寄附行為の定めるところにより学校法人を代表する場合があります（私学37Ⅱ）。その場合には，理事の代表権の範囲も登記されます（組合等登記令2Ⅱ⑥・別表）。稀なケースかもしれませんが，「代表者理事」と表示するのが適切な場合もあります。

3　本事例は，競売の申立てや保全命令の申立てを想定していますので「債権者」「債務者」と表示されていますが，訴訟の場合には「原告」「被告」と表示します。

50　ＮＰＯ法人の場合

ＮＰＯ法人が**債権者**となって競売の申立てや保全命令の申立てをしようとする際に，当事者目録を作成する場合

【記　載　例】

```
              当　事　者　目　録

  〒○○○－○○○○　○○県○○市○○町○丁目○番○号
              債　権　　者　特定非営利法人
                          ○　○　○　○
              代　表　者　理　事　○　○　○　○

  〒○○○－○○○○　○○県○○市○○町○丁目○番○号
              債　務　　者　○　○　○　○
                                    以　上
```

作成上の留意点

1　ＮＰＯ法人とは，特定非営利活動促進法所定の活動を行う非営利の組織で，同法により法人格を付与された団体です。

2　ＮＰＯ法人の代表者は，理事です（非営利活動16）。

　　理事が欠けた場合，仮理事が選任される場合があります（非営利活動17の3）。住所，名称及び代表者は，定款や登記事項証明書等で確認

し，正確に表示します。

3　本事例は，競売の申立てや保全命令の申立てを想定していますので「債権者」「債務者」と表示されていますが，訴訟の場合には「原告」「被告」と表示します。

当事者目録　　代理人，代表者等の表示　　123

51　公社の場合

地方住宅供給公社が債権者となって競売の申立てや保全命令の申立てをしようとする際に，当事者目録を作成する場合

【記　載　例】

```
                    当 事 者 目 録

    〒○○○−○○○○　　○○県○○市○○町○丁目○番○号
                        債　　権　　者　　○○県地方住宅
                                        供給公社
                        代 表 者 理 事 長　○　○　○　○
    〒○○○−○○○○　　○○県○○市○○町○丁目○番○号
                        債 権 者 代 理 人　○　○　○　○

    〒○○○−○○○○　　○○県○○市○○町○丁目○番○号
                        債　　務　　者　　○　○　○　○
                                                以　　上
```

作成上の留意点

1　地方住宅供給公社の代表者は，理事長です（地方住宅供給公社法12
　Ⅰ）。

2　このほかの主な公社とその代表者としては，地方道路公社（代表者

理事長，地方道路公社法12Ⅰ)，土地開発公社（代表者理事，公有地の拡大の推進に関する法律16Ⅴ）があります。登記簿や登記事項証明書等でよく確認して正確に表示します。

3　訴訟の場合には「原告」「被告」「原告訴訟代理人」と表示します。

当事者目録　　代理人，代表者等の表示　　　　125

52　その他の法人の場合

区分所有建物の管理組合が宗教法人に対して保全命令の申立
てをしようとする際に，当事者目録を作成する場合

【記　載　例】

```
                      当　事　者　目　録

        〒○○○－○○○○　　○○県○○市○○町○丁目○番○号
                          債　　権　　　者　　○○管理組合法人
                          代　表　者　理　事　○　○　○　○
        〒○○○－○○○○　　○○県○○市○○町○丁目○番○号
                          ○○法律事務所（送達場所）
                          債権者代理人弁護士　○　○　○　○

        〒○○○－○○○○　　○○県○○市○○町○丁目○番○号
                          債　　務　　　者　　宗教法人○○会
                          代　表　者　代　表　役　員　○　○　○　○
                                                    以　　上
```

作成上の留意点

1　区分所有建物の管理組合には，法人の場合（建物区分3・47）と法人
　ではない権利能力なき社団の場合があります。本事例は，管理組合

126　　　　　当事者目録　　　代理人，代表者等の表示

　法人（建物区分47）の場合です。管理組合法人の代表者は，理事です（建物区分49Ⅲ）。権利能力なき社団たる管理組合の場合は，規約や議事録に基づき「○○管理組合代表者理事長○○○○」などと記載します。
　なお，マンションなどの区分所有建物に管理組合法人が設立されていない場合に，区分所有建物の管理者が，他の区分所有者の全員のために，共同の利益に反する行為をする区分所有者に対して訴えを提起する場合（建物区分57）の原告の表示は，次のとおりです。建物の区分所有等に関する法律25条1項に基づき選任された管理者が訴訟主体となる場合も同様の表示になります。

【参考例】

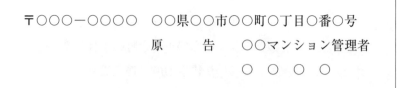

2　宗教法人の代表者は，代表役員です（宗法18Ⅲ）。
3　このほかの主な法人の代表者としては次のとおりです。
　(1)　医療法人
　　　理事長（医療法46の6Ⅰ・46の6の2Ⅰ。なお，医療法46の6Ⅱの場合は理事が代表者となる。）
　(2)　社会福祉法人
　　　理事長（社会福祉法45の17・45の13）
　(3)　特殊法人
　　　①　日本年金機構…………理事長（日本年金機構法12Ⅰ）
　　　②　日本放送協会…………会長（放送法51Ⅰ）

③　日本中央競馬会………理事長（日本中央競馬会法10 I）

4　本事例は，保全命令の申立てを想定していますので「債権者」「債務者」「債権者代理人弁護士」と表示されています。民事執行の申立ての場合も同様です。訴訟の場合には「原告」「被告」「原告訴訟代理人弁護士」と表示します。

5　なお，法人と役員との間の訴訟における法人の代表者については注意が必要です。前掲「43　株式会社の場合③（代表者が欠けた場合等）」に記載のとおり，監査役設置会社と取締役との間の訴訟の場合（会社386 I ①），株式会社と取締役との間の訴訟の場合（会社353）及び取締役会設置会社と取締役との間の訴訟の場合（会社364）には，会社を代表する者が法律で規定されています。このほか，中小企業組合と理事との間の訴訟の場合にも監査役設置会社と同様の規定がありますし（中小協36の3・27Ⅷ），森林組合（森林組合法49の2）や信用金庫（信金35の7）の場合にも，法人と役員との間の訴訟の場合に誰が当該法人の代表者になるかが法律で定められていますので，関係法令を慎重に精査する必要があります。

第3　第三債務者の表示

53　国家公務員の俸給の差押えの場合

　債権（仮）差押命令申立事件において，債務者が国家公務員のときに，その俸給（給与，賞与）を差し押さえる場合

【記　載　例】

```
              当 事 者 目 録

  〒○○○－○○○○　○○県○○市○○町○丁目○番○号
              債　　権　　者　○　○　○　○
  〒○○○－○○○○　○○県○○市○○町○丁目○番○号
              ○○法律事務所（送達場所）
              債権者代理人弁護士　○　○　○　○


  〒○○○－○○○○　○○県○○市○○町○丁目○番○号
              債　　務　　者　○　○　○　○


              第　三　債　務　者　国
              代　　表　　者　○○省支出官
                          ○　○　○　○
  （送達場所）
  〒○○○－○○○○　東京都千代田区霞が関○丁目○番○号
              ○○省内
                                  以　上
```

当事者目録　　第三債務者の表示　　　129

作成上の留意点

1　第三債務者は民事執行の当事者ではありませんが，債権差押えの効力が第三債務者に対する債権差押命令の送達時に生じることや（民執145Ⅳ・193Ⅱ），第三債務者が取立訴訟や転付命令確定による給付訴訟の当事者になる場合があり，また，民事保全手続においては第三債務者の普通裁判籍の所在地が管轄原因になることから（民保12ⅡⅣ），重要な地位を有しています。したがって，第三債務者の表示を誤らないように留意する必要があります（民執規133Ⅰ・179Ⅰ，民保規18Ⅰ）。

2　国が当事者となる訴訟の場合は法務大臣が国の代表者となりますが（法務大臣権限1），国が第三債務者となる債権（仮）差押えの場合は法務大臣ではなく各省の支出担当官が代表者となります（明治26年勅令第261号「政府ノ債務ニ対シ差押命令ヲ受クル場合ニ於ケル会計上ノ規程」1）。

3　国会議員及び国会職員の俸給の差押えについては「57　国会議員の歳費の差押えの場合」を，裁判所職員の退職金，俸給の差押えについては「58　裁判所職員の退職金の差押えの場合」を，税務署職員の俸給の差押えについては「59　税還付請求権の差押えの場合」を，それぞれ参照してください。

4　第三債務者が債権者に連絡を取りたいときの便宜のために，当事者目録に，債権者又は債権者代理人の電話番号及びファクシミリ番号を記載する例もあります。

130　　当事者目録　　第三債務者の表示

54　独立行政法人国立病院機構の職員の俸給の差押えの場合

　債権（仮）差押命令申立事件において，債務者が独立行政法人国立病院機構の職員のときに，その俸給（給与，賞与）を差し押さえる場合

【記　載　例】

　　　　　　　　　当　事　者　目　録

　〒○○○−○○○○　○○県○○市○○町○丁目○番○号
　　　　　　　　　　債　権　　　者　○　○　○　○
　〒○○○−○○○○　○○県○○市○○町○丁目○番○号
　　　　　　　　　　○○法律事務所（送達場所）
　　　　　　　　　　債権者代理人弁護士　○　○　○　○

　〒○○○−○○○○　○○県○○市○○町○丁目○番○号
　　　　　　　　　　債　務　　　者　○　○　○　○

　〒１５２−８６２１　東京都目黒区東が丘2丁目5番21号
　　　　　　　　　　第　三　債　務　者　独立行政法人
　　　　　　　　　　　　　　　　　　　　国立病院機構
　　　　　　　　　　代　表　者　理　事　長　○　○　○　○

（送達場所）

〒○○○-○○○○　○○市○○町○丁目○番○号

○○病院内

以　上

作成上の留意点

1　独立行政法人とは，中期目標管理法人，国立研究開発法人又は行政執行法人として，独行法及び各独立行政法人の名称，目的，業務の範囲等に関する事項を定める法律（個別法）により設立される法人（独行法2Ⅰ・6）をいい，政令（独立行政法人等登記令）の定めるところにより登記することが義務付けられています（独行法9）。

2　独立行政法人国立病院機構（以下，本事例では「機構」という。）とは，医療の提供，医療に関する調査及び研究並びに技術者の研修等の業務を行う中期目標管理法人です（独立行政法人国立病院機構法3・4）。

3　中期目標管理法人とは，公共上の事務等のうち，その特性に照らし，一定の自主性及び自律性を発揮しつつ，中期的な視点に立って執行することが求められるものを国が中期的な期間について定める業務運営に関する目標を達成するための計画に基づき行うことにより，国民の需要に的確に対応した多様で良質なサービスの提供を通じた公共の利益の増進を推進することを目的とする独立行政法人をいいます（独行法2Ⅱ）。

4　機構の役員として，その長である理事長及び監事二人を置くこととされ（独立行政法人国立病院機構法7Ⅰ），理事長は，機構を代表しその業務を総理します（独行法19Ⅰ）。

5　独立行政法人は，1で述べたとおり登記することが義務付けられ

ており，登記すべき事項には，名称，主たる事務所の所在地，代表
権を有する者の氏名，住所及び資格，代表権の範囲又は制限に関す
る定めがあり（独立行政法人等登記令2Ⅱ），これらの事項は，登記事項
証明書により確認することができます。

6　職員の勤務する病院の名称は，「○○病院」「○○医療センター」
「○○がんセンター」などがあり，当該勤務病院を送達場所として
表示します。

55 国立大学法人の大学教授の給料の差押えの場合

債権（仮）差押命令申立事件において，債務者が国立大学法人の大学教授のときに，その給与を差し押さえる場合

【記 載 例】

当 事 者 目 録

〒○○○－○○○○　○○県○○市○○町○丁目○番○号
　　　　　　　　　債　権　者　○　○　○　○
〒○○○－○○○○　○○県○○市○○町○丁目○番○号
　　　　　　　　　○○法律事務所（送達場所）
　　　　　　　　　債権者代理人弁護士　○　○　○　○

〒○○○－○○○○　○○県○○市○○町○丁目○番○号
　　　　　　　　　債　務　者　○　○　○　○

〒○○○－○○○○　○○県○○市○○町○丁目○番○号
　　　　　　　　　第　三　債　務　者　国立大学法人
　　　　　　　　　　　　　　　　　○　○　大　学
　　　　　　　　　代　表　者　学　長　○　○　○　○
　　　　　　　　　　　　　　　　　　　　　以　上

作成上の留意点

1　国立大学法人とは，国立大学を設置することを目的として，国立大学法人法により設立される法人をいいます（国大法人2Ⅰ・6）。同法35条により，独行法9条が準用され，政令（独立行政法人等登記令）の定めるところにより登記することが義務付けられています（独立行政法人等登記令1）。

2　国立大学法人法は，独行法の規定の多くを準用していますが，国立大学法人は，独立行政法人ではなく，また，国立大学法人法は，独行法1条でいう個別法でもありません。

3　国立大学法人法によれば，役員として，その長である学長及び監事二人を置くこととされ（国大法人10Ⅰ），学長は，国立大学法人を代表し，その業務を総理します（国大法人11Ⅰ）。

4　国立大学法人は，1で述べたとおり登記することが義務付けられており，登記すべき事項には，名称，主たる事務所の所在地，代表権を有する者（学長）の氏名，住所及び資格，代表権の範囲又は制限に関する定めがあり（独立行政法人等登記令2Ⅱ），これらの事項は，登記事項証明書により確認することができます。

56 自衛隊員の俸給の差押えの場合

債権（仮）差押命令申立事件において，債務者が自衛隊員のときに，その俸給（給与，賞与）を差し押さえる場合

【記　載　例】

当　事　者　目　録

〒○○○−○○○○　○○県○○市○○町○丁目○番○号
　　　　　　　　　債　　権　　者　○　○　○　○
〒○○○−○○○○　○○県○○市○○町○丁目○番○号
　　　　　　　　　○○法律事務所（送達場所）
　　　　　　　　　債権者代理人弁護士　○　○　○　○

〒○○○−○○○○　○○県○○市○○町○丁目○番○号
　　　　　　　　　債　　務　　者　○　○　○　○

　　　　　　　　　第　三　債　務　者　国
　　　　　　　　　代　　　表　　　者　分任資金前渡官吏
　　　　　　　　　　陸上自衛隊○○駐屯地第○○会計隊長
　　　　　　　　　　　　　　　　　　○　○　○　○
（送達場所）
〒○○○−○○○○　○○県○○市○○町○番○号
　　　　　　　　　陸上自衛隊○○駐屯地
　　　　　　　　　　　　　　　　　　　　　以　　上

136 　　当事者目録　　第三債務者の表示

作成上の留意点

1　自衛隊が第三債務者の場合は支出担当官である分任資金前渡官吏が国の代表者となります。

2　分任資金前渡官吏の官職は，陸上自衛隊駐屯地又は分屯地の場合には，陸上自衛隊○○駐屯地第○○会計隊長又は陸上自衛隊○○駐屯地○○分屯地第○○会計隊長となり，方面会計隊本部所在の駐屯地の場合には，陸上自衛隊○○駐屯地○○方面会計隊本部業務科長となります（陸上自衛隊会計事務規則19参照）。

3　なお，第三債務者が海上自衛隊又は航空自衛隊の場合であっても，代表者は「分任資金前渡官吏」で同じですが，その役職名については，海上自衛隊では「経理課長」「経理科長」「経理隊長」などの役職があり，航空自衛隊では「会計隊長」などの役職がありますので，事案ごとに確認してください。

57　国会議員の歳費の差押えの場合

　債権（仮）差押命令申立事件において，債務者が国会議員の
ときに，その歳費を差し押さえる場合

【記　載　例】

```
                当 事 者 目 録

　〒○○○－○○○○　○○県○○市○○町○丁目○番○号
　　　　　　　　　　　債　権　者　○　○　○　○
　〒○○○－○○○○　○○県○○市○○町○丁目○番○号
　　　　　　　　　　　○○法律事務所（送達場所）
　　　　　　　　　　　債権者代理人弁護士　○　○　○　○

　〒○○○－○○○○　○○県○○市○○町○丁目○番○号
　　　　　　　　　　　債　務　者　○　○　○　○


　　　　　　　　　　　第　三　債　務　者　国
　　　　　　　　　　　代　　表　　者　衆議院支出官
　　　　　　　　　　　　　　　　　　　衆議院庶務部長
　　　　　　　　　　　　　　　　　　　○　○　○　○
　（送達場所）
　〒１００－００１４　東京都千代田区永田町1丁目7番1号
　　　　　　　　　　　衆議院内
　　　　　　　　　　　　　　　　　　　　　以　上
```

138　　　　当事者目録　　第三債務者の表示

作成上の留意点

1　上記の事例は，衆議院議員の歳費を差し押さえる場合の記載例で
す。

2　衆議院職員の給与等の差押えの場合も同様の表記となります。

3　参議院議員及び参議院職員の場合の第三債務者の表示も「衆議院」
の部分を「参議院」と表記し送達場所を次のとおりとすれば，あと
は同様の表示になります。

【参考例】

（送達場所）
〒１００－００１４　東京都千代田区永田町1丁目11番地16号
参議院事務局内

58 裁判所職員の退職金の差押えの場合

債権（仮）差押命令申立事件において，債務者が裁判所職員のときに，その退職金を差し押さえる場合

【記 載 例】

```
                    当 事 者 目 録

   〒○○○－○○○○   ○○県○○市○○町○丁目○番○号
                    債  権  者  ○  ○  ○  ○
   〒○○○－○○○○   ○○県○○市○○町○丁目○番○号
                    ○○法律事務所（送達場所）
                    債権者代理人弁護士  ○  ○  ○  ○

   〒○○○－○○○○   ○○県○○市○○町○丁目○番○号
                    債  務  者  ○  ○  ○  ○


                    第 三 債 務 者 国
                    代    表    者 支 出 官
                                  ○○地方裁判所長
                                  ○  ○  ○  ○
   （送達場所）
   〒○○○－○○○○   ○○県○○市○○町○丁目○番○号
                    ○○地方裁判所内
                                          以  上
```

140 　　当事者目録　　第三債務者の表示

作成上の留意点

1　裁判所職員の退職金を差し押さえる場合には，国の代表者は各裁判所の支出官です。俸給等を差し押さえる場合の第三債務者の表示も同様となります。

2　地方裁判所及び家庭裁判所においては，それぞれの裁判所長が，高等裁判所においては，高等裁判所事務局長が，支出官となっています。

59 税還付請求権の差押えの場合

債権（仮）差押命令申立事件において，債務者が税務官署に有する法人税還付請求権を差し押さえる場合

【記 載 例】

当 事 者 目 録

〒○○○－○○○○　○○県○○市○○町○丁目○番○号
　　　　　　　　　債　　権　　者　○　○　○　○
〒○○○－○○○○　○○県○○市○○町○丁目○番○号
　　　　　　　　　○○法律事務所（送達場所）
　　　　　　　　　債権者代理人弁護士　○　○　○　○

〒○○○－○○○○　○○県○○市○○町○丁目○番○号
　　　　　　　　　債　　務　　者　○　○　○　○

　　　　　　　　　第　三　債　務　者　国
　　　　　　　　　代　　表　　者　国税資金支払命令官
　　　　　　　　　　　　　　　　○○税務署長
　　　　　　　　　　　　　　　　○　○　○　○
（送達場所）
〒○○○－○○○○　○○県○○市○○町○丁目○番○号
　　　　　　　　　○○税務署内
　　　　　　　　　　　　　　　　　　以　　上

142   当事者目録　第三債務者の表示

作成上の留意点

1　法人税の還付請求権を差し押さえる場合には，国の代表者は国税資金支払命令官となります（国税収納金整理資金に関する法律10Ⅰ）。

2　税務署職員の俸給等を差し押さえる場合の第三債務者の表示も同様となります。

60 裁判所が保管する競売剰余金交付請求権の差押えの場合

債権（仮）差押命令申立事件において，裁判所が保管する競売剰余金交付請求権を差し押さえる場合

【記　載　例】

当　事　者　目　録

〒○○○−○○○○　　○○県○○市○○町○丁目○番○号
　　　　　　　　債　　権　　者　○　○　○　○
〒○○○−○○○○　　○○県○○市○○町○丁目○番○号
　　　　　　　　○○法律事務所（送達場所）
　　　　　　　　債権者代理人弁護士　○　○　○　○

〒○○○−○○○○　　○○県○○市○○町○丁目○番○号
　　　　　　　　債　　務　　者　○　○　○　○

　　　　　　　第　三　債　務　者　国
　　　　　　　代　　　表　　　者
　　　　　　　○○地方裁判所
　　　　　　　歳入歳出外現金出納官吏
　　　　　　　　　　　　　　　　　○　○　○　○

144   当事者目録　　第三債務者の表示

```
（送達場所）
 〒○○○−○○○○　○○県○○市○○町○丁目○番○号
　　　　　　　　　　　○○地方裁判所内
                                                    以　上
```

作成上の留意点

1　裁判所が保管する競売剰余金交付請求権を差し押さえる場合には，国の代表者は各裁判所の歳入歳出外現金出納官吏となります（昭和32年9月20日法曹会決議法曹84・82）。

2　競売事件で剰余金が生じた場合には，弁済金交付期日後速やかに債務者に剰余金が交付されますので，剰余金を差し押さえる場合には，弁済金交付期日前に第三債務者への差押命令の送達を完了しておくことが有用です。

3　裁判所が保管中の保釈保証金還付請求権の差押え及びその他各種保管金の還付請求権の差押えの場合の第三債務者の表示も同様となります。なお，弁護人の納付した保釈保証金の出捐者が被告人である場合における保釈保証金返還請求権者は弁護人であるとする判例があります（最判昭59・6・26裁判集民142・241，判時1129・53）。

4　また，不動産競売事件における配当請求権の差押えの場合の第三債務者の表示も同様となります。

61 債権差押命令申立事件における配当請求権の差押えの場合

債権（仮）差押命令申立事件において，他の債権差押命令申立事件における配当請求権を差し押さえる場合

【記　載　例】

当　事　者　目　録

〒○○○－○○○○　　○○県○○市○○町○丁目○番○号
　　　　　　　　　　債　　権　　者　○　○　○　○
〒○○○－○○○○　　○○県○○市○○町○丁目○番○号
　　　　　　　　　　○○法律事務所（送達場所）
　　　　　　　　　　債権者代理人弁護士　○　○　○　○

〒○○○－○○○○　　○○県○○市○○町○丁目○番○号
　　　　　　　　　　債　　務　　者　○　○　○　○

　　　　　　　　　　第　三　債　務　者　国
　　　　　　　　　　代　　表　　者
　　　　　　　　　　○○地方法務局供託官
　　　　　　　　　　　　　　　　　　○　○　○　○
（送達場所）
〒○○○－○○○○　　○○県○○市○○町○丁目○番○号

当事者目録　第三債務者の表示

　　　　　　　　　　　○○地方法務局内

　　　　　　　　　　　　　　　　　　　　　以　　上

作成上の留意点

1　債権差押命令申立事件（仮に「A事件」という。）における差押債権者（仮に「A債権者」という。）に対して，債権を有する者（仮に「B債権者」という。）は，A債権者がA事件において受けられる配当請求権を債権差押えの方法により差し押さえることができます。

2　債権差押命令申立事件において（仮）差押命令が競合すると，第三債務者は差し押さえられた金銭を法務局に供託しなければなりません（義務供託，民執156Ⅱ，民保50Ⅴ）。第三債務者は，供託したときは，その事情を執行裁判所に届け出ることになります（事情届，民執156Ⅲ，民保50Ⅴ）。この場合，執行裁判所は，当該供託された金銭を配当することになり（民執166Ⅰ。執行裁判所では事情届を事件符号「リ」で立件することから，一般的にこの配当手続きをリ号配当「リ配」と呼んでいます。），最終的には，執行裁判所の配当に基づき，裁判所書記官が供託官に対して支払委託をすることにより，供託官から各差押債権者に供託金の払渡しがされます（民執規145・61，供託規30）。

3　そこで，A事件の配当請求権の債権差押え（この後行の債権差押命令申立事件を「B事件」といいます。）は，最終的にA事件の供託金の払渡しをする供託官を第三債務者として行うことになります。

4　供託官は，供託金の差押えを受けた場合で，供託官に供託義務が生じたときには，その差押えをした執行裁判所（B事件の執行裁判所）に事情届をすることになります。B事件の執行裁判所は，この事情届に基づいて，さらに弁済金交付又は配当を行うことになります。詳細は，「62　供託金払渡請求権の差押えの場合」を参照してく

ださい。
5 図示すると次のようになります。

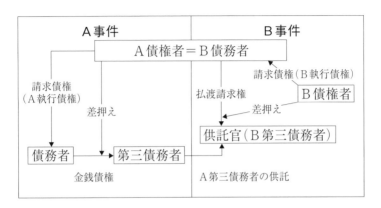

6 なお，不動産競売事件における配当請求権の差押えは，「60 裁判所が保管する競売剰余金交付請求権の差押えの場合」を参照してください。

148 　　当事者目録　　第三債務者の表示

62　供託金払渡請求権の差押えの場合

債権（仮）差押命令申立事件において，供託金払渡請求権を差し押さえる場合

【記　載　例】

当　事　者　目　録

〒○○○－○○○○　　○○県○○市○○町○丁目○番○号
　　　　　　　　　　債　　権　　者　○　○　○　○
〒○○○－○○○○　　○○県○○市○○町○丁目○番○号
　　　　　　　　　　○○法律事務所（送達場所）
　　　　　　　　　　債権者代理人弁護士　○　○　○　○

　　　　　　　　　　第　三　債　務　者　国
　　　　　　　　　　代　　表　　者
　　　　　　　　　　　　○○地方法務局供託官
　　　　　　　　　　　　　　　　　　　○　○　○　○

（送達場所）
〒○○○－○○○○　　○○県○○市○○町○丁目○番○号
　　　　　　　　　　○○地方法務局内
　　　　　　　　　　　　　　　　　　　　　以　　上

当事者目録　　第三債務者の表示　　149

作成上の留意点

1　供託金払渡請求権（還付請求権及び取戻請求権）を差し押さえる場合には，国の代表者は当該供託金を保管する供託所（法務局）の供託官です（供託1・1の2）。

2　供託金が差し押さえられ，かつ，第三債務者である供託官が供託義務を負うときは，供託官は，最初の債権差押えをした執行裁判所に事情届けをすることになります（民執156Ⅲ，民執規138Ⅲ）。供託官が事情届をする必要があるのは，①供託金払渡請求権に対する差押えが競合し，又は差押えと仮差押えが競合したときなどであって，かつ，供託官がその払渡請求に応ずることができる場合。②供託された仮差押解放金の供託金取戻請求権に対して差押えがされた場合（当該仮差押えの本執行移行による差押えであることが明らかな場合を除く。）。③仮差押えのされた債権について第三債務者から供託がされ，その供託金還付請求権に対して差押えがされた場合（供託の原因となった仮差押えの本執行移行による差押えであることが明らかな場合を除く。）。の三つの場合です。

3　この場合，供託官は，新たに供託するのではなく，供託を持続し，執行裁判所に事情届をします。執行裁判所は，その事情届に基づいて，弁済金交付又は配当を行い，供託官に対し支払委託書を，差押債権者に対し配当額（又は交付額）証明書を交付し，差押債権者は同証明書により供託金の払渡請求をすることになります。

150 　　　当事者目録　　第三債務者の表示

63　地方公務員の給与等の差押えの場合

　債権（仮）差押命令申立事件において，債務者が地方公務員のときに，その給与，賞与等を差し押さえる場合

【記　載　例】

当　事　者　目　録

〒○○○－○○○○　　○○県○○市○○町○丁目○番○号
　　　　　　　　債　　権　　者　○　○　○　○
〒○○○－○○○○　　○○県○○市○○町○丁目○番○号
　　　　　　　　○○法律事務所（送達場所）
　　　　　　　　債権者代理人弁護士　○　○　○　○

〒○○○－○○○○　　○○県○○市○○町○丁目○番○号
　　　　　　　　債　　務　　者　○　○　○　○

〒○○○－○○○○　　○○県○○市○○町○丁目○番○号
　　　　　　　　第　三　債　務　者　○　○　県
　　　　　　　　代　表　者　知　事　○　○　○　○
　　　　　　　　　　　　　　　　　　　　　以　上

作成上の留意点

1 　地方公務員の給与，賞与等を差し押さえる場合には，その者が給与の支給を受ける自治体（地方公共団体）が第三債務者となります。

2 　普通地方公共団体である都道府県，市町村が第三債務者となり（自治1の3），その長である知事，市町村長が代表者となります（自治139・147）。

3 　特別地方公共団体である特別区（東京23区）も第三債務者となり（自治281），区長が代表者となります（自治283）。

4 　市町村立学校の教員は都道府県から給与を受けている場合（市町村立学校職員給与負担法1。県費負担教職員と呼称されています。）も多く，その場合には都道府県が第三債務者となるので注意を要します。

64　地方議会議員の報酬の差押えの場合

　債権（仮）差押命令申立事件において，債務者が地方議会議員のときに，その報酬を差し押さえる場合

【記　載　例】

　　　　　　　　　　当　事　者　目　録

　〒○○○－○○○○　○○県○○市○○町○丁目○番○号
　　　　　　　　　債　　権　　者　○　○　○　○
　〒○○○－○○○○　○○県○○市○○町○丁目○番○号
　　　　　　　　　○○法律事務所（送達場所）
　　　　　　　　　債権者代理人弁護士　○　○　○　○

　〒○○○－○○○○　○○県○○市○○町○丁目○番○号
　　　　　　　　　債　　務　　者　○　○　○　○

　〒○○○－○○○○　○○県○○市○○町○丁目○番○号
　　　　　　　　　第　三　債　務　者　○　○　県
　　　　　　　　　代　表　者　知　事　○　○　○　○
　　　　　　　　　　　　　　　　　　　　　以　上

作成上の留意点

1 地方議会議員の報酬を差し押さえる場合には，その者が報酬の支給を受ける自治体（地方公共団体）が第三債務者となります（自治203 I）。

2 詳細は，「63 地方公務員の給与等の差押えの場合」を参照してください。

154　　当事者目録　　第三債務者の表示

65　公営企業職員の給与等の差押えの場合

　債権（仮）差押命令申立事件において，債務者が地方公営企業職員のときに，その給与，賞与等を差し押さえる場合

【記　載　例】

当　事　者　目　録

　〒○○○−○○○○　　○○県○○市○○町○丁目○番○号
　　　　　　　　債　　権　　者　○　○　○　○
　〒○○○−○○○○　　○○県○○市○○町○丁目○番○号
　　　　　　　　○○法律事務所（送達場所）
　　　　　　　　債権者代理人弁護士　○　○　○　○

　〒○○○−○○○○　　○○県○○市○○町○丁目○番○号
　　　　　　　　債　　務　　者　○　○　○　○

　〒○○○−○○○○　　○○県○○市○○町○丁目○番○号
　　　　　　　　第　三　債　務　者　○○市
　　　　　　　　代　　表　　者　公営企業管理者
　　　　　　　　　　　　　　　○○市交通局長
　　　　　　　　　　　　　　　○　○　○　○
（送達場所）
　〒○○○−○○○○　　○○県○○市○○町○丁目○番○号
　　　　　　　　○○市交通局内
　　　　　　　　　　　　　　　以　　上

作成上の留意点

1　地方公営企業とは，地方自治法263条及び地方公営企業法に定められた地方公共団体の経営する企業です。

2　地方公営企業で行われている事業は，水道事業，バス事業，鉄道事業，電気事業，ガス事業などがあります（地公企2参照）。

3　地方公営企業の経営主体は地方公共団体（自治体）ですから，地方公営企業に勤務する者の給与等の差押えをするときの第三債務者は，地方公共団体となります。

4　地方公営企業には原則として1人の管理者を置くこととされ，管理者は当該地方公共団体の長が選任します（地公企7・7の2）。管理者は，当該企業の業務の執行に関し当該地方公共団体を代表するので（地公企8Ⅰ），この場合の地方公共団体の代表者は地方公共団体の長ではなく「公営企業管理者」となります。

5　地方公営企業に管理者を置かない場合には（地公企7ただし書），地方公共団体の長である市町村長等が代表者となります（地公企8Ⅱ）。

6　このほか，地方公共団体は，2に記載した事業を行う企業の経営に関する事務を処理するために，地方公共団体の組合として一部事務組合又は広域連合を設けることができます（自治284）。

7　これらの組合の代表者は，それぞれの組合の規約によって定めることになりますが，規約の定めにより地方公営企業法の規定を適用することもできます（地公企1・2Ⅲ）。規約により広域連合の代表者を定めた場合には，例えば「代表者広域連合長○○○○」などと表示します。代表者の役職名については，規約あるいは組織図等により確認してください。

156 当事者目録 第三債務者の表示

66 会社員の給料の差押えの場合

債権（仮）差押命令申立事件において，会社員の給料を差し
押さえる場合

【記 載 例】

当 事 者 目 録

〒〇〇〇－〇〇〇〇 〇〇県〇〇市〇〇町〇丁目〇番〇号
　　　　　　　　　債 権 者 〇 〇 〇 〇
〒〇〇〇－〇〇〇〇 〇〇県〇〇市〇〇町〇丁目〇番〇号
　　　　　　　　　〇〇法律事務所（送達場所）
　　　　　　　　　債権者代理人弁護士 〇 〇 〇 〇

〒〇〇〇－〇〇〇〇 〇〇県〇〇市〇〇町〇丁目〇番〇号
　　　　　　　　　債 務 者 〇 〇 〇 〇

〒〇〇〇－〇〇〇〇 〇〇県〇〇市〇〇町〇丁目〇番〇号
　　　　　　　　　第 三 債 務 者 〇〇株式会社
　　　　　　　　　代表者代表取締役 〇 〇 〇 〇
（送達場所）
〒〇〇〇－〇〇〇〇 〇〇県〇〇市〇〇町〇丁目〇番〇号
　　　　　　　　　〇〇株式会社〇〇支店内

　　　　　　　　　　　　　　　　　　以 上

当事者目録　　第三債務者の表示　　157

作成上の留意点

1　本事例は，株式会社の会社員の給料を差し押さえる場合の当事者目録です。

2　株式会社の代表者は，取締役ですが，代表取締役を定めたときは代表取締役が株式会社を代表します。代表取締役が複数定められている場合には，各自が会社を代表します（会社349）。

3　給料の支払について，株式会社の各支店が支給事務を行っている場合には，差押命令の迅速，速やかな送達によって差押えの実効性を高めるために，支店等の従たる事務所，営業所を送達場所として表示するのが相当です。

4　株式会社は，定款の定めによって，指名委員会等（指名委員会，監査委員会，報酬委員会）を置くことができ，指名委員会等を置く株式会社を指名委員会等設置会社といいます（会社326Ⅱ・2⑫）。

5　指名委員会等設置会社においては，取締役会の決議によって選任された執行役が，その決議により委任された株式会社の業務執行の決定を行い，かつ，会社の業務を執行します（会社402ⅠⅡ・418）。取締役会は，原則として業務執行や経営の意思決定を執行役に委ねて，執行役の監督に徹することにより，株式会社の迅速かつ機動的な経営を可能にしています。

6　取締役会は執行役の中から代表執行役を選定することとされ，代表執行役は，会社の業務に関する一切の裁判上又は裁判外の行為をする権限を有するとされています（会社420ⅠⅢ・349Ⅳ）。

7　執行役が選任されている場合の第三債務者の表示は，次のとおりです。執行役が1人のときは，その者が代表執行役に選定されたものとされるので（会社420Ⅰ後段），執行役が1人の場合でもこのように表示します。

【参考例1：執行役が選任されている場合】

〒○○○－○○○○　　○○県○○市○○町○丁目○番○号

第　三　債　務　者　○○株式会社

代表者代表執行役　○　　○　　○　　○

（送達場所）

〒○○○－○○○○　　○○県○○市○○町○丁目○番○号

○○株式会社○○支店内

8　株式会社の商号，本店及び支店の所在場所，取締役の氏名，代表取締役の氏名及び住所，指名委員会等設置会社である旨，執行役の氏名，代表執行役の氏名及び住所は，商業登記簿に登記すべき事項ですから（会社907・911Ⅲ），いずれも登記事項証明書により確認することができます。

9　債務者が，法人ではなく個人経営の事業所等に勤務している場合の第三債務者の表示は，次のとおりです。

【参考例2：債務者が個人経営の事業所等に勤務している場合】

〒○○○－○○○○　　○○県○○市○○町○丁目○番○号

○　○　商　店　こ　と

第　三　債　務　者　○　　○　　○　　○

67　銀行預金の差押えの場合

債権（仮）差押命令申立事件において，銀行預金の払戻請求
権を差し押さえる場合

【記 載 例】

当 事 者 目 録

〒○○○－○○○○　○○県○○市○○町○丁目○番○号
　　　　　　　　　債 権 者 ○ ○ ○ ○
〒○○○－○○○○　○○県○○市○○町○丁目○番○号
　　　　　　　　　○○法律事務所（送達場所）
　　　　　　　　　債権者代理人弁護士 ○ ○ ○ ○

〒○○○－○○○○　○○県○○市○○町○丁目○番○号
　　　　　　　　　債 務 者 ○ ○ ○ ○

〒○○○－○○○○　○○県○○市○○町○丁目○番○号
　　　　　　　　　第 三 債 務 者 株式会社○○銀行
　　　　　　　　　代表者代表取締役 ○ ○ ○ ○
（送達場所）
〒○○○－○○○○　○○県○○市○○町○丁目○番○号
　　　　　　　　　○○銀行○○支店内
〒○○○－○○○○　○○県○○市○○町○丁目○番○号
　　　　　　　　　○○銀行○○支店内
　　　　　　　　　　　　　　　　　以 上

作成上の留意点

1 本事例は，銀行預金の払戻請求権を差し押さえる場合で，1通の申立書で二つの支店に同時に差押えを行うときの当事者目録です。この場合，差押債権目録にも二つの支店の口座が特定表示されることになります。

2 株式会社の代表者の表示については，「66 会社員の給料の差押えの場合」を参照してください。

3 預金は当該口座のある支店（取扱支店）で管理されていますので，差押命令の迅速，速やかな送達によって差押えの実効性を高めるために，支店等の従たる事務所，営業所を送達場所として表示するのが通例です。

4 支店を特定して預金債権を差し押さえた場合には，その差押えの効果は，当該支店の口座にのみ生じると解されています。

5 本事例のように，複数の支店の口座についての預金債権を差し押さえる場合，請求債権額を支店毎に適宜案分して，例えば，300万円の請求債権の場合には，A支店に200万円，B支店に100万円と案分して差し押さえるのが通例です。これに関しては，支店を列挙し，これに順序を付して差押債権を表示する，いわゆる限定的支店順位方式による差押命令申立てについて，差押債権の特定が不十分であるとした裁判例があります（東京高決平18・7・18金法1801・56）。これに対して，限定的支店順位方式による申立てを肯定する裁判例もあり，その場合には，銀行が支払停止をするための業務が容易になるように，債権者が，当事者目録の債務者の表示にフリガナ及び生年月日を記載するなどの配慮をしたことも考慮されて，そのような判断がされているようです（千葉地決平19・2・20金法1805・57参照）。この場合の債務者の表示は次のとおりとなります。

当事者目録　　第三債務者の表示　　　　161

【参考例1：債務者の表示にフリガナ及び生年月日を記載した例】

〒○○○－○○○○　　○○県○○市○○町○丁目○番○号

債　　　務　　　者　　　フ　リ　ガ　ナ
　　　　　　　　　　　　　○　○　○　○

（昭和○年○月○日生）

6　支店の特定に関しては，支店番号の若い順に順位付けして大銀行の全支店に差押えをしようとした事案（全店一括順位付け方式）について，差押債権の特定を欠き不適法とする最高裁決定があります（最決平23・9・20民集65・6・2710，判時2129・41）。そのほかに，銀行の（多数ある支店のうち）預金債権額の最も大きな支店に差押えをしようとした事案（預金額最大店舗指定方式）について，差押債権の特定を欠き不適法であるとする最高裁決定（最決平25・1・17判時2176・29）も参考になります。

7　また，インターネット銀行の口座（ヴァーチャル口座）を差し押さえる場合の第三債務者の表示については，債務者名義の口座の番号が判明している場合には，支店を特定せずに「株式会社○○銀行」と記載すれば足りますが，口座番号が不明の場合は，「株式会社○○銀行インターネット支店」などと支店名（登記されている場合もあります。）を記載する必要がある銀行と支店の特定を要しない銀行（インターネットのみで営業している銀行に多いです。）があります。

8　「休眠預金等代替金債権」の差押えについて

　　最後の取引から10年を経過した預金等は「休眠預金等」として金融機関から預金保険機構（以下，本事例では「機構」という。）に移管され，預金者等であった者が払い戻すためには，機構に対して，

162 当事者目録　第三債務者の表示

休眠預金等代替金債権を行使することになります（民間公益活動を促進するための休眠預金等に係る資金の活用に関する法律7Ⅰ・Ⅱ）。

　機構は，預金者等であった者に対して，休眠預金等代替金の支払債務を負うことになりますが，当該支払等業務を元々の金融機関に委託することができます（同法9④・10Ⅰ）。機構の委託を受けて支払等業務を行う金融機関が取り扱う休眠預金等代替金債権に対する強制執行及び仮差押えについては，機構が送達を受けるべき場所は当該金融機関の営業所又は事務所とし，当該金融機関を送達受取人とする旨が規定されています（同法47）。

【参考例2：休眠預金等代替金債権の差押えの場合】

```
〒１００－０００６　東京都千代田区有楽町1－12－1
                新有楽町ビルヂング9Ｆ
                第三債務者　預金保険機構
                代表者理事長　○○○○

（送達受取人）      株式会社○○銀行
                代表者代表取締役　○○○○
（送達場所）
〒○○○－○○○○　○○県○○市○○町○番○号
                株式会社○○銀行○○支店内
```

（注）　機構の委託を受けて支払等業務を行う金融機関は限定的であり（同法2Ⅰ），名称のみで十分特定できる。また，送達場所となる支店等を併記することにより送達事務にも支障がないことから，送達受取人の本店所在地を記載する必要はない。送達受取人が金融機関すなわち法人の場合には，法人の代表者が受送達者となるので（民訴37・102Ⅰ），送達報告書の受送達者欄には「第三債務者送達受取人代表者○○○○」と金融機関の代表者名を記載することになる。

68　郵便貯金の差押えの場合

債権（仮）差押命令申立事件において，郵便貯金の払戻請求権を差し押さえる場合

【記　載　例】

当　事　者　目　録

〒○○○－○○○○　○○県○○市○○町○丁目○番○号
　　　　　　　　　　債　　権　　者　○　○　○　○
〒○○○－○○○○　○○県○○市○○町○丁目○番○号
　　　　　　　　　　○○法律事務所（送達場所）
　　　　　　　　　　債権者代理人弁護士　○　○　○　○

〒○○○－○○○○　○○県○○市○○町○丁目○番○号
　　　　　　　　　　債　　務　　者　○　○　○　○

〒１００－８７９８　東京都千代田区霞が関1丁目3番2号
　　　　　　　　　　第　三　債　務　者　株式会社
　　　　　　　　　　　　　　　　　　　　ゆうちょ銀行
　　　　　　　　　　代表者代表執行役　○　○　○　○
（送達場所）
〒○○○－○○○○　○○県○○市○○町○丁目○番○号
　　　　　　　　　　株式会社ゆうちょ銀行
　　　　　　　　　　○○貯金事務センター
　　　　　　　　　　　　　　　　　　　　　　　以　上

当事者目録　第三債務者の表示

作成上の留意点

1　本事例は，ゆうちょ銀行が管理する郵便貯金の払戻請求権を差し押さえる場合の当事者目録です。

2　郵便貯金は，日本郵政公社の民営化に伴い，株式会社ゆうちょ銀行と独立行政法人郵便貯金・簡易生命保険管理機構がそれぞれ管理していますが，同機構は，平成31年4月1日から独立行政法人郵便貯金簡易生命保険管理・郵便局ネットワーク支援機構（以下，本事例では「機構」という。）に名称が改められました。

3　ゆうちょ銀行が管理しているのは，通常郵便貯金等及び民営化（平成19年10月1日）後に預け入れられた貯金であり，機構が管理しているのは，民営化前に預け入れられた定期制の郵便貯金（定期郵便貯金，定額郵便貯金，積立郵便貯金，教育積立郵便貯金，住宅積立郵便貯金等（上記各郵便貯金の満期等が到来し，通常郵便貯金となったものも含む。））です。

4　機構が管理する郵便貯金の払戻請求権を差し押さえるときの第三債務者の表示は，次のとおりです。

【参考例1：機構が管理する郵便貯金の払戻請求権の差押えの場合】

```
〒105−0001　東京都港区虎ノ門5丁目13番1号
               虎ノ門40MTビル3F
      第 三 債 務 者　独立行政法人郵便貯金
                    簡易生命保険管理・郵便
                    局ネットワーク支援機構
      代表者理事長　○　○　○　○
```

当事者目録　　第三債務者の表示　　165

5　「休眠預金等代替金債権」の差押えについての説明については，
　「67　銀行預金の差押えの場合」の「作成上の留意点」8を参照して
　ください。

【参考例2：休眠預金等代替金債権の差押えの場合】

〒１００−０００６　東京都千代田区有楽町1−12−1
　　　　　　　　　　新有楽町ビルヂング9Ｆ
　　　　　　　　　　第　三　債　務　者　預金保険機構
　　　　　　　　　　代　表　者　理　事　長　○　○　○　○

（送達受取人）　　　株式会社ゆうちょ銀行
　　　　　　　　　　代表者代表執行役　○　○　○　○
（送達場所）
　〒○○○−○○○○　○○県○○市○○町○番○号
　　　　　　　　　　株式会社ゆうちょ銀行
　　　　　　　　　　○○貯金事務センター

6　簡易生命保険の保険金請求権の差押えの場合についてですが，簡
　易生命保険事業は，日本郵政公社の民営化に伴い，株式会社かんぽ
　生命保険と前記機構がそれぞれ管理しており，機構は民営化前の簡
　易保険を，かんぽ生命保険は民営化後新規に募集する生命保険を取
　り扱っています。
7　株式会社かんぽ生命保険が管理する生命保険の保険金請求権を差
　し押さえる場合の第三債務者の表示は次のとおりで，機構が管理す
　る簡易生命保険の保険金請求権を差し押さえる場合の第三債務者の
　表示は上記4と同様となります。

【参考例3：株式会社かんぽ生命保険が管理する生命保険の保険金請求権の差押えの場合】

〒１００−８７９８　東京都千代田区霞が関1丁目3番2号

第 三 債 務 者 株 式 会 社

かんぽ生命保険

代表者代表執行役　○　○　○　○

（送達場所）

〒○○○−○○○○　○○県○○市○○町○丁目○番○号

株式会社かんぽ生命保険

○○サービスセンター

当事者目録　　第三債務者の表示　　167

69　社会保険診療報酬請求権の差押えの場合

　債権（仮）差押命令申立事件において，社会保険診療報酬請求権を差し押さえる場合

【記　載　例】

　　　　　　　　　　当　事　者　目　録

　　〒○○○－○○○○　○○県○○市○○町○丁目○番○号
　　　　　　　　　　　債　　権　　者　○　○　○　○
　　〒○○○－○○○○　○○県○○市○○町○丁目○番○号
　　　　　　　　　　　○○法律事務所（送達場所）
　　　　　　　　　　　債権者代理人弁護士　○　○　○　○

　　〒○○○－○○○○　○○県○○市○○町○丁目○番○号
　　　　　　　　　　　債　　務　　者　○　○　○　○

　　〒１０５－０００４　東京都港区新橋2丁目1番3号
　　　　　　　　　　　第　三　債　務　者　社会保険診療報酬
　　　　　　　　　　　　　　　　　　　　支払基金
　　　　　　　　　　　代　表　者　理　事　長　○　○　○　○
（送達場所）
　　〒２１３－８３４６　横浜市中区山下町34番地
　　　　　　　　　　　社会保険診療報酬支払基金業務部
　　　　　　　　　　　事業費管理室資金管理課債権管理係
　　　　　　　　　　　　　　　　　　　　　　　以　　上

168　　　　　　　当事者目録　　第三債務者の表示

作成上の留意点

1　本事例は，社会保険診療報酬請求権を差し押さえる場合の当事者目録です。

2　保険医療機関及び保険薬局は，国民健康保険法36条1項の療養の給付をした場合には，その療養の給付に関する費用を市町村及び健康保険組合（保険者）から支払を受けることになりますが（国健保45Ⅰ），市町村及び組合は，支払に関する事務を社会保険診療報酬支払基金に委託することができます（国健保45Ⅴ）。社会保険診療報酬支払基金は，社会保険診療報酬支払基金法により設置される法人であり（社会保険診療報酬支払基金法2），登記をすることが義務付けられています（社会保険診療報酬支払基金法5）。社会保険診療報酬支払基金の代表者は，理事長です（社会保険診療報酬支払基金法8・9Ⅰ）。

3　社会保険診療報酬請求権を差し押さえる場合には，健康保険組合から委託を受けた社会保険診療報酬支払基金が第三債務者となります。平成30年3月までは，差し押さえる診療報酬の支払を担当する社会保険診療報酬支払基金の従たる事務所又は従たる事務所の出張所を送達場所として表示していましたが（社会保険診療報酬支払基金法3），平成30年4月からは，差押命令等の受付業務を本部で行うことになりましたので，差押命令等の送達は本部の債権管理係に行います。

4　参考までに，従たる事務所及びその出張所には幹事が置かれ，幹事の中から幹事長が選任されます（社会保険診療報酬支払基金法12Ⅰ・13Ⅰ）。幹事長は，従たる事務所及びその出張所の業務に関し，一切の裁判上及び裁判外の行為をする権限を有します（社会保険診療報酬支払基金法13Ⅲ）。

　法人の主たる事務所，役員（理事長），従たる事務所及びその出張所，幹事長は，登記事項証明書により確認します（社会保険診療報酬支払基金法5，独立行政法人等登記令）。

70 国民健康保険診療報酬請求権の差押えの場合

　債権（仮）差押命令申立事件において，国民健康保険法に基づく診療報酬請求権を差し押さえる場合

【記　載　例】

```
　　　　　　　　　　当 事 者 目 録


　〒○○○－○○○○　　○○県○○市○○町○丁目○番○号
　　　　　　　　　　債　　権　　者　○　○　○　○
　〒○○○－○○○○　　○○県○○市○○町○丁目○番○号
　　　　　　　　　　○○法律事務所（送達場所）
　　　　　　　　　　債権者代理人弁護士　○　○　○　○


　〒○○○－○○○○　　○○県○○市○○町○丁目○番○号
　　　　　　　　　　債　　務　　者　○　○　○　○


　〒○○○－○○○○　　○○県○○市○○町○丁目○番○号
　　　　　　　　　　第 三 債 務 者　○○県国民健康保
　　　　　　　　　　　　　　　　　　険団体連合会
　　　　　　　　　　代 表 者 理 事　○　○　○　○
　　　　　　　　　　　　　　　　　　　　　　以　上
```

170 当事者目録 第三債務者の表示

作成上の留意点

1 本事例は，国民健康保険法に基づく診療報酬請求権を差し押さえる場合の当事者目録です。

2 保険医療機関及び保険薬局は，国民健康保険法36条1項の療養の給付をした場合には，その療養の給付に関する費用を市町村及び健康保険組合（保険者）から支払を受けることになりますが（国健保45Ⅰ），市町村及び組合は，支払に関する事務を各都道府県の国民健康保険団体連合会に委託することができます（国健保45Ⅴ）。

3 各都道府県にある国民健康保険団体連合会は，都道府県知事の認可を受けた法人ですが（国健保83Ⅱ・84Ⅰ），登記をすることを要しません。国民健康保険団体連合会の代表者は，理事です（国健保86・23Ⅰ・24Ⅰ）。

4 国民健康保険法に基づく診療報酬請求権を差し押さえる場合には，健康保険組合から委託を受けた国民健康保険団体連合会が第三債務者となります。

5 国民健康保険団体連合会の所在地や代表者の資格等は，各都道府県又は連合会が発行した証明書により確認することになります。

71 電話加入権の差押えの場合

債権（仮）差押命令申立事件において，電話加入権を差し押さえる場合

【記　載　例】

```
                当　事　者　目　録

  〒○○○－○○○○　○○県○○市○○町○丁目○番○号
                   債　権　者　○　○　○　○
  〒○○○－○○○○　○○県○○市○○町○丁目○番○号
                   ○○法律事務所（送達場所）
                   債権者代理人弁護士　○　○　○　○


  〒○○○－○○○○　○○県○○市○○町○丁目○番○号
                   債　務　者　○　○　○　○


  〒１６３－８０１９　東京都新宿区西新宿3丁目19番2号
                   第　三　債　務　者　東日本電信電話
                                   株式会社
                   代表者代表取締役　○　○　○　○
  （送達場所）
  〒○○○－○○○○　○○県○○市○○町○丁目○番○号
                   東日本電信電話株式会社○○営業所
                                        以　上
```

172   当事者目録　　第三債務者の表示

作成上の留意点

1　本事例は，ＮＴＴ東日本の電話加入権を差し押さえる場合の当事
　者目録です。
2　ＮＴＴ西日本の電話加入権を差し押さえる場合の第三債務者の表
　示は，次のとおりとなります。

【参考例：ＮＴＴ西日本の電話加入権の差押えの場合】

```
　　〒５４０－８５１１　大阪市中央区馬場町3番15号
　　　　　　　　　　　　第　三　債　務　者　西日本電信電話
　　　　　　　　　　　　　　　　　　　　　株式会社
　　　　　　　　　　　　代表者代表取締役　○　○　○　○
（送達場所）
　　〒○○○－○○○○　○○県○○市○○町○丁目○番○号
　　　　　　　　　　　　西日本電信電話株式会社○○営業所
```

72 電子記録債権の差押えの場合

債権（仮）差押命令申立事件において，電子記録債権を差し押さえる場合

【記　載　例】

```
               当 事 者 目 録

  〒○○○－○○○○　○○県○○市○○町○丁目○番○号
              債　　権　　者　○　○　○　○
  〒○○○－○○○○　○○県○○市○○町○丁目○番○号
              ○○法律事務所（送達場所）
              債権者代理人弁護士　○　○　○　○


  〒○○○－○○○○　○○県○○市○○町○丁目○番○号
              債　　務　　者　○　○　○　○


  〒○○○－○○○○　○○県○○市○○町○丁目○番○号
              第　三　債　務　者　株式会社○○銀行
              代表者代表取締役　○　○　○　○
  （送達場所）
  〒○○○－○○○○　○○県○○市○○町○丁目○番○号
              株式会社○○銀行○○支店
```

174 　　当事者目録　　第三債務者の表示

〒１００−０００４　東京都千代田区大手町2丁目6番1号
　　　　　　　　　　　朝日生命大手町ビル7F
　　　　　　　　　　　電子債権記録機関　株式会社全銀電子
　　　　　　　　　　　　　　　　　　　　債権ネットワーク
　　　　　　　　　　　代表者代表執行役　○　○　○　○
　　　　　　　　　　　　　　　　　　　　　　　　以　上

作成上の留意点

1　本事例は，電子記録債権を差し押さえる場合の当事者目録です。

2　電子記録債権とは，電子記録債権法（平成20年12月1日施行）により，事業者の資金調達の円滑化等を図るために創設されたもので，電子債権記録機関の記録原簿への電子記録をその発生・譲渡等の効力発生の要件とする，既存の指名債権・手形債権などとは異なる新しい類型の金銭債権です。

3　電子記録債権に関する強制執行は，執行裁判所が，債務者に対し取立てその他の処分又は電子記録の請求を禁止し，第三債務者に対し債務者への弁済を禁止するとともに，当該電子記録債権の電子記録をしている電子債権記録機関に対し電子記録を禁止する差押命令を発する方法により行うこととされています（民執規150の9・150の10Ⅰ，民保規42の2）。

4　この差押命令は，第三債務者及び電子債権記録機関に送達することとされています（民執規150の10Ⅲ）。

5　差押命令の送達を受けた電子債権記録機関は，遅滞なく，強制執行等の電子記録をすることになります（電子債権49Ⅰ）。

6　電子債権記録機関は，主務大臣（法務大臣及び内閣総理大臣（金融庁長官））の指定を受けてから，電子債権記録業を行うこととされ，

指定を受けた電子債権記録機関は主務大臣から公示されます。公示の内容は，金融庁のホームページ等で確認することができます。

7　当局から指定を受けている電子債権記録機関は，平成31年4月10日現在,「日本電子債権機構株式会社」,「ＳＭＢＣ電子債権記録株式会社」,「みずほ電子債権記録株式会社」,「株式会社全銀電子債権ネットワーク（通称：でんさいネット）」及び「Tranzax電子債権株式会社」です。

　本事例の記載例は，株式会社全銀電子債権ネットワークのものです。

第4 訴訟形態による表示

73 訴え提起の場合（検察官が当事者になる場合）

死亡した父に対し認知を求める子（未成年者）が，認知の訴え（人事訴訟）を提起しようとする際に，当事者目録を作成する場合

【記　載　例】

```
              当　事　者　目　録

本籍　○○県○○市○○町○丁目○番地
住所　〒○○○−○○○○　　○○県○○市○○町○丁目○番○号
              原　　　　　　告　○　○　○　○
              法定代理人親権者母　○　○　○　○
      〒○○○−○○○○　　○○県○○市○○町○丁目○番○号
              ○○法律事務所（送達場所）
              原告訴訟代理人弁護士　○　○　○　○
              電　話　○○○−○○○−○○○○
              ＦＡＸ　○○○−○○○−○○○○


      〒○○○−○○○○　　○○県○○市○○町○丁目○番○号
              被　　　　　告　○○地方検察庁検事正
              ○　○　○　○
                                  以　上
```

当事者目録　　訴訟形態による表示　　　177

作成上の留意点

1　訴訟（第一審）における当事者の呼称は「原告」「被告」となりますので，訴状の当事者目録には，当事者である「原告」「被告」の住所及び氏名（又は名称）並びに法定代理人及び代理人の住所，氏名を記載します（民訴133Ⅱ①，民訴規2Ⅰ①）。なお，住所については，実際の居住地を記載しないことにつき，やむを得ない理由がある旨の申出をする場合には，実際の居住地の記載を省略して提出することも認められています。代理人（代表者も含む。）については，その資格（親権者，代表取締役など）も併せて記載します。また，原告又はその代理人については，郵便番号及び電話番号（ファクシミリの番号を含む。）も記載します（民訴規53Ⅳ）。

　なお，電話番号とファクシミリ番号については，訴状自体に記載されていることから，執行事件や保全事件の場合と同様に，当事者目録には記載しない例もあります。

2(1)　当事者が通称を使用している場合には「○○○○（通称）こと○○○○（本名）」と，契約書上の氏名が本名と異なるときは「○○○○（契約書上の氏名）こと○○○○（本名）」と記載します。

(2)　登記訴訟や不動産の財産分与を求める訴訟では当事者の住所と不動産登記記録上の住所が異なるときは，不動産登記記録上の住所を「(不動産登記記録上の住所　○○県○○市○○町○丁目○番○号)」として併記します。

(3)　人事訴訟では，住所に加え，当該訴えに係る身分関係の当事者の本籍も記載することが通例となっています。なお，法定代理人の本籍及び住所については，本人と同じ場合は記載を省略しています。

3(1)　本事例では，検察官を被告として訴えを提起することになり

ますので（人訴42 I），当事者目録の被告欄には，死亡した父ではなく，検察官を表示します。

(2)　検察官の表示は，当該訴えを提起する裁判所に対応する検察庁（検察5）の所在地及び当該検察庁を代表する検察官の資格及び氏名で行っています。本事例は人事訴訟ですので，家庭裁判所に対応する地方検察庁（検察2 II）の所在地及び当該地方検察庁を代表する検事正（検察9）を【記載例】のように記載します。

(3)　なお，当該家庭裁判所が支部の場合は，実務では，地方検察庁の支部の所在地及び支部長検事を表示していますので（裁判所書記官研修所『新民事訴訟法における書記官事務の研究 II』365頁（司法協会，1998）），

　　　「被告　　○○地方検察庁○○支部支部長検事
　　　　　　　○　○　○　○」

と記載します。

(4)　本事例の場合の死亡した者（父）の本籍及び氏名は，請求の趣旨に記載することになりますので，当事者目録に記載する必要はありませんが，当事者目録に「死亡した者（父）の表示」として記載する例もあります。

当事者目録　　訴訟形態による表示　　179

74　控訴提起の場合①（検察官が当事者であり，かつ補助参加がある場合）

第一審で検察官（被告）及び補助参加人（被告補助参加人）が当事者になっている人事訴訟につき，請求棄却判決を受けた原告が控訴を提起する際に，当事者目録を作成する場合

【記　載　例】

当　事　者　目　録

本籍　○○県○○市○○町○丁目○番地
住所　〒○○○－○○○○　○○県○○市○○町○丁目○番○号
　　　　　　　控　　訴　　人　○　○　○　○
　　　　　　　法定代理人親権者母　○　○　○　○
　　　〒○○○－○○○○　○○県○○市○○町○丁目○番○号
　　　　　　　○○法律事務所（送達場所）
　　　　　　　控訴人訴訟代理人弁護士　○　○　○　○
　　　　　　　電　話　○○○－○○○－○○○○
　　　　　　　Ｆ　Ａ　Ｘ　○○○－○○○－○○○○

　　　〒○○○－○○○○　○○県○○市○○町○丁目○番○号
　　　　　　　被　控　訴　人　○○高等検察庁検事長
　　　　　　　　　　　　　　　○　○　○　○

180　　　　当事者目録　　訴訟形態による表示

〒○○○−○○○○　○○県○○市○○町○丁目○番○号
被控訴人補助参加人　○　○　○　○
　　　　　　　　　　　　　　　　　　　　　以　上

作成上の留意点

1　控訴審での当事者の呼称は「控訴人」「被控訴人」となりますので，控訴状の当事者目録には，当事者である「控訴人」「被控訴人」の住所及び氏名（又は名称）並びに法定代理人及び代理人の住所，氏名を記載します（民訴286Ⅱ①，民訴規2Ⅰ①）。人事訴訟では当該訴えに係る当事者の本籍についても記載しています。

　　また，控訴人又はその代理人については，郵便番号及び電話番号（ファクシミリの番号を含む。）も記載します（民訴規179・53Ⅳ）。

　　なお，第一審で被控訴人に訴訟代理人があっても，その代理人の記載は不要です。

2　当事者目録には，控訴によって移審する訴訟の当事者だけを記載します。また，第一審での補助参加人は，控訴審においても補助参加人として扱われますので，補助参加人がいる場合は，補助参加人の住所，氏名も記載します（控訴審で控訴とともに補助参加する場合は後記5参照）。

3　本事例のように検察官が当事者となっている場合の当事者目録には，第一審判決に記載された検察官（検事正）ではなく，控訴審である高等裁判所に対応する検察庁（高等検察庁。（検察2Ⅰ・5））の検察官（検事長。（検察8））を記載します。したがって，【記載例】のように高等検察庁の所在地及び当該高等検察庁を代表する検事長の氏名を資格とともに記載します。

4　なお，本事例は原告が控訴する場合を想定した記載となっていま

すが，被告補助参加人が控訴する場合の当事者の表示については「控
訴人○○高等検察庁検事長○○○○」「控訴人補助参加人○○○○」
「被控訴人○○○○」となります。また，被告（検察官）が控訴す
る場合も同様です（あくまでも控訴人は第一審被告である検察官（表
記は検事長）となります。）。

5　また，第一審で補助参加をしなかった者は，控訴とともに補助参
加することができ（民訴43Ⅱ），その場合の控訴状の当事者目録には，
被参加人を「控訴人○○○○」と，当該補助参加を求める者を「控
訴人補助参加人○○○○」と，相手方当事者を「被控訴人○○○○」
と表示します。

6　なお，附帯控訴する場合の当事者の表示は「附帯控訴人（被控訴
人）○○○○」「附帯被控訴人（控訴人）○○○○」と表示します。

《参考となる判例》

○独立当事者参加訴訟において，当事者の一人が他の当事者のうちの一人
のみを相手方として上訴した場合には，残りの当事者に対しても上訴の
効力が生じ，その当事者は被上訴人としての地位に立つとした事例（最
判昭50・3・13民集29・3・233，判時785・63）

○住民訴訟において，共同訴訟人の一部の者のした上訴により，訴訟全体
が上訴審に移審し，上訴をしない共同訴訟人にも上訴審の判決の効力は
及ぶが，上訴人にはならないとした事例（最大判平9・4・2民集51・4・1673，
判時1601・47）

75 控訴提起の場合②（相続等により当事者に変動があった場合）

受継決定とともに判決正本（判決の当事者の表示は死亡した被告）の送達を受けた被告の相続人が，判決に不服があるとして控訴を提起する際に，当事者目録を作成する場合

【記　載　例】

```
                    当 事 者 目 録


  〒○○○−○○○○    ○○県○○市○○町○丁目○番○号
                          亡○○○○訴訟承継人
                  控　　　訴　　　人　○　○　　○　○
  〒○○○−○○○○    ○○県○○市○○町○丁目○番○号
                  ○○法律事務所（送達場所）
                  同訴訟代理人弁護士　○　○　　○　○
                     電　話　○○○−○○○−○○○○
                     ＦＡＸ　○○○−○○○−○○○○


  〒○○○−○○○○    ○○県○○市○○町○丁目○番○号
                  被　控　訴　人　○　○　　○　○
                                    以　　上
```

当事者目録　　訴訟形態による表示

作成上の留意点

1　弁論終結後に当事者が死亡した場合など，判決の当事者の表示と現に判決の効力を受ける者（相続人等の受継，承継する者）が異なることがありますが，その訴訟を受継，承継した者（又は受継，承継する者）は，その判決が確定するまでの間（死亡した者に訴訟代理人があり，控訴についての特別授権がある場合は訴訟代理人が判決正本の送達を受けた日から2週間以内，訴訟代理人に控訴についての特別授権がない場合，又は訴訟代理人がいない場合は受継の通知(又は受継決定)及び判決正本の送達を受けた日から2週間以内。），控訴することができ，控訴状の当事者目録には，第一審判決との連続性を明らかにするため，【記載例】のように「亡○○○○（死亡した当事者の氏名）訴訟承継人○○○○（訴訟を受継，承継する者の氏名)」と表示します。

2　【記載例】は，受継者が弁護士に委任の上，その弁護士が訴訟代理人として控訴する場合を想定したものですが，相手方に受継，承継の事由が生じた場合についても同様の方法で被控訴人を表示します。

3　ところで，当事者が死亡しても，死亡した者に訴訟代理人がある場合は訴訟手続は中断しませんが（民訴124Ⅱ Ⅰ①），訴訟代理人の権限は審級代理であることから，判決正本送達後の進行については，訴訟代理人に控訴（上訴）についての特別授権が有るか無いかによって異なってきます。

4　訴訟代理人に控訴についての特別授権がないときは，訴訟手続は中断し（大決昭6・8・8民集10・792），控訴期間は進行しません。したがって，受継者に受継の通知（又は受継決定）がされることになりますので，受継者が控訴する場合の控訴人の表示については，【記載例】

のように記載することになります。

5　一方，訴訟代理人に控訴についての特別授権があるときは，訴訟手続は中断せず（最判昭23・12・24民集2・14・500），相続人等に対し受継決定がされることもなく，また，控訴期間も訴訟代理人が判決正本の送達を受けた日から進行し，中断することはありません。したがって，死亡した時期によっては，控訴提起時に承継者が定まらないこともありますが（民訴124Ⅲ参照），このような場合は，法定相続人は，相続放棄の申述が受理されるまでは相続人の立場にあるので，「控訴人　亡○○○○訴訟承継人」又は「控訴人　亡○○○○相続人」と表示した上，相続人全員の氏名を記載して控訴することになります。

　　もっとも，実務例の中には，控訴提起時に承継者が定まらないときは，単に「控訴人　亡○○○○相続人」と記載し，相続人の氏名は記載しないで，特別授権がある代理人名義で控訴する場合もあります。

6　なお，当事者の表示以外の記載事項については「74　控訴提起の場合①（検察官が当事者であり，かつ補助参加がある場合）」を参照してください。

当事者目録　　訴訟形態による表示　　185

76　控訴提起の場合③（独立当事者参加により当事者に変動があった場合）

　参加人が第一審原告に対し訴訟を提起（独立当事者参加）するとともに控訴を提起する際に，当事者目録を作成する場合

【記　載　例】

当　事　者　目　録

〒○○○−○○○○　　○○県○○市○○町○丁目○番○号
　　　　　　　　　　参 加 人 兼 控 訴 人　　○　○　○　○
〒○○○−○○○○　　○○県○○市○○町○丁目○番○号
　　　　　　　　　　○○法律事務所（送達場所）
　　　　　　　　　　同訴訟代理人弁護士　　○　○　○　○
　　　　　　　　　　電　話　○○○−○○○−○○○○
　　　　　　　　　　ＦＡＸ　○○○−○○○−○○○○

〒○○○−○○○○　　○○県○○市○○町○丁目○番○号
　　　　　　　　　　被控訴人(第一審原告)　○　○　○　○

〒○○○−○○○○　　○○県○○市○○町○丁目○番○号
　　　　　　　　　　被控訴人(第一審被告)　○　○　○　○
　　　　　　　　　　　　　　　　　　　　　　以　　上

186　　　　　　当事者目録　　訴訟形態による表示

作成上の留意点

1　本事例は，判決後に，第一審原告に対する請求を定立して独立当
　事者参加（民訴47）をするとともに控訴を提起する場合を想定した当
　事者目録です。

2　独立当事者参加は，控訴の提起とともに行うことができますので
　（民訴47・43Ⅱ），当事者目録には，記載例のように，参加事件の呼称
　（「参加人」）と控訴事件の呼称を併記します。

　　なお，第一審原告については，「被参加人兼被控訴人（第一審原告）」
　と表示することもあります。

3　当事者の控訴提起前に，第三者が参加の申し出とともに上訴でき
　るかについては議論がありますが，参加によって訴訟当事者として
　の地位を取得し，従来の当事者との間に矛盾のない判決を得るとい
　う利益を有することから，上訴が認められると解されています（秋
　山幹男ほか『コンメンタール民事訴訟法Ⅰ［第2版追補版］』475頁（日本評論社，
　2014））。

4　本条による参加は上告審では認められていませんので（最判昭44・
　7・15民集23・8・1532，判時570・47），参加とともに上告提起をすること
　はできないと解されます。

77 上告提起の場合

　第三者（第一審原告）が養親・養子に対し提起した養子縁組無効確認につき，一審での認容判決を維持した控訴審の控訴棄却判決に対し，養子である控訴人（第一審被告）が上告を提起（上告状を作成）する際に，当事者目録を作成する場合

【記　載　例】

```
                        当　事　者　目　録

   本籍　○○県○○市○○町○丁目○番地
   住所　〒○○○－○○○○　　○○県○○市○○町○丁目○番○号
                     上　　　告　　　人　○　○　○　○
         〒○○○－○○○○　　○○県○○市○○町○丁目○番○号
                     ○○法律事務所（送達場所）
                     同訴訟代理人弁護士　○　○　○　○
                     電　話　○○○－○○○－○○○○
                     ＦＡＸ　○○○－○○○－○○○○


   本籍　○○県○○市○○町○丁目○番地
   住所　〒○○○－○○○○　　○○県○○市○○町○丁目○番○号
                     上　　　告　　　人　○　○　○　○

         〒○○○－○○○○　　○○県○○市○○町○丁目○番○号
                     被　上　告　人　○　○　　○　○
                                         以　　上
```

188   当事者目録　　訴訟形態による表示

作成上の留意点

1　上告審の当事者の呼称は「上告人」「被上告人」となりますので，当事者目録には，当事者である「上告人」「被上告人」の氏名（又は名称）及び住所並びに法定代理人，代理人の氏名及び住所を記載します（民訴313・286Ⅱ①，民訴規2Ⅰ①）。上告人又はその代理人については，郵便番号及び電話番号（ファクシミリの番号を含む。）も記載します（民訴規186・179・53Ⅳ）。

　また，人事訴訟においては，当該訴えに係る身分関係の当事者の本籍を記載することが通例となっています。

　原審で補助参加人がいる場合は，上告審においても補助参加人として取り扱われますので，補助参加人については，「上告人補助参加人」又は「被上告人補助参加人」と表示して，氏名及び住所を記載します。

2　本事例は必要的共同訴訟であり（人訴12Ⅱ），養子である控訴人がする上告により，養親である控訴人も上告人として扱われますので，当事者目録には，養親である控訴人に関する事項も記載します。

3　一方，通常共同訴訟の場合については，共同訴訟人の一人がした上告，又は一人に対する上告については，当該当事者に関する部分についてのみ上告審の審理の対象となることから，上告状の当事者目録には，上告人が不服を求める判決の対象となる当事者だけを記載することになります。

4　ところで，検察官が当事者となっている訴訟について，上告状の当事者目録に表示する検察官については，原審（高等裁判所）に対応する高等検察庁及び検事長を記載するか，最高検察庁の検事総長を記載するか実務での取扱いが分かれていますが，前者の記載が相当であると考えられています（福田剛久・佐藤裕義「最近の最高裁判所に

おける民事・行政事件の裁判事務処理等について」判タ1163号4頁（判例タイムズ社，2005））。

5　本事例は，控訴審判決に対する上告提起の記載を想定していますが，飛躍上告の場合も同様です。

6　被上告人が附帯上告をする場合については，「附帯上告人・被上告人〇〇〇〇」「附帯被上告人・上告人〇〇〇〇」と表示します。

《参考となる判例》

〇必要的共同訴訟において，被告の一人がした控訴により，控訴しなかった者も控訴人としての地位を有するとした事例（最判昭38・3・12民集17・2・310）

190　　当事者目録　　訴訟形態による表示

78　上告受理申立ての場合

控訴棄却の判決に対し，控訴人が上告受理の申立て（上告受理申立書の作成）をする際に，当事者目録を作成する場合

【記　載　例】

```
              当 事 者 目 録

  〒○○○−○○○○　○○県○○市○○町○丁目○番○号
              申　　立　　人　○　○　○　○
  〒○○○−○○○○　○○県○○市○○町○丁目○番○号
              ○○法律事務所（送達場所）
              同訴訟代理人弁護士　○　○　○　○
              電　話　○○○−○○○−○○○○
              ＦＡＸ　○○○−○○○−○○○○


  〒○○○−○○○○　○○県○○市○○町○丁目○番○号
              相　　手　　方　○　○　○　○
                              以　上
```

作成上の留意点

1　上告受理申立事件の当事者の呼称は「申立人」「相手方」となりますので，当事者目録には，当事者である「申立人」「相手方」の氏名

当事者目録　　訴訟形態による表示　　191

（又は名称）及び住所並びに法定代理人，代理人の氏名及び住所を記載します（民訴318・313・286Ⅱ①，民訴規2Ⅰ①）。また，申立人又はその代理人については，郵便番号及び電話番号（ファクシミリの番号を含む。）も記載します（民訴規199Ⅱ・186・179・53Ⅳ）。

2　本事例は，上告受理申立書を作成する場合の当事者目録を想定したものですが，上告受理の申立てとともに上告提起をする場合は，上告受理申立書と上告状を1通の書面（標題は「上告状兼上告受理申立書」となります。）で行うことができます（民訴規188）。その場合は，当事者目録には「上告人兼申立人」「被上告人兼相手方」と表示することになります。

　なお，上告状兼上告受理申立書を提出した場合でも，その後に提出すべき理由書を1通の書類で行うことはできませんので，上告理由書における表示は「上告人」「被上告人」と，上告受理申立理由書における表示は「申立人」「相手方」となります。

3　その他の点については，上告状における当事者目録を作成する場合と同様ですので，「77　上告提起の場合」を参照してください。

4　なお，附帯上告受理の申立てを行う場合の当事者の表示は，「附帯申立人・相手方○○○○」「附帯相手方・申立人○○○○」となります。

192　　　　当事者目録　　訴訟形態による表示

79　特別上告提起の場合

　高等裁判所が上告審としてした判決に対し，上告人が特別上告を提起する際に，当事者目録を作成する場合

【記　載　例】

```
                当 事 者 目 録

　〒○○○－○○○○　○○県○○市○○町○丁目○番○号
　　　　　　　　　　特 別 上 告 人 ○　○　○　○
　〒○○○－○○○○　○○県○○市○○町○丁目○番○号
　　　　　　　　　　○○法律事務所（送達場所）
　　　　　　　　　　同訴訟代理人弁護士 ○　○　○　○
　　　　　　　　　　電　話　○○○－○○○－○○○○
　　　　　　　　　　ＦＡＸ　○○○－○○○－○○○○


　〒○○○－○○○○　○○県○○市○○町○丁目○番○号
　　　　　　　　　　特 別 被 上 告 人 ○　○　○　○
　　　　　　　　　　　　　　　　　　　　　　　以　上
```

作成上の留意点

1　特別上告審の当事者の呼称は「特別上告人」「特別被上告人」となりますので，当事者目録には，当事者である「特別上告人」「特別被

上告人」の氏名（又は名称）及び住所並びに法定代理人，代理人の氏名及び住所を記載します（民訴327・313・286Ⅱ①，民訴規2Ⅰ①）。

　また，特別上告人又はその代理人については，郵便番号及び電話番号（ファクシミリの番号を含む。）も記載します（民訴規204・186・179・53Ⅳ）。

2　特別上告については，上告，控訴の規定が準用されていますので，他の留意点については，「77　上告提起の場合」及び「74　控訴提起の場合①（検察官が当事者であり，かつ補助参加がある場合）」等を参照してください。

3　なお，特別上告の場合は判決の確定が遮断されないことから（民訴116），判決による強制執行停止を求める場合（民訴403Ⅰ①）は，特別上告の提起のほか，執行停止の申立てが必要です。その場合，執行停止の申立書の当事者目録には，「申立人（特別上告人）」「被申立人（特別被上告人）」と表示することになります。

194　　当事者目録　　訴訟形態による表示

80　抗告提起の場合

　文書提出命令の申立てを却下されたが，これを不服として抗告を提起する際に，当事者目録を作成する場合

【記　載　例】

当　事　者　目　録

　〒○○○－○○○○　　○○県○○市○○町○丁目○番○号
　　　　　　　　　　　抗　　　告　　　人　○　○　○　○
　〒○○○－○○○○　　○○県○○市○○町○丁目○番○号
　　　　　　　　　　　○○法律事務所（送達場所）
　　　　　　　　　　　同代理人弁護士　○　○　○　○
　　　　　　　　　　　　電　話　○○○－○○○－○○○○
　　　　　　　　　　　　FAX　○○○－○○○－○○○○

　〒○○○－○○○○　　○○県○○市○○町○丁目○番○号
　　　　　　　　　　　相　　　手　　　方　○　○　○　○
　　　　　　　　　　　　　　　　　　　　　　　　　以　上

作成上の留意点

1　一般的記載事項

　(1)　即時抗告，通常抗告

　　　当事者の呼称は「抗告人」「相手方」となります。「抗告人」と

は抗告を提起するものを,「相手方」とは抗告を受ける者（変更により不利益を受ける者）をいい, 原決定の資格を併記することもあります。

当事者目録には,「抗告人」「相手方」（家事事件及び非訟事件については「利害関係参加人」も）の氏名（又は名称）及び住所並びに法定代理人, 代理人の氏名及び住所を記載します（民訴331本文・286Ⅱ①, 民訴規2Ⅰ①。家事事件については家事87Ⅱ①, 家事規1Ⅰ①, 非訟事件については非訟法68Ⅱ①, 非訟規1Ⅰ①）。なお, 相手方が存在しない事件については, 相手方の記載は不要です。

抗告人又はその代理人については, 郵便番号及び電話番号（ファクシミリの番号を含む。）も記載します（民訴規205本文・179・53Ⅳ）。非訟事件については, 当事者及び利害関係参加人の郵便番号及び電話番号（ファクシミリの番号を含む。）の記載も必要です（非訟規1Ⅰ②）。

なお, 家事事件の抗告状については, 郵便番号及び電話番号（ファクシミリの番号を含む。）の記載を必要としていませんが, 書面の送付や連絡先等裁判所の便宜のため, 何らかの方法で明らかにしておく必要があります（最高裁判所事務総局家庭局監修『条解家事事件手続規則』3頁（法曹会, 2013））。

(2) その他の抗告

再抗告の場合は, 当事者の表示が「再抗告人」「相手方」となるほかは, 上記(1)と同様の事項を記載します（民訴331ただし書・313・286Ⅱ①, 民訴規205ただし書・186・179・53Ⅳ）。

また, 執行抗告については「85　民事執行事件の場合②（執行抗告申立ての場合）」を, 保全抗告については「88　民事保全事件の場合③（保全異議申立て, 起訴命令申立て, 保全取消申立て及び保全抗告の場合）」をそれぞれ参照してください。

2 事件類型別の記載事項

(1) 民事再生事件，破産事件，会社更生事件

「抗告人」「相手方」の表示に加え，再生債権者，再生債務者，破産者，破産申立債権者，債権者，債務者といった資格についても併記しています。

なお，自己破産の申立てや当該会社の更生手続開始の申立てを却下した決定に対する抗告などは，相手方が存在しませんので，こういった場合の当事者目録には，抗告人に関する記載だけをすることになります。

(2) 調停事件その他

「抗告人」「相手方」の表示に加え，原決定の資格（申立人，相手方）も併記しています。

また，家事事件手続法の適用，非訟事件手続法の適用又は準用を受ける事件については，「代理人」とあるのを「手続代理人」として記載します。

なお，調停事件の決定や家事審判事件の審判書の当事者の表示部分には，当事者（「申立人」「相手方」）以外の記載（「子」「本人」「被相続人」等）がされていることもあります。このような場合，抗告状の当事者目録には，これらの者につき，原決定等の記載に従って記載します。

当事者目録　　訴訟形態による表示　　197

81　特別抗告提起の場合

　高等裁判所がした決定に対し，憲法違反があるとして特別抗告を提起する際に，当事者目録を作成する場合

【記　載　例】

```
                 当 事 者 目 録

　〒○○○－○○○○　　○○県○○市○○町○丁目○番○号
　　　　　　　　　　　特 別 抗 告 人 ○ ○ ○ ○
　〒○○○－○○○○　　○○県○○市○○町○丁目○番○号
　　　　　　　　　　　○○法律事務所（送達場所）
　　　　　　　　　　　同 代 理 人 弁 護 士 ○ ○ ○ ○
　　　　　　　　　　　電　話　○○○－○○○－○○○○
　　　　　　　　　　　ＦＡＸ　○○○－○○○－○○○○

　〒○○○－○○○○　　○○県○○市○○町○丁目○番○号
　　　　　　　　　　　相　　　手　　　方 ○ ○ ○ ○
　　　　　　　　　　　　　　　　　　　　　　以　上
```

作成上の留意点

1　特別抗告提起事件の当事者の呼称は「特別抗告人」「相手方」となりますので，当事者目録には，当事者である「特別抗告人」「相手方」

及び家事事件や非訟事件など，利害関係参加人がいる場合は「利害関係参加人」の氏名（又は名称）及び住所並びに法定代理人，代理人の氏名及び住所を記載します（民訴336・327・313・286Ⅱ①，民訴規2Ⅰ①。家事事件につき，家事96Ⅰ・87Ⅱ①，家事規1Ⅰ①，非訟事件につき，非訟76Ⅰ・68Ⅱ①，非訟規1Ⅰ①）。また，特別抗告人又はその代理人については，郵便番号及び電話番号（ファクシミリの番号を含む。）も記載します（民訴規208・204・186・179・53Ⅳ）。

家事事件及び非訟事件における特別抗告人以外の当事者，利害関係参加人の郵便番号及び電話番号（ファクシミリの番号を含む。）の記載については，抗告状における記載と同じとなりますので，「80 抗告提起の場合」を参照してください。

なお，裁判官忌避についての決定に対する特別抗告など，相手方が存在しない事件について特別抗告を提起する場合は，相手方についての記載は不要です。

2　特別抗告と抗告許可については，民事訴訟規則188条の準用がありませんので（民訴規209），上告と上告受理申立てのように1通の書面（上告状兼上告受理申立書）で提出することはできません。

当事者目録　　訴訟形態による表示　　199

82　抗告許可申立ての場合

　高等裁判所のした訴訟救助を付与する決定に対し，これを不服とする相手方が，法令の解釈に関する重要な事項を含むとして抗告許可の申立てをする際に，当事者目録を作成する場合

【記　載　例】

```
              当 事 者 目 録


  〒○○○−○○○○　○○県○○市○○町○丁目○番○号
              申　立　人　○　○　○　○
  〒○○○−○○○○　○○県○○市○○町○丁目○番○号
              ○○法律事務所（送達場所）
              同代理人弁護士　○　○　○　○
              電　話　○○○−○○○−○○○○
              ＦＡＸ　○○○−○○○−○○○○


  〒○○○−○○○○　○○県○○市○○町○丁目○番○号
              相　　手　　方　○　○　○　○
                              以　上
```

作成上の留意点

　抗告許可の申立て事件の当事者の呼称は「申立人」「相手方」となりますので，当事者目録には，当事者である「申立人」「相手方」及び家

事事件や非訟事件など，利害関係参加人がいる場合は「利害関係参加人」の氏名（又は名称）及び住所並びに法定代理人，代理人の氏名及び住所を記載します（民訴337・313・286Ⅱ①，民訴規2Ⅰ①。家事事件につき，家事98Ⅰ・87Ⅱ①，家事規1Ⅰ①，非訟事件につき，非訟78Ⅰ・68Ⅱ①，非訟規1Ⅰ①)。また，申立人又はその代理人については，郵便番号及び電話番号（ファクシミリの番号を含む。）も記載します（民訴規209・186・179・53Ⅳ）。

　家事事件及び非訟事件における申立人以外の当事者，利害関係参加人の郵便番号及び電話番号（ファクシミリの番号を含む。）の記載については，抗告状における記載と同じとなりますので，「80　抗告提起の場合」を参照してください。

　なお，特別抗告事件と同様に，相手方が存在しない事件について抗告許可の申立てをする場合は，相手方についての記載は不要です。

《参考となる判例》

○民事訴訟法337条1項ただし書は，高等裁判所のした保全抗告についての決定を，許可抗告の対象から除外する趣旨の規定ではないとして，高等裁判所のした保全抗告についての決定が，許可抗告の対象となると判断した事例（最決平11・3・12民集53・3・505，判時1672・69）

83 再審申立ての場合

確定した終局判決に対し民事訴訟法338条1項9号の再審事由
があるとして，再審の訴えを提起しようとする際に，当事者目
録を作成する場合

【記　載　例】

```
                当 事 者 目 録

  〒○○○－○○○○　○○県○○市○○町○丁目○番○号
                再　審　原　告　○　○　○　○
  〒○○○－○○○○　○○県○○市○○町○丁目○番○号
                ○○法律事務所（送達場所）
                同訴訟代理人弁護士　○　○　○　○
                電　話　○○○－○○○－○○○○
                ＦＡＸ　○○○－○○○－○○○○

  〒○○○－○○○○　○○県○○市○○町○丁目○番○号
                再　審　被　告　○　○　○　○
                                        以　上
```

作成上の留意点

1　再審の訴えの場合

　　当事者の呼称は「再審原告」「再審被告」となります。

202   当事者目録　　訴訟形態による表示

(1) 民事訴訟法338条による場合【記載例】

　　再審の訴えを提起する者が「再審原告」と，再審原告との間で
再審の対象となる確定判決の効力を受け，その取消しによって
不利益を受ける者（前訴の相手方）が「再審被告」となりますの
で，再審訴状の当事者目録には，「再審原告」「再審被告」の住所
及び氏名（又は名称）並びに法定代理人及び代理人の住所，氏名
を記載します（民訴343①，民訴規2Ⅰ①）。代理人（代表者も含む。）
については，その資格（親権者，代表取締役など）も併せて記載
します。また，再審原告又はその代理人については，郵便番号及
び電話番号（ファクシミリの番号を含む。）も記載します（民訴規
211・179・53Ⅳ）。

　　前訴の当事者が死亡しているときは，訴訟承継人が当事者と
なりますので，「再審被告　亡○○○○訴訟承継人○○○○」の
ように記載することになります。

　　なお，人事訴訟の場合には，検察官が再審被告となる場合があ
りますので，当該再審の訴えを提起する裁判所に対応する検察
庁の検察官（高等裁判所のときは「高等検察庁検事長○○○○」，
家庭裁判所の場合は「地方検察庁検事正○○○○」となります。）
を再審被告として記載します。

　　また，再審の対象となる前訴が必要的共同訴訟であった場合
は，そのうちの一人が再審の訴えを提起すれば他の共同訴訟人
も当然に再審原告となることから（東京高判昭36・12・7高民14・9・
653，判タ128・63），共同訴訟人側から再審の訴えを提起するとき
は，再審の訴えを提起しない共同訴訟人も再審原告として記載
します。

(2) 行政事件訴訟法34条1項による場合

　　第三者が再審原告となりますので，再審被告には，前訴の当事

者（原告及び被告，控訴人及び被控訴人）を表示します。また，処分行政庁及び裁決行政庁についても記載します（行訴11Ⅳ）。

なお，行政訴訟に対する再審の訴えでも，民事訴訟法338条を準用する再審の訴えの場合については，再審原告，再審被告は，上記(1)のとおりとなります。

(3)　会社法853条による場合

再審の訴えの相手方は，前訴の原告及び被告と考えられていますので（稲葉威雄ほか「条解・会社法の研究⑪取締役(6)」別冊商事法務248号239頁（商事法務研究会，2002)），前訴の当事者双方を再審被告として記載します。

2　再審の申立ての場合

再審の対象が確定した決定又は命令になる場合は，当事者の表示を「申立人」「相手方」として記載します。

《参考となる判例》

○民訴法115条（旧201条）にいう承継人は，一般承継人たると特定承継人たるとを問わず，再審原告となることができるとした事例（最判昭46・6・3裁判集民103・87，判時634・37）

○人身保護請求事件の被拘束者につき，再審請求の申立人としての当事者適格を認めた事例（東京地判昭48・6・14下民24・5〜8・388，判時705・31）

○検察官を被告とする認知の訴えにおいて，認知を求められた亡父の子は，訴えの確定判決に対する再審の訴えの原告適格を有しないとされた事例（最判平元・11・10民集43・10・1085，判時1331・55）

84 民事執行事件の場合①（執行申立て，執行異議申立ての場合）

債務者所有の不動産について，強制競売申立てをする際に，当事者目録を作成する場合

【記　載　例】

```
　　　　　　　当　事　者　目　録

　〒○○○−○○○○　○○県○○市○○町○丁目○番○号
　　　　　　　　　債　　権　　者　○　○　○　○
　〒○○○−○○○○　○○県○○市○○町○丁目○番○号
　　　　　　　　　○○法律事務所（送達場所）
　　　　　　　　　債権者代理人弁護士　○　○　○　○
　　　　　　　　　　　電　話　○○○−○○○−○○○○
　　　　　　　　　　　ＦＡＸ　○○○−○○○−○○○○

　〒○○○−○○○○　○○県○○市○○町○丁目○番○号
　　　　　　　　　債　　務　　者　○　○　○　○
　　　　　　　　　　　　　　　　　　　　　　　　以　上
```

作成上の留意点

1　執行申立ての場合

（1）　強制執行の申立書の当事者目録には，「債権者」「債務者」の氏

名又は名称及び住所並びに代理人の氏名及び住所を記載します（民執規21①）。これに加え、担保権実行の場合は担保権の目的である権利の権利者の氏名又は名称及び住所についても（民執規170Ⅰ①）、債権執行の場合は第三債務者の氏名又は名称及び住所についても記載します（民執規133Ⅰ）。少額訴訟債権執行の場合も同様です（民執規150・133Ⅰ）。

(2)　担保不動産競売については、上記のとおり、担保権の目的である権利（不動産の所有権）の権利者（所有者）の記載が必要となるため、「債権者○○○○」「債務者○○○○」「所有者○○○○」といった記載となりますが、債務者と所有者が同一の場合は、「債務者兼所有者○○○○」と表示します。

(3)　債務名義成立時と申立時とで、住所、氏名等が異なる場合は、住民票、商業登記事項証明書等で、その連続性を証明した上で、「債務名義上の住所　○○県・・・」「債務名義上の氏名　○○○○」と並記します。また、競売において、不動産登記記録上の債務者（所有者）の住所、氏名（法人の場合は、所在地、名称）の表示が異なるときも、同様に連続性を証明した上で、「不動産登記記録上の住所　○○県・・・」等と併記します。

2　執行異議申立て

当事者目録には、「申立人（又は異議申立人）」「相手方」と表示し、氏名及び住所を記載します。例えば、本事例において、債務者が法定文書不提出を理由に競売開始決定に対し執行異議申立てをする場合は、【記載例】中、「債権者」を「相手方（申立債権者）」と表示し、「債務者」を「申立人（債務者）」と改めて表示することになります。

85　民事執行事件の場合②（執行抗告申立ての場合）

　申立債権者が売却許可決定に対し執行抗告をする際に，当事者目録を作成する場合

【記　載　例】

```
                当 事 者 目 録

    〒○○○−○○○○　　○○県○○市○○町○丁目○番○号
                抗　　　告　　　人　○○株式会社
                代表者代表取締役　○　○　○　○
    〒○○○−○○○○　　○○県○○市○○町○丁目○番○号
                ○○法律事務所（送達場所）
                抗告人代理人弁護士　○　○　○　○
                電　話　○○○−○○○−○○○○
                ＦＡＸ　○○○−○○○−○○○○
                                            以　上
```

作成上の留意点

1　執行抗告は，執行裁判所が行った執行手続に関する裁判（決定・命令）に対する不服申立てであり，法又は規則上，執行抗告をすることができる旨の規定がある場合に限り行うことができます（民執10Ⅰ）。

2　執行抗告の当事者目録には，「抗告人」「相手方」の住所及び氏名
（法人の場合は，本店所在地，商号及び代表者名）を記載します。
また，代理人については，その氏名及び住所を記載します。
3　ところで，【記載例】には相手方の記載がありませんが，売却許可
決定（又は不許可決定）に対する執行抗告のように，相手方に当た
る者を一律に定めることができないものについては，当事者目録に
表示する必要はありません。
　　なお，執行裁判所が必要があると認めるときは，相手方を定める
ことがあります（民執74Ⅳ）。
4　本事例のような売却許可決定に対しては，決定により自己の権利
が害されることを主張する者に執行抗告が認められていますので
（民執74Ⅰ・10），申立権者は，必ずしも執行手続の執行当事者に限定
されるものではありません。

《参考となる判例》
○最高価買受人とならなかった買受申出人は，次順位買受申出人を含め，
売却許可決定が取り消されても，新たな競売において，買受人になる可
能性が事実上存在するにすぎないから，民事執行法74条1項の「自己の権
利が害される」者に該当せず，執行抗告することができないとされた事
例（東京高決平2・7・16判時1363・91）

86 民事保全事件の場合①（通常の仮差押え，仮処分の場合）

　金銭債権を保全するため，債務者の所有する不動産の仮差押さえを求める保全命令の申立てをする際に，当事者目録を作成する場合

【記　載　例】

```
                    当 事 者 目 録

    〒○○○─○○○○　　○○県○○市○○町○丁目○番○号
                    債　　権　　者　○○株式会社
                    代表者代表取締役　○　○　○　○
    〒○○○─○○○○　　○○県○○市○○町○丁目○番○号
                    ○○法律事務所（送達場所）
                    債権者代理人弁護士　○　○　○　○
                    電　話　○○○─○○○─○○○○
                    ＦＡＸ　○○○─○○○─○○○○


    〒○○○─○○○○　　○○県○○市○○町○丁目○番○号
    （不動産登記記録上の住所　○○県○○市○○町○丁目○番地）
                    債　　務　　者　○　○　○　○
                                        以　上
```

当事者目録　　訴訟形態による表示　　　209

作成上の留意点

1　仮差押え，仮処分の保全事件の当事者の呼称は「債権者」「債務者」
　となりますので，申立人を「債権者」と，相手方を「債務者」とし
　て表示します。

2　当事者目録には，当事者である「債権者」「債務者」の氏名又は名
　称及び住所並びに代理人（法定代理人，訴訟代理人の双方を含む。）
　の氏名及び住所を記載します（民保規13Ⅰ①）。当事者が法人の場合
　はその代表者についての記載も必要となりますが（民保規6，民訴規18・
　2Ⅰ①），当事者目録にはその代表者の資格及び氏名だけを記載し，
　代表者個人の住所については，保全命令の送達が一般的には法人の
　住所に対して行われていることから，記載の必要はないとされてい
　ます（最高裁判所事務総局民事局監修『条解民事保全規則［改訂版］』84頁（司
　法協会，1999））。

　　債務者の登記・登録上の住所，氏名が異なる場合は，その後の嘱
　託に支障が生じることになりますので，できるだけ登記・登録上の
　住所等についても記載します。本事例は，債務者の実際の住所と不
　動産登記記録上の住所が異なるとして，不動産登記記録上の住所を
　併記しています。

　　また，債権者又は代理人については，郵便番号及び電話番号（フ
　ァクシミリの番号も含む。）も記載します（民保規6，民訴規53Ⅳ）。

3　債権に対する仮差押えの場合は，第三債務者（仮に差し押さえる
　べき債権の債務者（民保12Ⅳ））の氏名又は名称及び住所並びに法定
　代理人の氏名及び住所も記載します（民保規18Ⅰ）。

4　なお，振替社債等に関する仮差押えの場合は，債務者が口座を開
　設している振替機関等の名称及び住所を記載しますが（民保規18Ⅱ），
　民事保全規則18条3項各号に掲げる請求に係るときは，買取口座開

設振替機関等の名称及び住所を記載します（民保規18ⅢⅡ）。

【参考例：振替機関等の場合】

〒○○○－○○○○　　○○県○○市○○町○丁目○番○号
振　替　機　関　等　○○株式会社
代表者代表取締役　○　○　○　○

5　また，電子記録債権に関する仮差押えの場合は，第三債務者（当
該電子記録債権の債務者）の記載に加え，電子債権記録機関の名称
及び住所を記載します（民保規18Ⅳ）。

当事者目録　　訴訟形態による表示　　211

87　民事保全事件の場合②（子の引渡しの場合）

　第三者（祖母）が未成年者の子を連れ去ったので民事保全法に基づく子の引渡しの仮処分命令の申立てをする際に，当事者目録を作成する場合

【記　載　例】

```
              当 事 者 目 録


    〒○○○－○○○○　　○○県○○市○○町○丁目○番○号
                    債　権　者　○　○　○　○
    〒○○○－○○○○　　○○県○○市○○町○丁目○番○号
                    ○○法律事務所（送達場所）
                    債権者代理人弁護士　○　○　○　○
                    電　話　○○○－○○○－○○○○
                    ＦＡＸ　○○○－○○○－○○○○


    〒○○○－○○○○　　○○県○○市○○町○丁目○番○号
                    債　務　者　○　○　○　○
                                        以　上
```

作成上の留意点

1　子の引渡しの保全処分（又は同一の効果を早期に実現する方法）については，①民事保全法に基づく保全処分（民保23），②人事訴訟

法を本案とする保全処分（人訴30 I），③人身保護法に基づく人身保護請求（人身保護法2），④家事事件手続法に基づく審判前の保全処分（家事157 I ③・175 I）がありますが，本事例は民事保全法に基づくものです。

2　当事者目録には，当事者である「債権者」「債務者」の氏名及び住所並びに代理人の氏名及び住所を記載し（民保規13 I ①），債権者又はその代理人については郵便番号及び電話番号（ファクシミリの番号を含む。）も記載します（民保規6，民訴規53IV）。未成年者については，引渡し対象の特定の趣旨から便宜的に当事者目録に記載する例と，厳密には当事者ではないので当事者目録に記載しない例があります。当事者目録に記載しない場合にも，申立書又は別紙に未成年者の住所，氏名及び生年月日を記載して引渡しの対象を特定します。

3　本事例は民事保全法に基づく子の引渡しの仮処分命令の申立てを想定していますが，人事訴訟法を本案とする保全命令申立ての場合の当事者目録の表示方法も同様です。また，家事事件手続法に基づく審判前の保全処分の場合は，「申立人」「申立人手続代理人弁護士」「相手方」と表示し，未成年者については，同法の条文において「子」の文言を使用していることからも，「子」と表示の上，子の住所，氏名及び生年月日を申立書又は別紙に記載します（当事者目録に記載する場合には，「当事者等目録」とした上で記載する例もあります。）。なお，人身保護法に基づく人身保護請求事件の場合については「95　人身保護請求の場合」を参照してください。

《参考となる判例》
○親権又は監護権に基づく妨害排除請求として，子の引渡しを請求することができるとした事例（最判昭35・3・15民集14・3・430，判時218・18）

88 民事保全事件の場合③（保全異議申立て，起訴命令申立て，保全取消申立て及び保全抗告の場合）

　所有する不動産を仮に差し押さえるとの保全命令を発せられた債務者が，これを不服として保全異議を申し立てる際に，当事者目録を作成する場合

【記　載　例】

```
              当 事 者 目 録


〒○○○−○○○○　○○県○○市○○町○丁目○番○号
              債　　権　　者　○　○　○　○


〒○○○−○○○○　○○県○○市○○町○丁目○番○号
              債　　務　　者　○　○　○　○
〒○○○−○○○○　○○県○○市○○町○丁目○番○号
              ○○法律事務所（送達場所）
              債務者代理人弁護士　○　○　○　○
                電　話　○○○−○○○−○○○○
                ＦＡＸ　○○○−○○○−○○○○
                                      以　　上
```

214　　当事者目録　　訴訟形態による表示

作成上の留意点

1　保全異議の申立て（民保26）

　(1)　当事者の呼称は「債権者」「債務者」となり，異議を申し立てる者を「債務者」，被申立人を「債権者」と表示します。したがって，当事者目録には，「債務者」の氏名又は名称及び住所並びに代理人（法定代理人，特別代理人，訴訟代理人など）の氏名及び住所，「債権者」の氏名又は名称及び住所を記載します（民保規24Ⅰ②③）。

　　　また，債務者又はその代理人については，郵便番号及び電話番号（ファクシミリの番号を含む。）も記載します（民保規6，民訴規53Ⅳ）。

　(2)　また，債務者の特定承継人は，補助参加とともに保全異議の申立てができると解されていますので（民事訴訟法51条の準用による訴訟参加とともにすることができるかについては議論があります。），その場合には，上記事項のほか，補助参加する者を「債務者補助参加人」と表示して，氏名及び住所を記載します。

2　起訴命令の申立て（民保37Ⅰ），保全取消しの申立て（民保38Ⅰ・39Ⅰ）

　　当事者の呼称は「申立人（債務者）」「被申立人（債権者）」となりますので，当事者目録には，「申立人（債務者）」の氏名又は名称及び住所並びに代理人の氏名及び住所，「被申立人（債権者）」の氏名又は名称及び住所を記載します（起訴命令の申立てにつき民保規28・24Ⅰ②③，保全取消しの申立てにつき民保規29・24Ⅰ②③）。

　　また，申立人（債務者）又はその代理人については，郵便番号及び電話番号（ファクシミリの番号を含む。）も記載します（民保規6，民訴規53Ⅳ）。

3 保全抗告（民保41 I）

当事者の呼称は「抗告人（債務者又は債権者）」「相手方（債権者又は債務者）」となりますので，当事者目録には，「抗告人」の氏名又は名称及び住所並びに代理人の氏名及び住所，「相手方」の氏名又は名称及び住所を記載します（民保規30・24 I ②③）。

また，抗告人又はその代理人については，郵便番号及び電話番号（ファクシミリの番号を含む。）も記載します（民保規6，民訴規53 Ⅳ）。

《参考となる判例》

○債務者に対する他の一般債権者につき，債権者代位権によって，債務者の地位を承継取得した第三者は，事情変更による保全取消しの申立てができるとした事例（東京高判昭31・9・26下民7・9・2643）

○保全処分の債務者が本案不提起による保全命令の取消しの申立てをしないときは，特定承継人は，自己の請求権を保全する必要から債権者代位権によって，保全取消しの申立てができるとした事例（東京地判昭56・10・20判タ466・138）

216　　当事者目録　　訴訟形態による表示

89　証拠保全申立ての場合

病院（個人経営）が所持するカルテ等について起訴前の証拠
保全（検証）を申し立てる際に，当事者目録を作成する場合

【記　載　例】

```
                    当　事　者　目　録


     〒○○○－○○○○　　○○県○○市○○町○丁目○番○号
                     申　　　立　　　人　○　○　○　○
     〒○○○－○○○○　　○○県○○市○○町○丁目○番○号
                     ○○法律事務所（送達場所）
                     申立人代理人弁護士　○　○　○　○
                      電　話　○○○－○○○－○○○○
                      ＦＡＸ　○○○－○○○－○○○○


     〒○○○－○○○○　　○○県○○市○○町○丁目○番○号
                     相　　　手　　　方　○○病院こと
                                        ○　○　○　○
                                            以　　上
```

作成上の留意点

1　証拠保全における当事者の呼称は「申立人」「相手方」「第三者」
　で，「相手方」とは，訴えの提起前の証拠保全の申立て（起訴前の証

拠保全）の場合には本案訴訟において相手方となるべき当事者を，訴訟が係属中の証拠保全の申立て（起訴後の証拠保全）の場合には相手方の当事者をいい（最高裁判所事務総局民事局監修『条解民事訴訟規則』318頁（司法協会，1997）），「第三者」とは，検証物や文書の所持者や証人といった，申立人と相手方を除いた者をいいます。

2　証拠保全の申立ての当事者目録には，「申立人」「相手方」の氏名（又は名称）及び住所並びに代理人の氏名及び住所を記載します（民訴規2Ⅰ①・153Ⅱ①）。相手方の住所が分からない場合は，最後の住所・居所を記載します。

　　また，当事者の郵便番号及び申立人又はその代理人の電話番号（ファクシミリの番号を含む。）についても記載しています。

3　本事例は，相手方である病院が個人経営の場合を想定したものですが，病院に対する起訴前の証拠保全の申立ての場合は注意が必要です。上記のとおり，相手方は将来提起する本案訴訟の被告と同一になるため，公立病院の場合など，相手方が必ずしも病院とならないこともあります。

4　また，証拠保全の申立ては相手方を指定することができない場合もできますが（民訴236），その場合には「相手方を指定することができない」と表示すればよいとされています（松田克己『民事訴訟における証拠保全に関する実証的研究』39頁（裁判所書記官研修所，1970））。

5　ところで，起訴後の証拠保全の申立てについては，本案訴訟において訴状等がすでに裁判所に提出されていることから，当事者等の住所の記載は不要といえますが（民訴規2Ⅱ），決定書の当事者目録として利用されることもあることから，できるだけ記載します。また，実務では，「申立人（原告）○○○○」「相手方（被告）○○○○」のように本案訴訟の資格を併記することもあります。

6　なお，第三者の氏名（又は名称）及び住所については，当事者目録に記載する方法，申立ての趣旨欄に記載する方法があります。

218　　当事者目録　　訴訟形態による表示

90　民事再生申立ての場合

債務超過のおそれがあるとして，当該株式会社自らが民事再生手続開始の申立てをする際に，当事者目録を作成する場合

【記　載　例】

```
                当 事 者 目 録

  〒○○○−○○○○　　○○県○○市○○町○丁目○番○号
                  申　　立　　人　　○○株式会社
                  代表者代表取締役　○　○　○　○
  〒○○○−○○○○　　○○県○○市○○町○丁目○番○号
                  ○○法律事務所（送達場所）
                  申立人代理人弁護士　○　○　○　○
                  電　話　○○○−○○○−○○○○
                  ＦＡＸ　○○○−○○○−○○○○
                                          以　上
```

作成上の留意点

1　再生手続開始の申立てをする場合，当事者目録には，申立人の氏名又は名称及び住所並びに法定代理人の氏名及び住所（民再規12 I ①），再生債務者の氏名又は名称及び住所並びに法定代理人の氏名及び住所（民再規12 I ②），任意代理人の氏名及び住所（民再規11，民訴

規2 I ①）を記載します。

　申立人が法人の場合は，その名称及び主たる事務所又は本店の所在地（会社4）に加え，法人の代表者の資格及び氏名についても記載します（民再規11，民訴規18）。

　また，申立人又は代理人の郵便番号及び電話番号（ファクシミリの番号を含む。）についても記載します（民再規13 I ⑩）。

　本事例のように，申立人と再生債務者が同一の場合は，単に「申立人」と表示し，氏名（又は名称）及び住所等を記載することになります。

2　ところで，破産会社が再生手続開始の申立てをする場合，誰が申立てできるかについて問題がありますが，実務では，従前の代表取締役が会社を代表して申立てができるという運用となっています（東京地裁破産再生実務研究会『破産・民事再生の実務［第3版］民事再生・個人再生編』47頁（金融財政事情研究会，2014））。

3　なお，個人再生の場合，裁判所によっては再生債務者の陳述書の提出を求められることもあり，陳述書に再生債務者の氏名，住所等を記載することで申立人（再生債務者）の表示を省略することも可能です（申立書の当事者の表示欄には「陳述書記載のとおり」と記載することになりますが，代理人による申立ての場合は，申立書又は当事者目録に代理人に関する事項の記載が必要です。）。

220 当事者目録　訴訟形態による表示

91　破産申立ての場合

　支払不能にあるとして，自己破産手続開始の申立てをする際に，当事者目録を作成する場合

【記　載　例】

　　　　　　　　　　　当　事　者　目　録

　〒○○○－○○○○　○○県○○市○○町○丁目○番○号
　　　　　　　　　　申　　立　　人　○○株式会社
　　　　　　　　　　代表者代表取締役　○　○　○　○
　〒○○○－○○○○　○○県○○市○○町○丁目○番○号
　　　　　　　　　　○○法律事務所（送達場所）
　　　　　　　　　　申立人代理人弁護士　○　○　○　○
　　　　　　　　　　電　話　○○○－○○○－○○○○
　　　　　　　　　　ＦＡＸ　○○○－○○○－○○○○
　　　　　　　　　　　　　　　　　　　　　　　以　上

作成上の留意点

1　破産手続開始の申立てをするに際しては，各地方裁判所の準備した申立書を利用して行うこともありますが，本記載例はそういった申立書を利用せず，かつ，申立書に記載すべき当事者の表示部分を「当事者目録」として別に作成する場合を想定したものです。した

がって，当事者目録には当事者の表示部分についてのみ記載することになります。

2 　自己破産の場合は，申立人と債務者が一致しますので，当事者目録には，「申立人」と表示した上，氏名又は名称及び住所並びに法定代理人の氏名及び住所（破規13Ⅰ①），任意代理人の氏名及び住所（破規12，民訴規2Ⅰ①）を記載します。申立人（債務者）が屋号等を使用していた場合，旧姓での借入れがある場合は氏名については「○○（屋号又は旧姓）こと○○○○」と記載します。

　なお，法人の場合は，その名称及び主たる事務所又は本店の所在地（会社4）及び代表者を記載することになりますが（破規12，民訴規18），代表者については資格及び氏名を記載し，代表者個人の住所については記載していません。

　また，申立人又は代理人の郵便番号及び電話番号（ファクシミリの番号を含む。）についても記載します（破規13Ⅱ⑨）。

3 　債権者申立ての場合は，上記事項に加え，債務者の氏名又は名称及び住所並びに法定代理人の氏名及び住所（破規13Ⅰ②）も記載します。

4 　債務者に準ずる者が申し立てる場合（準自己破産。破19ⅠⅡ）は，債務者に準ずる者（理事，取締役など）を申立人として記載し，法人の名称を被申立人として記載します。

5 　なお，手続開始以外の申立てについては，当事者の氏名等を記載することになっています（破規2Ⅰ・Ⅱ③）。

222　　当事者目録　　訴訟形態による表示

92　会社更生申立ての場合

債務超過が生じるおそれがあるとして，当該会社自らが会社
更生手続開始の申立てをする際に，当事者目録を作成する場合

【記　載　例】

```
                    当　事　者　目　録


　〒○○○－○○○○　　○○県○○市○○町○丁目○番○号
　　　　　　　　　　　　申　　　立　　　人　○○株式会社
　　　　　　　　　　　　代表者代表取締役　○　○　○　○
　〒○○○－○○○○　　○○県○○市○○町○丁目○番○号
　　　　　　　　　　　　○○法律事務所（送達場所）
　　　　　　　　　　　　申立人代理人弁護士　○　○　○　○
　　　　　　　　　　　　電　話　○○○－○○○－○○○○
　　　　　　　　　　　　FAX　○○○－○○○－○○○○
　　　　　　　　　　　　　　　　　　　　　　　　以　上
```

作成上の留意点

1　更生手続開始の申立て

　　当事者目録には，「申立人」の氏名又は名称及び住所並びに法定代
理人の氏名及び住所（会更規11①），任意代理人の氏名及び住所（会更
規10，民訴規2Ⅰ①）を記載します。

債権者が申し立てる場合など，当該株式会社以外が申立人となる場合は，更生手続開始の申立てに係る株式会社を「被申立会社」として表示し，当該株式会社の商号及び本店の所在地並びに代表者の氏名及び住所を記載します（会更規11②）。

なお，外国法人の場合は，外国における本店の所在地を記載すれば足りるとされています（条解会社更生規則・37頁）。

また，申立人又は代理人の郵便番号及び電話番号（ファクシミリの番号を含む。）についても記載します（会更規12 I ⑬）。

2　更生手続開始以外の申立て

会社更生手続における更生手続開始申立て以外の申立てとしては，①価額決定の申立て（会更153 I），②株主の更生手続への参加の申立て（会更165Ⅲ），③事業の全部の廃止を内容とする更生計画案の作成許可申立て（会更185 I）などがあります。

当事者目録には，当事者の氏名又は名称及び住所並びに法定代理人の氏名及び住所（会更規2 I ①），任意代理人の氏名及び住所（会更規10，民訴規2 I ①）を記載します。「当事者」とは，基本的には，相手方のある裁判については申立人及び相手方，相手方のない裁判については申立人を指します（条解会社更生規則・11頁）。

また，申立人又は代理人の郵便番号及び電話番号（ファクシミリの番号を含む。）を記載します（会更規2 I ①・Ⅱ③）。

224 当事者目録 訴訟形態による表示

93 非訟事件の場合

賃借人が借地借家法17条による借地条件変更の申立てをする
際に，当事者目録を作成する場合

【記　載　例】

```
                  当 事 者 目 録

  〒○○○－○○○○　○○県○○市○○町○丁目○番○号
                  申　　立　　人　○　○　○　○
  〒○○○－○○○○　○○県○○市○○町○丁目○番○号
                  ○○法律事務所（送達場所）
                  申立人手続代理人弁護士　○　○　○　○
                  電　話　○○○－○○○－○○○○
                  ＦＡＸ　○○○－○○○－○○○○

  〒○○○－○○○○　○○県○○市○○町○丁目○番○号
                  相　　手　　方　○　○　○　○
                                      以　　上
```

作成上の留意点

1　借地非訟事件

　本事例は，借地非訟事件の場合です。借地非訟事件の当事者目録

には，当事者である「申立人」「相手方」の氏名又は名称及び住所並びに代理人（法定代理人を含む。）の氏名及び住所を記載します（非訟43Ⅱ①，非訟規1Ⅰ①）。

また，当事者又は代理人の郵便番号及び電話番号（ファクシミリの番号を含む。）についても記載します（非訟規1Ⅰ②）。

なお，利害関係参加（非訟21）がされている場合の当事者目録には，利害関係参加人についても同様の記載が必要となります（非訟規1Ⅰ①②）。

このほかの非訟事件については，以下のとおりです。

2 会社非訟事件

当事者（「申立人」「被申立人」）の氏名又は名称及び住所並びに代理人（法定代理人を含む。）の氏名及び住所を記載し（会社非訟規2Ⅰ①・Ⅱ①），申立てに係る会社（会社法868条3項に規定する売渡株式等の売買価格の決定の申立ての場合は社債を発行した会社）の商号及び本店の所在地並びに代表者の氏名を記載します（会社非訟規2Ⅰ②）。なお，当該会社が外国会社であるときは，日本における営業所の所在地（日本に営業所を設けていない場合は日本における代表者の住所地）を記載します（会社非訟規2Ⅱ②）。

また，申立人又は代理人の郵便番号及び電話番号（ファクシミリの番号を含む。）についても記載します（会社非訟規2Ⅱ⑧）。

なお，特別清算や解散命令のように，基本となる手続の中で付随的な手続の申立てがされるものについては，基本となる事件の申立書に上記事項が記載されているときは，付随手続の申立書（当事者目録）には，当事者の氏名又は名称及び住所並びに代理人（法定代理人を含む。）の氏名及び住所の記載をするだけで足ります（会社非訟規2Ⅳ）。

3 民事非訟事件，公示催告事件

　「申立人」の氏名又は名称及び住所並びに代理人（法定代理人を含む。）の氏名及び住所を記載します（非訟43Ⅱ①，非訟規1Ⅰ①）。

　また，申立人又は代理人の郵便番号及び電話番号（ファクシミリの番号を含む。）についても記載します（非訟規1Ⅰ②）。

4 労働審判事件

　労働審判規則37条において非訟事件手続規則の規定が準用されていますので，「申立人」「相手方」「利害関係参加人」について上記1と同様に記載します。

94　損害賠償命令申立ての場合

　刑事被告人（被告人の一人が刑事施設に収容され，他の一人が在宅の場合）に対し損害賠償命令を申し立てる際に，当事者目録を作成する場合

【記　載　例】

　　　　　　　　　当　事　者　目　録

　〒○○○−○○○○　　○○県○○市○○町○丁目○番○号
　　　　　　　　　　　　　　　　（訴え提起の擬制の管轄地）
　　　　　　　　　　申立人（被害者）　　○　　○　　○　　○
　〒○○○−○○○○　　○○県○○市○○町○丁目○番○号
　　　　　　　　　　　○○法律事務所（送達場所）
　　　　　　　　　　申立人代理人弁護士　○　　○　　○　　○
　　　　　　　　　　　電　話　○○○−○○○−○○○○
　　　　　　　　　　　ＦＡＸ　○○○−○○○−○○○○

　〒○○○−○○○○　　○○県○○市○○町○丁目○番○号
　　　　　　　　　　　○○拘置所収容中
　（住民票上の住所：○○県○○市○○町○丁目○番○号）
　　　　　　　　　　相手方（被告人）　　○　　○　　○　　○
　〒○○○−○○○○　　○○県○○市○○町○丁目○番○号
　　　　　　　　　　相手方（被告人）　　○　　○　　○　　○
　　　　　　　　　　　　　　　　　　　　　　　　　以　上

作成上の留意点

1　損害賠償命令における当事者の呼称は「申立人」「相手方」となります。

2　当事者目録には，当事者である「申立人」「相手方」の氏名又は名称及び住所並びに代理人（法定代理人を含む。）の氏名及び住所を記載します（犯罪被害保護23Ⅱ①，犯罪被害保護規20Ⅰ③）。当事者については，他の者から識別できる程度に特定されることが必要で，申立人の住所については，相手方や第三者に知られることで，申立人の生命又は身体に危害が加えられることが予想される場合など，やむを得ない理由がある場合は，実際の住所，居住地を記載する必要はありません。しかし，その場合には，連絡先等の場所（その場所に連絡をすれば申立人への連絡が付く場所等）の記載が必要です。

　また，申立人又は代理人の郵便番号及び電話番号（ファクシミリの番号を含む。）（犯罪被害保護規20Ⅰ④），送達場所又は送達受取人の届出をする場合はその旨も記載します（犯罪被害保護規20Ⅰ⑤）。

3　損害賠償命令の審理は刑事裁判所で行われますが，損害賠償命令の申立てに対する裁判に対し相手方から異議の申立てがあった場合は，申立人が指定した地（指定がない場合は被告人の普通裁判籍の所在地）を管轄する地方裁判所又は簡易裁判所に訴えを提起されたとみなされ（犯罪被害保護34Ⅰ），当該地を管轄する裁判所で審理が行われます。そこで，申立人が上記の地を指定したい場合は，当事者目録に記載することができます（犯罪被害者保護規則30条によると，できるだけ申立書に記載することになっています。）。

4　犯罪被害者保護法34条の規定による裁判管轄地の記載方法については，住所の記載の次に「（訴え提起の擬制の管轄地）」とした上，当該地を記載します。なお，申立人の住所と同一の地である場合には，住所の記載の後に「（訴え提起の擬制の管轄地）」とだけ記載し

ます。

5　なお，損害賠償命令の申立書には，犯罪被害者保護法23条2項及び
最高裁判所規則で定められた事項以外の記載はできず（犯罪被害保護
23Ⅲ），これに違反した場合は補正命令が発せられることになりま
す。

230 当事者目録 訴訟形態による表示

95 人身保護請求の場合

第三者が親権に服する子を拘束したとして，人身保護請求を
行う際に，当事者目録を作成する場合

【記 載 例】

```
                   当 事 者 目 録

   〒○○○－○○○○  ○○県○○市○○町○丁目○番○号
                    請　　求　　者 ○　○　○　○
   〒○○○－○○○○  ○○県○○市○○町○丁目○番○号
                    ○○法律事務所（送達場所）
                    同 代 理 人 弁 護 士 ○　○　○　○
                      電　話　○○○－○○○－○○○○
                    Ｆ Ａ Ｘ　○○○－○○○－○○○○


   〒○○○－○○○○  ○○県○○市○○町○丁目○番○号
                    被　拘　束　者 ○　○　○　○


   〒○○○－○○○○  ○○県○○市○○町○丁目○番○号
                    拘　　束　　者 ○　○　○　○
                                          以　上
```

当事者目録　　訴訟形態による表示　　231

作成上の留意点

1　人身保護請求事件における当事者（関係者）の呼称は,「請求者」
「被拘束者」「拘束者」となります。

2　「請求者」とは人身保護請求をする者,「被拘束者」とは人身保護
請求により救済を受ける者（拘束されている者）,「拘束者」とは人
身保護請求における相手方であり,施設の管理者（拘束が官公署,
病院等の施設で行われている場合）又は現実に拘束を行っている者
（前記以外の場合）をいいます（人保規3）。

　　なお,被拘束者が被告人又は被疑者であるときの弁護人（国選弁
護人を除く。）は被拘束者の代理人とみなされます（人保規31Ⅲ）。

3　人身保護請求の請求書の当事者目録には,「請求者」又はその代理
人の氏名及び住所,「拘束者」の氏名,住所その他拘束者を特定する
に足りる事項,「被拘束者」の氏名を記載します（人保5①,人保規7①
②③）。拘束者の氏名・住所が分からない場合は,拘束者の同一性を
識別するに足りる事項を記載することになります（小路・人身保護29
頁）。

4　被拘束者の住所については,法律上記載することは求められてい
ません。しかし,審問の際は被拘束者を召喚しなければなりません
ので（人保12Ⅰ）,その便宜のため,被拘束者の住所が分かっていると
きには,記載することが望ましいとされています（小路・人身保護30
頁）。

5　なお,本事例は人身保護法に基づく人身保護請求を想定していま
すが,子の引渡しにつき,人事訴訟法を本案とする保全命令申立て
の場合,家事事件手続法に基づく保全処分の場合及び民事保全法に
基づく保全処分の場合についての当事者目録の表示については,「87
民事保全事件の場合②（子の引渡しの場合）」を参照してください。

《参考となる判例》

○不法に子を拘束する夫婦の一方に対して，法律上子の監護権を有する他
の一方は，人身保護法に基づいて救済を請求することができると判示し
た事例（最判昭24・1・18民集3・1・10）

○請求者の代理人と被拘束者の代理人は同一であっても差し支えないとし
た事例（最判昭46・11・30裁判集民104・521，判時655・30）

○人身保護請求事件の被拘束者につき，再審請求の申立人としての当事者
適格を認めた事例（東京地判昭48・6・14下民24・5〜8・388判時705・31）

第２章　物件目録

234

第1　不動産

96　土地，建物の場合

不動産に対する競売の申立てをしようとする際に，その対象となる土地，建物を特定するために物件目録を作成する場合

【記　載　例】

物　件　目　録

1　所　　　在　　○○市○○町○丁目
　　地　　　番　　○番○
　　地　　　目　　宅地
　　地　　　積　　○○．○○平方メートル
　　　　　　　　　（所有者　○○○○）
2　所　　　在　　○○市○○町○丁目○番地○
　　家　屋　番　号　○番○
　　種　　　類　　居宅
　　構　　　造　　木造亜鉛メッキ鋼板ぶき2階建
　　床　面　積　　1階　○○．○○平方メートル
　　　　　　　　　2階　○○．○○平方メートル
　　附　属　建　物
　　符　　　号　　1
　　種　　　類　　車庫

```
構      造  鉄筋コンクリート造陸屋根平家建
床 面 積  ○○．○○平方メートル
          （共有者  ○○○○  持分○○分の○）
          （共有者  ○○○○  持分○○分の○）
                                        以  上
```

作成上の留意点

1　物件目録は，申立てを受けた裁判所やその相手方である債務者，所有者等に対し，対象となっている物件（不動産等）を特定させ，認識させる機能を持ちます。物件目録は，本事例のような民事執行の申立てのほか，保全命令の申立てや訴え提起の場合も利用されます。

2　物件目録における不動産の表示は，通常，土地の場合には，不動産登記事項証明書の表題部の記載に従い，「所在（市，区，郡，町，村及び字を表示します。）」「地番」「地目」及び「地積」（不登34Ⅰ）を，建物（区分建物を除く。）の場合には，「所在（市，区，郡，町，村，字及び土地の地番を表示します。）」「家屋番号」「種類」「構造」及び「床面積」（不登44Ⅰ）を，附属建物がある場合は「符号」「種類」「構造」及び「床面積」（不登44Ⅰ，不登規112Ⅱ）を記載して特定します。不動産の表示の程度は，対象不動産を特定認識できる程度に記載するべきですが，具体的な目安としては，差押登記の原因証明情報として使用することが可能な程度の記載が必要です（阪本・不動産競売申立て291頁）。

3　一つの物件に所有者が複数いる場合には，各共有者の氏名（名称）及び共有持分を記載します。また，物件ごとに所有者が異なる場合には，それぞれの物件に所有者の氏名（名称）を記載します。所有

物件目録　　不動産　　　　　237

者の氏名（名称）は，各物件の末尾に記載しますが，すべての物件につき，所有者が同一の場合には記載する必要はありません。

4　物件が複数ある場合は，物件の種類にかかわらず，物件ごとに「1」「2」「3」・・・と番号を付し，一つの物件目録にまとめるのが一般的です。

5　なお，本事例では記載していませんが，物件目録の末尾に「以上」という文言を記載しない実務例もあります。

6　建物の「構造」の屋根の種類の表示について，平成17年の不動産登記法の施行後に新築した建物の表示については，本事例のように「○○ぶき」とひらがなで表示しますが，それ以前の建物は「○○葺」と漢字で表記されているため，基本的には対象不動産の登記事項証明書に合わせて記載することになります。（不登規114，不登準則81参照）。

7　不動産引渡命令の申立てを行う場合には，売却許可決定の物件目録の表示に合わせて，上記のような通常の物件の表示のみではなく，現況の表示（例：（現況）種類　公衆用道路など）を加える実務例もあります。

8　不動産登記事項証明書の表示のみでは実際の住居表示と異なる場合があることから，建物明渡執行の申立ての際に，物件目録に併記して住居表示をかっこ書きで記載する実務例もあります（例：（住居表示　○○市○○区○○町○丁目○番地○○マンション○○号室）など）。

238 物件目録　不動産

97　区分建物の場合

　敷地権の登記がされている場合の区分建物に対する競売の申立てをしようとする際に，その対象を特定するために物件目録を作成する場合

【記　載　例】

物　件　目　録

（一棟の建物の表示）
　　所　　　　在　　　○○市○○町○丁目○番地○
　　建 物 の 名 称　　○○マンション
（専有部分の建物の表示）
　　家 屋 番 号　　○○町○丁目○番○の○○
　　建 物 の 名 称　　○○○号
　　種　　　　類　　居宅
　　構　　　　造　　鉄筋コンクリート造1階建
　　床　面　積　　○階部分　○○．○○平方メートル
（敷地権の目的たる土地の表示）
　　土 地 の 符 号　　1
　　所在及び地番　　○○市○○町○丁目○番○
　　地　　　　目　　宅地
　　地　　　　積　　○○．○○平方メートル
（敷地権の表示）
　　土 地 の 符 号　　1

物件目録　　不動産　　　　　　　　239

```
　　　　敷地権の種類　　所有権
　　　　敷地権の割合　　○○○○○分の○○

　　　　　　　　　　　　　　　　　　　　　　　　以　上
```

作成上の留意点

1　マンションなどを区分建物といいますが，本事例のように敷地権
の登記がされている区分建物の場合は，一つの物件として記載しま
す。その場合の物件目録における不動産の表示は，一棟の建物の表
示，専有部分の建物の表示，敷地権の目的たる土地の表示及び敷地
権の表示の各欄に分けられます。一棟の建物の表示欄には，「所在
（市，区，郡，町，村，字及び土地の地番を表示します。）」「建物の
名称」「種類」「構造」「床面積」（「種類」の表示がない建物もありま
す。）を，専有部分の建物の表示欄には「家屋番号」「建物の名称」
「種類」「構造」「床面積」を，敷地権の目的たる土地の表示欄は，
「土地の符号」「所在及び地番」「地目」「地積」を，敷地権の表示欄
には，「土地の符号」「敷地権の種類」「敷地権の割合」を記載します
（不登44Ⅰ，不登規118）。敷地権の目的たる土地の表示欄及び敷地権
の表示欄は，本事例のように分けて記載するのが一般的ですが，敷
地権の表示欄として一つにまとめて記載する例もあります。

2　敷地権の登記がされていない区分建物の場合は，土地と建物を2
つの物件として別々に分けて記載する必要があります。土地につい
ては，原則どおり，「所在（市，区，郡，町，村及び字を表示します。）」
「地番」「地目」「地積」（不登34Ⅰ）を記載して特定しますが，通常は
共有持分であるため，その旨の記載もします。建物については，上
記1と同様ですが，一棟の建物の表示欄及び専有部分の建物の表示
欄のみを記載して特定します（不登44Ⅰ）。敷地権の登記がされてい

ない場合の記載例は，次のとおりです。

【参考例：敷地権の登記がされていない場合】

物 件 目 録

1 所　　　在　　○○市○○町○丁目

　　地　　　番　　○番○

　　地　　　目　　宅地

　　地　　　積　　○○．○○平方メートル

　　　　　　　　（所有者○○○○持分○○○○分の○○）

2　　（一棟の建物の表示）

　　所　　　在　　○○市○○町○丁目○番地○

　　構　　　造　　鉄筋コンクリート造陸屋根3階建

　　建物の名称　　○○マンション

　　（専有部分の建物の表示）

　　家 屋 番 号　　○○町○丁目○番○の○○

　　建物の名称　　○○○号

　　種　　　類　　居宅

　　構　　　造　　鉄筋コンクリート造1階建

　　床 面 積　　○階部分　○○．○○平方メートル

以 上

3　敷地権の登記の有無にかかわらず，物件目録に区分建物の一棟の
　建物の表示欄を記載する場合，建物の名称は必ずしもすべての建物
　に定められているわけではありませんが，登記事項証明書に建物の

物件目録　　不動産　　　　　　　241

　名称がある場合には，これを記載すればよく，「種類」「構造」及び「床面積」については，省略することができます（不登令3⑧）。本事例の【記載例】及び【参考例】は，「種類」「構造」及び「床面積」を省略した記載になっています。

4　不動産引渡命令の申立てや建物明渡執行の申立ての説明については，「96　土地，建物の場合」の作成上の留意点7，8参照。

242　　　　　　　　物件目録　　不動産

98　共同住宅（アパート等）の場合

共同住宅（アパート等）に対する競売の申立てをしようとする際に，その対象を特定するために物件目録を作成する場合

【記　載　例】

物　件　目　録

所　　　在　　○○市○○町○丁目○番地○

家 屋 番 号　　○番○

種　　　類　　共同住宅

構　　　造　　鉄筋コンクリート造3階建

床　面　積　1階　○○．○○平方メートル

　　　　　　2階　○○．○○平方メートル

　　　　　　3階　○○．○○平方メートル

以　上

作成上の留意点

1　物件目録における不動産の表示については，原則どおり，不動産登記事項証明書の表題部の記載に従い，「所在（市，区，郡，町，村，字及び土地の地番を表示します。）」「家屋番号」「種類」「構造」及び「床面積」（不登44Ⅰ）を記載して特定します。

　　なお，「床面積」欄の各階の面積が同じ場合は，「1ないし3階　○

○．○○平方メートル」などとまとめて記載する方法もあります。

2　共同住宅の場合は，各部屋からの賃料収入が見込まれることから，担保不動産収益執行の申立て（民執180②）をする場合があります。担保不動産収益執行の申立てに際し，抵当権者が建物とその敷地について抵当権を有している場合は，建物のみの申立てではなく，その敷地についても物件目録に記載して申立てを行うのが一般的です。

3　不動産引渡命令の申立てや建物明渡執行の申立ての説明については，「96　土地，建物の場合」の作成上の留意点7，8参照。

244　　　　　　　　物件目録　　不動産

99　未登記建物の場合

　未登記建物に対する競売の申立てをしようとする際に，その
対象を特定するために物件目録を作成する場合

【記　載　例】

物　件　目　録

所　　在　　○○市○○町○丁目○番地○
家 屋 番 号　　（未登記）
種　　類　　居宅
構　　造　　木造亜鉛メッキ鋼板ぶき2階建
床 面 積　　1階　○○．○○平方メートル
　　　　　　　2階　○○．○○平方メートル

以　上

作成上の留意点

1　未登記建物（表題登記自体が存在しない場合）における不動産の
　表示については，既登記建物と同様，原則どおり，「所在（市，区，
　郡，町，村，字及び土地の地番を表示します。）」「家屋番号」「種類」
　「構造」及び「床面積」（不登44Ⅰ）を記載して特定しますが，家屋番
　号が定められていないことから，「家屋番号」欄については，本事例
　のように「（未登記）」と記載するものや，「（未登記につきなし）」と

記載するものや，空欄のまま何も記載しない例もあります。

2　　未登記の建物について，競売の申立てをする場合には，①債務者
（所有者）の所有に属することを証する文書（固定資産税の納付証
明書等），②建物図面（不登令2⑤）及び各階平面図（不登令2⑥），並び
に不動産登記令別表32項添付情報欄ハ又はニに掲げる情報（未登記
建物が区分建物である場合）を記載した書面が必要となります（民
執規23②・173等）。

3　　なお，実務上はほとんどありませんが，未登記の土地の場合は，
土地所在図（不登令2②）及び地積測量図（不登令2③）が必要になりま
す（民執規23②・173等）。これらの書面が必要となる理由は，競売の申
立て後，裁判所書記官が法務局に対して差押えの登記嘱託をする際，
登記官が職権で表題登記と所有権保存の登記をした上で差押えの登
記を記録することになるからです。つまり，差押えの登記を記録す
る前提として登記記録を調製する必要があるためです。

4　　本事例は，競売の申立ての場合の物件目録を想定していますが，
不動産仮差押えの申立てや未登記物件に関する訴え提起の場合など
の物件目録も同様です。

5　　不動産引渡命令の申立てや建物明渡執行の申立ての説明は，「96
土地，建物の場合」の作成上の留意点7，8参照。

100 建物の一部分の場合

　建物の一部分に対する引渡命令の申立てをしようとする際に，その対象部分を特定するために物件目録を作成する場合

【記　載　例】

物　件　目　録

所　　　在	○○市○○町○丁目○番地○
家 屋 番 号	○番○
種　　　類	居宅
構　　　造	木造亜鉛メッキ鋼板ぶき2階建
床 面 積	1階　○○．○○平方メートル
	2階　○○．○○平方メートル

上記のうち1階部分

以　上

作成上の留意点

1　不動産引渡命令（民執83）の申立てにおいて，建物（区分建物を除く。）のすべてを対象とする場合の物件目録における不動産の表示は，「所在（市，区，郡，町，村，字及び土地の地番を表示します。）」「家屋番号」「種類」「構造」及び「床面積」（不登44Ⅰ）を記載して特定しますが，建物の一部分のみを対象とする場合には，上記の記載

物件目録　不動産　　247

事項に加えて，本事例のように当該対象部分を「上記のうち○階部
分」などと文章で表示するか，「上記のうち，別紙図面の斜線部分」
などと文章で表示した上で別紙図面を添付して対象部分を特定する
方法があります。

2　なお，建物の引渡命令の申立てをする場合は原則として本事例の
ように建物の表示のみを記載すればよく，敷地（底地）は記載する
必要はありません。

3　本事例は，不動産引渡命令の申立ての場合の物件目録を想定して
いますが，民事執行の申立て，保全命令の申立て及び訴訟などにお
いて建物の一部分の物件目録を作成する場合も同様です。

4　不動産引渡命令の申立てのその他の説明や建物明渡執行の申立て
の説明については，「96　土地，建物の場合」の作成上の留意点7，
8参照。

101　土地の一部分の場合

土地の一部分に対する引渡命令の申立てをしようとする際に，その対象部分を特定するために物件目録を作成する場合

【記　載　例】

物　件　目　録

所　　在　　〇〇市〇〇町〇丁目
地　　番　　〇番〇
地　　目　　宅地
地　　積　　〇〇．〇〇平方メートル
　上記のうち別紙図面のア，イ，ウ，エ，アを順次結んだ直線で囲まれた部分〇〇．〇〇平方メートル

以　上

(別紙)

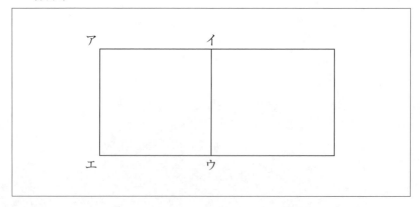

物件目録　　不動産　　249

作成上の留意点

1　不動産引渡命令（民執83）の申立てを行う場合，土地のすべてを対象とする場合の物件目録における不動産の表示は，「所在（市，区，郡，町，村及び字を表示します。）」「地番」「地目」及び「地積」（不登34Ⅰ）を記載して特定しますが，土地の一部分のみを対象とする場合には，上記の記載事項に加えて，本事例のように当該対象部分を「上記のうち別紙図面のア，イ，ウ，エ，アを順次結んだ直線で囲まれた部分○○．○○平方メートル」などと文章で表示した上で別紙図面を用いるか，「上記のうち，別紙図面の斜線部分」などと文章で表示した上で斜線の記載された別紙図面を添付して対象部分を特定する方法があります。

2　東京都などの都市部において，建物とその敷地を買い受けた場合，建物の引渡命令の申立てのみでその敷地上の動産についても撤去できるという実務例もあります（東京地方裁判所民事執行センター「引渡命令の申立てと手続の流れ（買受人が留意すべき点について）」金法1982号95頁（金融財政事情研究会，2013））。ただし，各庁で取扱いが異なる場合がありますので，引渡命令の申立てにおいて土地を含めるか否かについては，事前に確認するのが相当です。

3　本事例は，不動産引渡命令の申立ての場合を想定していますが，民事執行の申立て，保全命令の申立て及び訴訟などにおいて土地の一部分の物件目録を作成する場合も同様です。

4　不動産引渡命令の申立てのその他の説明や建物明渡執行の申立ての説明については，「96　土地，建物の場合」の作成上の留意点7，8参照。

250　　　物件目録　　不動産

102　増改築した場合

増改築した建物に対する競売の申立てをしようとする際に,
その対象を特定するために物件目録を作成する場合

【記　載　例】

物　件　目　録

所　　　　在　　○○市○○町○丁目○番地○

家 屋 番 号　　○番○

種　　　類　　居宅

構　　　造　　木造亜鉛メッキ鋼板ぶき2階建

床　面　積　　1階　○○.○○平方メートル

　　　　　　　2階　○○.○○平方メートル

以　上

作成上の留意点

1　建物を増改築した場合の物件目録における不動産の表示は,原則
どおり,「所在(市,区,郡,町,村,字及び土地の地番を表示しま
す。)」「家屋番号」「種類」「構造」及び「床面積」(不登44Ⅰ)を記載
して特定します。

　増改築により建物の登記記録の表題部に変更が生じた場合には変
更の登記をしなければならない(不登51Ⅰ)ため,「種類」「構造」「床

面積」等が変更になった場合には，その表示に従い，登記事項証明書に記載された増改築後のものを記載することになります。

2 　なお，増改築部分が未登記である場合に，増改築部分の撤去を求める訴訟においては，前記【記載例】の末尾に「上記のうち別紙図面の斜線部分」と記載し，図面で特定します（「100　建物の一部分の場合」参照）。

3 　不動産引渡命令の申立てや建物明渡執行の申立ての説明は，「96　土地，建物の場合」の作成上の留意点7，8参照。

103 一部滅失した建物の場合

一部滅失した建物に対する競売の申立てをしようとする際に，その対象を特定するために物件目録を作成する場合

【記 載 例】

```
              物 件 目 録


   所     在    ○○市○○町○丁目○番地○
   家 屋 番 号    ○番○
   種     類    居宅
   構     造    木造亜鉛メッキ鋼板ぶき2階建
   床 面 積    1階  ○○．○○平方メートル
                2階  ○○．○○平方メートル
                                        以  上
```

作成上の留意点

1 滅失には，建物の全部が滅失する「全部滅失」と建物の一部が滅失する「一部滅失」があります。全部滅失の場合は，当該建物の滅失の登記をしなければならないため（不登57），その建物の登記記録は，閉鎖されることとなります（不登規144）。一方，一部滅失の場合は，床面積の変更など変更登記の問題として扱われます。

  なお，主たる建物と附属建物がある場合で，附属建物が全部滅失

した場合には，その旨を表題部の変更として登記するため，登記記録は閉鎖されることなく，附属建物がなくなったという変更の登記をすることとなります。また，主たる建物のみが滅失した場合には，表題部の変更の登記により従前の附属建物が主たる建物になる旨の変更を登記することとなります（不登準則102，山野目章夫『不動産登記法［増補］』223頁（商事法務，2014））。

2　本事例は建物が一部滅失した場合の記載例です。

　物件目録の表示は，通常どおり，「所在（市，区，郡，町，村，字及び土地の地番を表示します。）」「家屋番号」「種類」「構造」及び「床面積」（不登44Ⅰ）を記載して特定します。一部滅失により建物の登記記録の表題部に変更が生じた場合には変更の登記をしなければならない（不登51Ⅰ）ため，登記事項証明書に記載された変更後のものを記載することになります。

3　本事例は，競売の申立ての場合ですが，訴訟事件や民事保全事件において滅失部分の特定が必要な事案では，前記【記載例】の末尾に「上記のうち，別紙図面の斜線部分」と記載し，図面で特定します（「100　建物の一部分の場合」参照）。

4　不動産引渡命令の申立てや建物明渡執行の申立ての説明は，「96　土地，建物の場合」作成上の留意点7，8参照。

104 建物の占有移転禁止の仮処分の場合

建物の占有移転禁止の仮処分命令の申立てをしようとする際に，その対象となる建物を特定するために物件目録を作成する場合

【記　載　例】

物　件　目　録

所　　　在　　○○市○○町○丁目○番地○
家 屋 番 号　　○番○
種　　　類　　居宅
構　　　造　　木造亜鉛メッキ鋼板ぶき2階建
床　面　積　　1階　○○．○○平方メートル
　　　　　　　2階　○○．○○平方メートル

以　上

作成上の留意点

1　占有移転禁止の仮処分は，係争物に関する仮処分の一種であり，目的物の引渡し又は明渡しの請求権を保全するため，債務者（相手方）に対し，その物の占有の移転を禁止し，その物の占有を解いて執行官に引き渡すことなどを命じる仮処分です（裁判所職員総合研修所『民事保全実務講義案［改訂版］』58頁（司法協会，2007））。

2　建物の占有移転禁止を求める場合の物件目録における不動産の表示については，そもそも建物の占有移転禁止の仮処分の執行は，執行官が建物に対する占有を解いた上で保管し，その際占有の移転が禁止されている旨及び執行官が建物を保管している旨を公示書によって公示する方法により行われることから（民保52，民執168・169），登記嘱託を行わないため，本来は，保全執行の際に執行官が対象となる建物を特定できる程度で足り，登記事項証明書の表示どおりに記載する必要はありません。しかし，保全執行の際に現場で執行官が物件を特定できないとして執行不能とならないように対象となる建物を明確にする必要があります。そこで，実務では原則どおり，登記事項証明書の表示に従い，「所在（市，区，郡，町，村，字及び土地の地番を表示します。）」「家屋番号」「種類」「構造」及び「床面積」（不登44Ⅰ）を記載して特定します。また，未登記建物の場合は現況をできるだけ記載するのが相当ですし，増改築や一部滅失部分がある場合も目録に現況をできるだけ記載するのが相当です。

　なお，登記事項証明書のすべてについての記載を求めるものではないため，例えば，区分建物の場合については，一棟の建物の表示欄及び専有部分の建物の表示欄の記載のみでよく，敷地権に関する表示は，記載しなくてもかまいません。

105 土地上の一切の工作物の場合

土地上の一切の工作物に対する工作物収去・土地明渡訴訟を提起をしようとする際に，その対象となる工作物を特定するために物件目録を作成する場合

【記　載　例】

物　件　目　録

1　所　　　在　　○○市○○町○丁目○番地○
　　家 屋 番 号　　○番○
　　種　　　類　　居宅
　　構　　　造　　木造亜鉛メッキ鋼板ぶき2階建
　　床　面　積　　1階　○○．○○平方メートル
　　　　　　　　　2階　○○．○○平方メートル
　　附 属 建 物
　　符　　　号　　1
　　種　　　類　　車庫
　　構　　　造　　鉄筋コンクリート造陸屋根平家建
　　床　面　積　　○○．○○平方メートル
2　所　　　在　　○○市○○町○丁目○番地○
　　家 屋 番 号　　（未登記）
　　種　　　類　　居宅
　　構　　　造　　鉄筋コンクリート造陸屋根平家建

物件目録　不動産　　257

```
　床　面　積　　○○．○○平方メートル
上記のほか，本件土地上の一切の工作物
　　　　　　　　　　　　　　　　　　　　　以　上
```

作成上の留意点

1　本事例は，土地上に存在する一切の工作物の収去を求めるための訴訟を提起した場合における工作物についての物件目録の記載例です。「一切の工作物」という表現を用いるのは，訴訟提起時点において存在はするものの，別紙図面等により特定できないものがある場合や，訴訟提起時点においては存在しておらず，その後に同土地上に建築される工作物があることを念頭においているためです。通常，訴訟提起時においては特定した建物などの工作物のみを記載しますので，本事例のように「上記のほか，本件土地上の一切の工作物」という表現を用いることは少ないといえます。一方，和解などにおいては，和解条項中に「本件土地上の一切の工作物」あるいは「地上建物一切」という表現を用いることがあります。

2　物件目録における不動産の表示は，訴訟提起時点で特定できる建物については，通常の建物の表示と同様，不動産登記事項証明書の表題部の記載に従い，「所在（市，区，郡，町，村，字及び土地の地番を表示します。）」「家屋番号」「種類」「構造」及び「床面積」（不登44 I）を，附属建物がある場合は「符号」「種類」「構造」及び「床面積」（不登44 I，不登規112 II）を，未登記の建物がある場合は「所在（市，区，郡，町，村，字及び土地の地番を表示します。）」「家屋番号〔（未登記）とするか，（未登記につきなし）又は空欄のままとします。〕」「種類」「構造」及び「床面積」（不登44 I）を記載します（「96　土地，建物の場合」及び「99　未登記建物の場合」参照）。

3 建物収去・土地明渡訴訟や工作物収去・土地明渡訴訟において和解する場合，和解条項中「本件土地上に存する一切の建物を収去して本件土地を明け渡す」とか「一切の工作物を収去して本件土地を明け渡す」などと，収去の対象となる物件を「その他一切の工作物」又は「地上建物一切」等と表現することがありますが，それが土地の明渡しを合意した和解成立当時に存する物件を指すのか，あるいは土地明渡し当時に存する物件を指すのか疑義を生ずる余地があります（東京高決昭39・6・15東高時報15・6・122）。したがって，当事者の意思が土地明渡し当時に存する物件を含む趣旨である場合には，和解条項においてその旨をより明確に記載するのが妥当です（裁判所職員総合研修所『書記官事務を中心とした和解条項に関する実証的研究［補訂版・和解条項記載例集]』106頁（法曹会，2010))。

4 本事例のような記載例は，上記3記載の和解条項に基づいて代替執行の申立て（建物収去命令申立て等）をする場合の物件目録にも妥当します。

5 なお，【記載例】における「本件土地」の表示については，①本事例の物件目録中に記載する方法，②別の物件目録を作成する方法，③訴訟や申立書自体に記載する方法があります。

第2 動 産

106 電化製品の場合

特定物の引渡訴訟を提起しようとする際，その対象となる電化製品を特定するために物件目録を作成する場合

【記 載 例】

物 件 目 録

品　　　　目　　ＤＶＤレコーダー
型　　　　式　　ＡＢＣ○○○○
製 造 者 名　　○○株式会社
製 造 番 号　　○○○○○○

以　上

作成上の留意点

1　本事例は，動産執行の申立てにおける場合ではなく，個別の動産を特定する必要がある場合についての物件目録の記載例です。

　　動産執行の申立てを行う場合は，一つ一つの動産の特定が困難なため，個別に特定する必要はなく，目的物の所在する場所や執行の目的とする財産の表示及び求める強制執行の方法を特定して記載すればよいことになっています（民執規21③・99）。差し押さえる動産の

選択については，執行官が行うことになっているからです（民執規100）。

2 物件目録における電化製品の表示は，本事例のように「品目（名称）」「型式」「製造者名（メーカー名）」「製造番号」等を記載して他の製品と明確に区別ができるように特定しますが，動産については，可能な限り特定することが望ましいといえます。また，本事例は，物件目録を記載する際の一例であるため，特定については，本事例の項目に限られる訳ではありません。

物件目録　動　産　　　　261

107　家具の場合

　特定物の引渡訴訟を提起しようとする際，その対象となる家具を特定するために物件目録を作成する場合

【記　載　例】

```
                        物　件　目　録


           品　　　目　　○○○○デスク
           製 造 者 名　　○○○○商会
           製 造 番 号　　○○○○○○
           サ　イ　ズ
               幅　　　　1500ミリメートル
               奥　　行　　410ミリメートル
               高　　さ　　810ミリメートル
           材　　　質　　オーク
           色　　　　　　ブラウン

                                      以　上
```

作成上の留意点

1　本事例は，動産執行の申立てにおける場合ではなく，個別の動産を特定する必要がある場合についての物件目録の記載例であり，棚，机，いすなどを想定しています。

262 物件目録　動　産

　　動産執行の申立てを行う場合は，一つ一つの動産の特定が困難な
　ため，個別に特定する必要はなく，目的物の所在する場所や執行の
　目的とする財産の表示及び求める強制執行の方法を特定して記載す
　ればよいことになっています（民執規21③・99）。差し押さえる動産の
　選択については，執行官が行うことになっているからです（民執規
　100）。
2　物件目録における家具の表示は，本事例のように「品目（名称）」
　「製造者名（メーカー名）」「製造番号」「サイズ（幅，奥行，高さ）」
　「材質」「色」等を記載して他の製品と明確に区別ができるように特
　定しますが，動産については，可能な限り特定することが望ましい
　といえます。また，本事例は，物件目録を記載する際の一例である
　ため，特定については，本事例の項目に限られる訳ではありません。

物件目録　動産　　263

108　絵画の場合

特定物の引渡訴訟を提起しようとする際，その対象となる絵画を特定するために物件目録を作成する場合

【記　載　例】

物　件　目　録

作　品　名　　大　地
種　　　類　　日本画
制 作 者 名　　横浜一郎
サ　イ　ズ
　縦　　　　○○センチメートル
　横　　　　○○センチメートル
制作年月日　　令和○年○月○日

以　上

作成上の留意点

1　本事例は，動産執行の申立てにおける場合ではなく，個別の動産を特定する必要がある場合についての物件目録の記載例です。

　動産執行の申立てを行う場合は，一つ一つの動産の特定が困難なため，個別に特定する必要はなく，目的物の所在する場所や執行の目的とする財産の表示及び求める強制執行の方法を特定して記載す

264 　　　　　　　　物件目録　　動　産

ればよいことになっています（民執規21③・99）。差し押さえる動産の
選択については，執行官が行うことになっているからです（民執規
100）。

2　物件目録における絵画の表示は，本事例のように「作品名（タイ
　トル）」「種類（日本画，洋画，版画等）」「制作者名」「サイズ（縦，
　横）」「制作年月日」等を記載して他の作品と明確に区別ができるよ
　うに特定します。サイズについては，号で絵画の大きさを表すこと
　もあります。

3　本事例は，物件目録を記載する際の一例です。動産の特定につい
　ては，本事例の項目に限られる訳ではなく，可能な限度で特定すれ
　ば足ります。

4　その他の記載例として以下のような特定の方法もあります。

【参考例】

物　件　目　録

作　者　名　　横浜一郎
作　品　名　　はまゆり
サ イ ズ 等　　50号油絵
本体サイズ　　117×117
作　品　番　号　　KMH20

　　　　　　　　　　　　　　　　　　　以　上

物件目録　動　産　　265

109　書画の場合

特定物（書画）の引渡訴訟を提起しようとする際，その対象
となる掛軸を特定するために物件目録を作成する場合

【記　載　例】

物　件　目　録

作　品　名　　松竹梅

制 作 者 名　　平塚太郎

サ　イ　ズ

本　　紙

縦　　　○○センチメートル

横　　　○○センチメートル

装　　丁

縦　　　○○センチメートル

横　　　○○センチメートル

制作年月日　　令和○年○月○日

以　上

■ 作成上の留意点

1　本事例は，動産執行の申立てにおける場合ではなく，個別の動産
を特定する必要がある場合についての物件目録の記載例です。

動産執行の申立てを行う場合は，一つ一つの動産の特定が困難なため，個別に特定する必要はなく，目的物の所在する場所や執行の目的とする財産の表示及び求める強制執行の方法を特定して記載すればよいことになっています（民執規21③・99）。差し押さえる動産の選択については，執行官が行うことになっているからです（民執規100）。

2　物件目録における書画の表示は，本事例のように「作品名（タイトル）」「制作者名」「サイズ・本紙（縦，横）」「サイズ・装丁（縦，横）」「制作年月日」等を記載して他の作品と明確に区別できるように特定しますが，動産については，可能な限り特定することが望ましいといえます。本事例は，掛軸の書画を想定していますが，額に入った書画の場合は，本事例の「サイズ・装丁（縦，横）」の部分を「サイズ・額装（縦，横）」のように記載します。また，本事例は，物件目録を記載する際の一例であるため，特定については本事例の項目に限られる訳ではありません。

物件目録　動　産　　　267

110　貴金属の場合

特定物（貴金属）の引渡訴訟を提起しようとする際，その対
象となる指輪等を特定するために物件目録を作成する場合

【記　載　例】

```
                    物　件　目　録

        品　　　　目　　ダイヤリング
        素　　　　材　　Ｐｔ900
        サ　イ　ズ　　9号
        主　　　　石　　ダイヤモンド○○カラット

                                          以　上
```

▨ 作成上の留意点

1　本事例は，動産執行の申立てにおける場合ではなく，個別の動産
　を特定する必要がある場合についての物件目録の記載例です。

　　動産執行の申立てを行う場合は，一つ一つの動産の特定が困難な
　ため，個別に特定する必要はなく，目的物の所在する場所や執行の
　目的とする財産の表示及び求める強制執行の方法を特定して記載す
　ればよいことになっています（民執規21③・99）。差し押さえる動産の
　選択については，執行官が行うことになっているからです（民執規
　100）。

2　物件目録における指輪の表示は，本事例のように「品目（名称）」

「素材」「サイズ」「主石」等を記載して他の製品と明確に区別できるように特定しますが，動産については，可能な限り特定することが望ましいといえます。「主石」の他に「脇石」もある場合は，その項目も記載します。また，「主石」「脇石」などについて鑑定書がある場合はその表示に従い，「重量」「カラー（色相）の等級」「クラリティ（透明度）の等級」「カットの等級」「カット・形状」「蛍光性」などを記載して特定します。

　本事例の「サイズ」は，国内で一般的に普及している「JCS規格」の表記ですが，平成14年からは新しい「JIS規格」による表記も加わりました。日本と海外ではリングサイズの規格が違う可能性があるので注意が必要です。

3　物件目録におけるネックレスの表示は，指輪の場合と同様，【参考例1】のように「品目（名称）」「素材」「サイズ」「主石」等を記載して他の製品と明確に区別できるように特定します。また，「主石」「脇石」につき，鑑定書がある場合の特定方法についても，指輪の場合と同様です。

【参考例1：ネックレスの場合】

物　件　目　録

品　　　目　　ダイヤネックレス
素　　　材　　Ｐ t 900
サ　イ　ズ　　○○センチメートル
主　　　石　　ダイヤモンド○○カラット

以　上

物件目録　動　産　　　　269

4　物件目録における時計の表示は，【参考例2】のように「品目（名
　称）」「製造者名（メーカー名）」「製造番号」等を記載して他の製品
　と明確に区別できるように特定します。

【参考例2：時計の場合】

物　件　目　録

　　品　　　　目　　○○○○
　　製 造 者 名　　○○株式会社
　　製 造 番 号　　○○○○○○

以　上

5　本事例（指輪，ネックレス及び時計の記載例）は，物件目録を記
　載する際の一例であるため，特定についてはこれらの項目に限られ
　る訳ではありません。

111 機械の場合

特定物の引渡訴訟を提起しようとする際，その対象となる機械を特定するために物件目録を作成する場合

【記　載　例】

物　件　目　録

品　　　目　　○○シュレッダー

型　　　式　　ＭＳ○○○○

製 造 者 名　　○○商会

製 造 番 号　　○○○○○○

以　上

作成上の留意点

1　本事例は，動産執行の申立てにおける場合ではなく，個別の動産を特定する必要がある場合についての物件目録の記載例です。

動産執行の申立てを行う場合は，一つ一つの動産の特定が困難なため，個別に特定する必要はなく，目的物の所在する場所や執行の目的とする財産の表示及び求める強制執行の方法を特定して記載すればよいことになっています（民執規21③・99）。差し押さえる動産の選択については，執行官が行うことになっているからです（民執規100）。

物件目録　　動　産　　　　　271

2　物件目録における機械の表示は，本事例のように「品目（名称）」
「型式」「製造者名（メーカー名）」「製造番号」等を記載して他の製
品と明確に区別できるように特定しますが，動産については，可能
な限り特定することが望ましいといえます。また，本事例は，物件
目録を記載する際の一例であるため，特定については，本事例の項
目に限られる訳ではありません（なお，強制競売の対象となる建設
機械の特定方法については，「115　建設機械の場合」参照）。

第3 その他

112 自動車の場合

自動車に対する強制競売の申立てをしようとする際に，その対象となる自動車を特定するために物件目録を作成する場合

【記 載 例】

物 件 目 録

登 録 番 号	横浜○○む○○○○
種 別	普通
用 途	乗用
自家用，事業用の別	自家用
車 名	○○○○
型 式	○○－○○○○
車 台 番 号	○○○－○○○○○○
原 動 機 の 型 式	○○○○
使用の本拠の位置	○○市○○町○○番地
所 有 者 の 氏 名	○○○○

以 上

物件目録　その他　　273

作成上の留意点

1　自動車は本来動産ですが，本事例は，自動車競売の対象となる登録自動車（民執規86）についての記載例です。

2　自動車強制競売申立てにおける物件目録の自動車の表示は，通常，自動車登録事項等証明書の記載に従い，「登録番号」「種別」「用途」「自家用，事業用の別」「車名」「型式」「車台番号」「原動機の型式」「使用の本拠の位置」「所有者の氏名」等（車両3・7Ⅰ・9等）を記載をして特定するのが一般的です（本事例は，東京地裁や横浜地裁における目録の例ですが，この内容が記載されていれば特定に問題はありません。）。

　　なお，自動車の強制競売については，その自動車の自動車登録ファイルに登録された「使用の本拠の位置」を管轄する地方裁判所が専属の執行裁判所となるために，強制競売の申立てにおいては，「使用の本拠の位置」を記載して管轄を明らかにします（民執規87）。

3　自動車の表示の程度については対象自動車を特定認識できる程度に記載するべきですが，具体的な目安については不動産の場合と同様，地方運輸局運輸支局長に対して差押えの登録嘱託をすることが可能な程度の記載が必要です（民執規97，民執48Ⅰ）。

4　本事例は強制競売の申立ての場合を想定していますが，保全命令の申立てや訴訟等において自動車の物件目録を作成する場合も本【記載例】のとおりです。

274　　　物件目録　　その他

113　船舶の場合

　船舶に対する強制競売の申立てをしようとする際に，その対象となる船舶を特定するために物件目録を作成する場合

【記　載　例】

物　件　目　録

船舶の種類及び名称　　汽船第二〇〇丸

船　　籍　　港　　〇〇市

船　　　　質　　鋼

総　ト　ン　数　　〇〇トン〇〇

純　ト　ン　数　　〇〇トン〇〇

機関の種類及び数　　発動機1個

推進器の種類及び数　　ら旋推進器1個

進　水　の　年　月　　令和〇年〇月

以　上

作成上の留意点

1　船舶は本来は動産ですが，強制競売の対象となる船舶とは，総トン数20トン以上の船舶（端舟その他ろかい又は主としてろかいをもって運転する舟を除く。）のことをいい（民執112），総トン数が20トン以上の船舶であれば，未登記の日本船舶であっても（民執規74②），

日本船舶以外の船舶であっても（民執規74③）その対象となります。本事例は登記された日本船舶についての事例です。

2　船舶強制競売申立てにおける物件目録の船舶の表示は，通常，船舶登記事項証明書の記載に従い，「船舶の種類及び名称」「船籍港」「船質」「総トン数」「純トン数」「機関の種類及び数（推進機関がある場合）」「推進器の種類及び数（推進器がある場合）」「進水の年月」等（船舶登記令11）を記載をして特定します。

　　なお，船舶の強制競売については，強制競売開始決定の時の船舶所在地を管轄する地方裁判所が執行裁判所となるため（民執113），申立書には，通常の強制執行の申立書に記載する事項（民執規21各号）のほかに「船舶の所在する場所」及び「船長の氏名及び現在する場所」も記載することになります（民執規74）。

3　船舶の表示の程度については，対象船舶を特定認識できる程度に記載するべきですが，具体的な目安については，不動産の場合と同様，法務局に対して差押えの登記嘱託を行うことが可能な程度の記載が必要です（民執121・48Ⅰ）。

4　本事例は強制競売の申立ての場合を想定していますが，保全命令の申立てや訴訟等において船舶の物件目録を作成する場合も本【記載例】のとおりです。

276　　物件目録　　その他

114　航空機の場合

　航空機に対する強制競売の申立てをしようとする際に，その対象となる航空機を特定するために物件目録を作成する場合

【記　載　例】

```
                        物　件　目　録


        登　録　記　号　　○○○○
        航 空 機 の 種 類　　回転翼航空機
        航 空 機 の 型 式　　○○○○式○○○○型
        航 空 機 の 製 造 者　　○○株式会社
        航 空 機 の 番 号　　○○○○
        航 空 機 の 定 置 場　　○○○エアポート
        新 規 登 録 年 月 日　　令和○年○月○日
        受 付 番 号　　○○○
        所　有　者　　○○○○

                                        以　上
```

作成上の留意点

1　　航空機は本来は動産ですが，強制競売の対象となる航空機とは，航空法5条に規定する新規登録がされた飛行機及び回転翼航空機のことをいい（民執規84），新規登録がされていない航空機や航空法4条

2項により新規登録の対象とならない外国の国籍を有する航空機は,航空機の強制競売の対象とはなりません。この点,外国船舶が船舶執行の対象となるのと異なっています。本事例は強制競売の対象となる回転翼航空機についての事例です。

2　航空機強制競売申立てにおける物件目録の航空機の表示は,通常,航空機登録原簿の記載に従い,「登録記号」「航空機の種類」「航空機の型式」「航空機の製造者」「航空機の番号」「航空機の定置場」「新規登録年月日」「受付番号」「所有者」等（航空機登録令12）を記載をして特定します。

　なお,航空機の強制競売については,強制競売開始決定の時の航空機の所在地を管轄する地方裁判所が執行裁判所となる（民執規84,民執113）ため,申立書には,通常の強制執行の申立書に記載する事項（民執規21各号）のほかに「航空機の所在する場所」も記載することになります（民執規84・74）。

3　航空機の表示の程度については,対象航空機を特定認識できる程度に記載するべきですが,具体的な目安については,不動産の場合と同様,国土交通大臣に対して差押えの登録嘱託を行うことが可能な程度の記載が必要です（民執規84,民執121・48Ⅰ）。

4　本事例は強制競売の申立ての場合を想定していますが,保全命令の申立てや訴訟等において航空機の物件目録を作成する場合も本【記載例】のとおりです。

115 建設機械の場合

建設機械に対する強制競売の申立てをしようとする際に，その対象となる建設機械を特定するために物件目録を作成する場合

【記 載 例】

物 件 目 録

名　　　　称　　○○○○○
型　　　　式　　○○○○
仕　　　　様　　○○○○○○
製 造 者 名　　○○○○製作所
製 造 年 月　　令和○年○月
製 造 番 号　　○○○○○
原 動 機 の 種 類　　○○○○○○
定 格 出 力　　○○馬力
製 造 者 名　　○○○○製作所
製 造 年 月　　令和○年○月
製 造 番 号　　○○○○
打 刻 記 号　　○○○○○○
登 記 の 地　　○○県○○市○○町○丁目○番○号
機 械 の 所 在 地　　同上

以　上

物件目録　その他　279

作成上の留意点

1　建設機械は本来動産ですが，本事例は，強制競売の対象となる建設機械抵当法3条1項の登記がされた建設機械についての記載例です（民執規98）。

2　建設機械強制競売申立てにおける物件目録の建設機械の表示は，通常，建設機械登記簿の記載に従い，「名称」「型式」「仕様」（走行装置の型式，伝動方式，操作方式等。建設機械抵当法施行規則別表第1参照。），「製造者名」「製造年月」「製造番号」「原動機（種類，定格出力，製造者名，製造年月，製造番号）」「打刻記号」「登記の地」「（建設）機械の所在地」等（建設機械登記令6，建設機械抵当法施行令4I・8I）を記載をして特定します。

　なお，建設機械執行の強制競売については，建設機械の登記の地を管轄する地方裁判所が執行裁判所となるため，強制競売の申立てにおいては，建設機械の登記の地も記載することになります（民執規98・87）。

3　建設機械の表示の程度については，対象建設機械を特定認識できる程度に記載するべきですが，具体的な目安については，不動産の場合と同様，法務局に対して差押えの登記嘱託をすることが可能な程度の記載が必要です（民執規98・97，民執48I）。

4　本事例は強制競売の申立ての場合を想定していますが，保全命令の申立てや訴訟等において建設機械の物件目録を作成する場合も本【記載例】のとおりです。

280 物件目録　その他

116　特許権の場合

特許権に対する差押命令の申立てをしようとする際に，特許
権を特定するため，特許権目録を作成する場合

【記　載　例】

特　許　権　目　録

特　許　番　号　　特許第○○○○○号

出　願　年　月　日　　令和○年○月○日

出　願　番　号　　○○－○○○○○○

査　定　年　月　日　　令和○年○月○日

請　求　項　の　数　　1

発　明　の　名　称　　○○○○

登　録　年　月　日　　令和○年○月○日

以　上

作成上の留意点

1　特許権は特許権者が，原則として，独占排他的に特許出願の日か
ら20年間（ただし，一定の場合には5年を限度として延長登録の出願
により延長することができます。特許67Ⅳ），業としてその特許発
明を実施（特許2Ⅲ）できるもので，特許庁に備える特許原簿に設定

の登録をすることにより発生する権利です（特許27Ⅰ①・66Ⅰ・67Ⅰ・68）。日本においては最も早く出願した者に特許が付与される先願主義がとられています（特許39）。

特許権の侵害行為に対しては，差止請求権（特許100），損害賠償請求権（民709），不当利得返還請求権（民703・704），信用回復措置請求権（特許106）が認められています。

2　特許権に対する差押命令の申立てにおける特許権目録の特許権の表示は，通常，特許原簿の記載に従い，「特許番号」「出願年月日」「出願番号」「査定年月日」「請求項の数」「発明の名称」「登録年月日」等を記載をして特定します（特許66Ⅲ・27Ⅰ①。民執実務・債権編（下）231頁）。保全事件については，【参考例1】のように，訴訟事件については，【参考例2】のように表示する記載例もあります（【参考例1】につき，東京地裁保全研究会・書式民事保全168頁）。

【参考例1：保全事件の場合】

特 許 権 目 録

特 許 登 録 番 号　　第○○○○○号

登 録 名 義 人　　○○○○

登 録 年 月 日　　令和○年○月○日

発 明 の 名 称　　○○○○

以 上

282 物件目録　その他

【参考例2：訴訟事件の場合】

特　許　権　目　録

登　録　番　号　　特許第〇〇〇〇〇号

発　明　の　名　称　　〇〇〇〇

出　　　願　　　日　　令和〇年〇月〇日

　　　　　　　　　　　（特願令〇〇－〇〇〇〇〇）

登　　　録　　　日　　令和〇年〇月〇日

　　　　　　　　　　　　　　　　　　　以　上

3　特許権の表示の程度については，対象の特許権を特定認識できる
　程度に記載するべきですが，具体的な目安については，不動産の場
　合と同様，差押えの登録嘱託を行うことが可能な程度の記載が必要
　です（民執167Ⅴ・48Ⅰ）。

物件目録　　その他　　283

117　実用新案権の場合

実用新案権に対する差押命令の申立てをしようとする際に，
実用新案権を特定するため，実用新案権目録を作成する場合

【記　載　例】

実　用　新　案　権　目　録

実用新案登録番号　　第○○○○○号
出　願　年　月　日　　令和○年○月○日
出　願　番　号　　○○－○○○○○○
請　求　項　の　数　　○
考　案　の　名　称　　○○○○
登　録　年　月　日　　令和○年○月○日

以　上

作成上の留意点

1　実用新案権は実用新案権者が，原則として，独占排他的に実用新
案登録出願の日から10年間（ただし，特許権と異なり延長はありま
せん。），業としてその考案を実施（新案2Ⅲ）できるもので，特許庁に
備える実用新案原簿に設定の登録をすることにより発生する権利で
す（新案14Ⅰ・15・16・49Ⅰ①）。日本においては最も早く出願した者が
実用新案登録を受けることができる先願主義がとられています（新
案7）。

284　　　　　　　　　　物件目録　　その他

　　実用新案権の侵害行為に対しては，差止請求権（新案27），損害賠
　償請求権（民709），不当利得返還請求権（民703・704），信用回復措置
　請求権（新案30，特許106）が認められています。
2　実用新案権に対する差押命令の申立てにおける実用新案権目録の
　表示は，通常，実用新案原簿の記載に従い，「実用新案登録番号」「出
　願年月日」「出願番号」「請求項の数」「考案の名称」「登録年月日」
　等を記載をして特定します（新案14Ⅲ・49Ⅰ①）。保全事件については，
　【参考例1】のように，訴訟事件については，【参考例2】のように表
　示する記載例もあります（【参考例1】につき，東京地裁保全研究会・書式民
　事保全169頁）。

【参考例1：保全事件の場合】

```
                 実　用　新　案　権　目　録


     実用新案登録番号　　第○○○○○号
     登 録 名 義 人　　○○○○
     登 録 年 月 日　　令和○年○月○日
     実 用 新 案 の 名 称　　○○○○

                                              以　　上
```


【参考例2：訴訟事件の場合】

```
                 実　用　新　案　権　目　録


     登　録　番　号　　第○○○○○号
```

物件目録　　その他　　285

```
┌─────────────────────────────────────────────┐
│  考 案 の 名 称　　○○○○                          │
│  出　　願　　日　　令和○年○月○日                    │
│                   （実願令○○－○○○○○）            │
│  登　　録　　日　　令和○年○月○日                    │
│                                     以　 上        │
└─────────────────────────────────────────────┘
```

3　実用新案権の表示の程度については，対象の実用新案権を特定認
　識できる程度に記載するべきですが，具体的な目安については，不
　動産の場合と同様，差押えの登録嘱託を行うことが可能な程度の記
　載が必要です（民執167V・48 I）。

118 商標権の場合

　商標権に対する差押命令の申立てをしようとする際に，商標権を特定するため，商標権目録を作成する場合

【記　載　例】

商　標　権　目　録

　　商標登録番号　　第〇〇〇〇〇号

　　出 願 年 月 日　　令和〇年〇月〇日

　　出 願 番 号　　〇〇－〇〇〇〇〇〇

　　査 定 年 月 日　　令和〇年〇月〇日

　　区 分 の 数　　1

　　商 品 の 区 分　　第〇類

　　指 定 商 品　　〇〇〇〇

　　登 録 年 月 日　　令和〇年〇月〇日

　　　　　　　　　　　　　　　　　　　　　以　上

作成上の留意点

1　商標権は商標権者が，原則として，独占排他的に設定の登録の日から10年間（ただし，商標権者の更新登録の申請により更新することができます。商標19Ⅱ），指定商品又は指定役務について登録商

標を使用（商標2Ⅲ）できるもので，特許庁に備える商標原簿に設定の登録をすることにより発生する権利です（商標18Ⅰ・19Ⅰ・25・71Ⅰ①）。日本においては最も早く出願した者が商標登録を受けることができる先願主義がとられています（商標8）。

商標権の侵害行為に対しては，差止請求権（商標36），損害賠償請求権（民709），不当利得返還請求権（民703・704），信用回復措置請求権（商標39，特許106）が認められています。

2　商標権に対する差押命令の申立てにおける商標権目録の表示は，通常，商標原簿の記載に従い，「商標登録番号」「出願年月日」「出願番号」「査定年月日」「区分の数」「商品（役務）の区分」「指定商品又は指定役務」「登録年月日」等を記載をして特定します（商標18Ⅲ・71Ⅰ①）。保全事件については，【参考例1】のように，訴訟事件については，【参考例2】のように表示する記載例もあります（【参考例1】につき，東京地裁保全研究会・書式民事保全169頁）。

【参考例1：保全事件の場合】

```
　　　　　　　　　商　標　権　目　録


　　登　録　番　号　　第○○○○号
　　指　定　商　品　　○○○
　　商　品　の　区　分　　第○類

　　　　　　　　　　　　　　　　　　　以　上
```

【参考例2：訴訟事件の場合】

商 標 権 目 録

登 録 番 号　　第○○○○○号

指 定 商 品　　第○類○○○○

出 　 願 　 日　　令和○年○月○日

登 録 商 標　　○○○○

以　上

3　商標権の表示の程度については，対象の商標権を特定認識できる程度に記載するべきですが，具体的な目安については，不動産の場合と同様，差押えの登録嘱託を行うことが可能な程度の記載が必要です（民執167V・48I）。

物件目録　その他　　　289

119　意匠権の場合

　意匠権に対する差押命令の申立てをしようとする際に，意匠
権を特定するため，意匠権目録を作成する場合

【記　載　例】

```
　　　　　　　　　　意　匠　権　目　録


　　意匠登録番号　　　第○○○○○号
　　出 願 年 月 日　　　令和○年○月○日
　　出　願　番　号　　　○○○○－○○○○○
　　査 定 年 月 日　　　令和○年○月○日
　　意匠に係る物品　　　○○○○
　　登 録 年 月 日　　　令和○年○月○日

　　　　　　　　　　　　　　　　　　　　　　以　　上
```

作成上の留意点

1　意匠権は意匠権者が，原則として，独占排他的に設定の登録の日
　から20年間（ただし，特許権と異なり延長はありません。），業とし
　て登録意匠及びこれに類似する意匠の実施（意匠2Ⅲ）をする権利で
　あり，特許庁に備える意匠原簿に設定の登録をすることにより発生
　する権利です（意匠20Ⅰ・21Ⅰ・23・61Ⅰ①）。日本においては最も早く
　出願した者が意匠登録を受けることができる先願主義がとられてい

ます（意匠9）。

　意匠権の侵害行為に対しては，差止請求権（意匠37），損害賠償請求権（民709），不当利得返還請求権（民703・704），信用回復措置請求権（意匠41，特許106）が認められています。

2　意匠権に対する差押命令の申立てにおける意匠権目録の表示は，通常，意匠原簿の記載に従い，「意匠登録番号」「出願年月日」「出願番号」「査定年月日」「意匠に係る物品」「登録年月日」等を記載をして特定します（意匠20Ⅲ・61Ⅰ①）。訴訟事件については，【参考例】のように表示する記載例もあります。

【参考例：訴訟事件の場合】

```
                  意 匠 権 目 録


      登 録 番 号    第○○○○○号
      意匠に係る物品    ○○○○
      出    願    日    令和○年○月○日
                      （意願令○○－○○○○○）
      登    録    日    令和○年○月○日
      登 録 意 匠    ○○○○

                                                以　上
```

3　意匠権の表示の程度については，対象の意匠権を特定認識できる程度に記載するべきですが，具体的な目安については，不動産の場合と同様，差押えの登録嘱託を行うことが可能な程度の記載が必要です（民執167Ⅴ・48Ⅰ）。

物件目録　その他　291

120　鉱業権の場合

鉱業権に対する仮差押命令の申立てをしようとする際に，鉱業権を特定するため，鉱業権目録を作成する場合

【記　載　例】

```
                    鉱　業　権　目　録


        鉱業権の種類　　○○権
        鉱区所在地　　　○○県○○市○○町地内
        登録番号　　　　第○○○○号
        鉱種名　　　　　鉛
        面積　　　　　　○○ヘクタール

                                        以　上
```

作成上の留意点

1　鉱業権とは，登録を受けた一定の土地の区域（鉱区）において，鉱業権者が登録を受けた鉱物及びこれと同種の鉱床中に存する他の鉱物を掘採し取得する権利をいい（鉱業5），経済産業大臣の許可を受けて，鉱業原簿に登録することにより発生する権利です（鉱業21・59・60）。鉱業権は，試掘権及び採掘権からなる物権（鉱業11・12）であり，土地所有権とは別個独立した権利とされています。日本においては最も早く出願した者に鉱業権を付与される先願主義がとられていま

す（鉱業27）。

2　鉱業権に対する仮差押命令の申立てにおける鉱業権目録の表示は，通常，鉱業原簿の記載に従い，「鉱業権の種類」「鉱区所在地」「登録番号」「鉱種名」「面積」等（鉱業59Ⅰ，鉱業登録令17等）を記載をして特定します。

　　鉱業権の表示の程度については，対象の鉱業権を特定認識できる程度に記載するべきですが，具体的な目安については，不動産の場合と同様，仮差押えの登録嘱託を行うことが可能な程度の記載が必要です（民保50Ⅴ，民執167Ⅴ・48Ⅰ）。

3　訴訟事件においても本事例と同様の目録を使用する例もあります。

物件目録　その他　　　293

121　電話加入権の場合

電話加入権に対する債権差押命令の申立てをしようとする際に，その対象を特定するために電話加入権目録を作成する場合

【記　載　例】

```
　　　　　　　電　話　加　入　権　目　録

　　電　話　取　扱　局　　東（西）日本電信電話株式会社
　　　　　　　　　　　　　　○○加入権センタ
　　電　話　番　号　　　　○○○－○○○－○○○○
　　加入者の住所及び氏名　○○県○○市○○町○丁目○番○号
　　（名称）　　　　　　　　○　　○　　○　　○
　　電　話　の　設　置　場　所　○○県○○市○○町○丁目○番○号
　　　　　　　　　　　　　　　　　　　　　　　以　上
```

作成上の留意点

1　電話加入権とは，電気通信事業法附則9条1項又は2項に規定する権利をいいます（民執規146Ⅰ）。

2　電話加入権に対する債権差押命令の申立てにおける電話加入権目録の表示は，通常，電話加入権原簿記載事項証明書の記載に従い，「電話取扱局」「電話番号」「加入者の住所及び氏名（名称）（法人の場合は本店所在地及び法人名）」「電話の設置場所」を記載して特定

します（民執規146Ⅰ）。「電話取扱局」とは，東（西）日本電信電話株式会社において電話に関する現業事務を取り扱う事務所で当該電話加入権に係る契約に関する事務を取り扱うものをいいます（民執規146Ⅰ）。

3　電話加入権と類似するものとして総合ディジタル通信サービス利用権が挙げられます。これは，ＩＮＳネットサービスと呼ばれているもので，「ＩＮＳネット64」（施設設置負担金が必要であるタイプ1と施設設置負担金が不要で譲渡性もないタイプ2がある。）からなる第1種総合ディジタル通信サービスと，「ＩＮＳネット1500」からなる第2種総合ディジタル通信サービスの2種類があります。総合ディジタルサービス利用権は，民事執行規則にいう電話加入権には該当しないので，民事執行規則146条から149条までの適用はありませんが，電話加入権に準ずると考えられることから，申立てについても電話加入権と同様に考えてよく，また，差押えの対象になるのは，第1種，第2種総合ディジタル通信サービスのうち，「ＩＮＳネット64のタイプ1」及び「ＩＮＳネット1500」と解されています（民執実務・債権編（下）210頁）。総合ディジタル通信サービス利用権目録の記載は，【参考例】のとおりです。

【参考例：総合ディジタル通信サービス利用権の場合】

総合ディジタル通信サービス利用権目録

電　話　取　扱　局　　東（西）日本電信電話株式会社
　　　　　　　　　　　　　　○○加入権センタ

電　話　番　号　　○○○－○○○－○○○○

利用者の住所及び氏名	○○県○○市○○町○丁目○番○号
（名称）	○　○　○　○
電 話 の 設 置 場 所	○○県○○市○○町○丁目○番○号
	以　　上

　なお，【記載例】及び【参考例】の電話取扱局の表示は，「加入権セ
ンター」ではなく，「加入権センタ」となります。

296　　物件目録　　その他

122　ゴルフ会員権の場合

　　ゴルフ会員権に対する債権差押命令の申立てをしようとする
際に，その対象を特定するためにゴルフ会員権目録を作成する
場合

【記　載　例】

ゴ ル フ 会 員 権 目 録

　　債務者が第三債務者に対して有する下記ゴルフ会員権（下記ゴ
ルフ場及び付属施設の利用権，並びに下記金額の会員資格保証金
としての預託金返還請求権）

記

名　　　　　　　称　　○○株式会社（○○ゴルフ倶楽部）

会　員　番　号　　○○○○

預託金証書記載金額　　○○○○円

以　上

作成上の留意点

1　ゴルフ会員権は，ゴルフ場の経営方式により，預託金会員制，株
　主会員制，社団法人制の3種類に分けることができます。
2　本事例は，実務上，債権差押命令の申立てが最も多い預託金会員
　制ゴルフ会員権に関するものです。この種類の会員権は，譲渡や相

続が可能であることから，執行の対象となります。ゴルフ会員権目録の表示は，「名称」「会員番号」及び「預託金証書記載金額」を記載して特定します。また，差押債権者（申立人）は，差押えの効力として，債務者に対して預託金証書の引渡しを請求することができます（民執167Ⅰ・148）。

3　社団法人制ゴルフ会員権の場合，その利用権は社員たる地位と密接に結びついており，また，社員権は一身専属的であるため，譲渡や相続はできないとされていますが，定款で社員権の譲渡が認められる場合は，執行の対象になると解されています。【参考例1】は，執行の対象になると解される場合のゴルフ会員権目録の表示です（民執実務・債権編（下）261頁以下）。実務上はあまり見かけません。

【参考例1：社団法人制ゴルフ会員権の場合】

ゴ ル フ 会 員 権 目 録

　債務者が第三債務者に対して有する下記社員権（第三債務者経営の下記ゴルフ場及び付属施設の利用権並びに入会金返還請求権を含む。）

記

名　　　　　　　称　　社団法人○○ゴルフ倶楽部（○○
　　　　　　　　　　　カントリークラブ）

会　員　番　号　　○○○○

会　員　権　番　号　○○○○

以　上

---

4 株主会員制ゴルフ会員権の場合，例外的にゴルフ会員権が株主権に含まれている場合は株券を差し押さえて動産執行を行いますが，原則としてゴルフ会員権は株主権に含まれないと考えられています。

東京地裁執行センターでは，ゴルフ会員権と株主権が1対1で対応し，不可分一体のものと認められる場合は，その他の財産権として双方を一つの差押命令で差し押さえた事例があります。この場合におけるゴルフ会員権目録の表示は，【参考例2】記載のとおりです（前掲民執実務・債権編（下）262頁以下）。

【参考例2：株主会員制ゴルフ会員権の場合】

ゴ ル フ 会 員 権 目 録

　債務者が第三債務者に対して有する下記内容のゴルフ会員権（ただし，会員資格保証金としての預託金返還請求権及び下記株式を含む。）

記

1　名　　　称　　○○株式会社（○○ゴルフ倶楽部）

　　会 員 番 号　　○○○○

　　株　　　式　　い　○○○　額面○○万円（1株）

2　名　　　称　　○○株式会社（○○ゴルフ倶楽部）

　　会 員 番 号　　○○○○

　　株　　　式　　A　○○○　無額面（1株）

以　上

物件目録　その他　　　　299

123　電子化された株式の場合

　電子化された株式の振替手続請求の訴えを提起しようとする
際に，その対象となる株式を特定するために株式目録を作成す
る場合

【記　載　例】

株　式　目　録

口座開設者　　○○県○○市○○町○丁目○番○号
（加入者）　　○○○○
口 座 番 号　　○○証券株式会社○○支店○○○○○
銘　　　柄　　○○株式会社普通株式
コード番号　　○○○○○
数　　　量　　100株

以　上

作成上の留意点

1　平成21年1月5日に「株式等の取引に係る決済の合理化を図るため
　の社債等の振替に関する法律等の一部を改正する法律」（いわゆる
　株式等決済合理化法）が施行され，それに伴い，「社債等の振替に関
　する法律」が「社債，株式等の振替に関する法律」に名称変更され
　ました。この法改正により，株式等の振替制度に関する規定が定め

られ，株券の電子化制度が開始しました。新たな制度の対象となる振替株式とは，株券を発行する旨の定款の定めがない会社の株式（譲渡制限株式を除く。）で振替機関が取り扱うものをいい，権利の帰属は，振替口座簿の記載又は記録により定まります（社債株式振替128Ⅰ）。上場会社の株式は，一律，株券電子化制度の対象となります。本事例は，株券電子化制度の対象となる振替株式についての事例です。（なお，株券電子化の対象となっておらず，株券が発行されている株式の特定方法については，「124　電子化されていない非上場株式の場合」参照）。

2　振替株式の譲渡については，振替の申請により，譲受人がその口座における保有欄に当該譲渡に係る数の増加の記載又は記録を受けなければ効力を生じない（社債株式振替140）ため，株式の権利の移転については，株券の交付に代わって振替手続をとる必要があります。

3　株式目録における株式の表示は，できる限り特定することを要するため，通常は「口座開設者（加入者）」「口座番号」「銘柄」「コード番号」「数量」等により特定しますが，これらの項目に限られるわけではありません。

4　振替社債等仮差押命令の申立てや振替社債等差押命令の申立てにおける振替社債等目録の記載方法については，①振替社債等全般を（仮に）差し押さえる場合，②振替株式のみを（仮に）差し押さえる場合（銘柄が特定できる場合），③振替株式のみを（仮に）差し押さえる場合（銘柄が特定できない場合）がありますが，これらの書式については各地方裁判所に申立書式があるので参考にしてください（なお，「214　振替社債等目録」参照）。

物件目録　　その他　　301

124　電子化されていない非上場株式の場合

　電子化されていない非上場株式の譲渡を求める訴えを提起し
ようとする際に，その対象となる株式を特定するために株式目
録を作成する場合

【記　載　例】

```
                    株  式  目  録


        会  社  名    ○○株式会社
        券      種    普通株式株券○枚
        記      号    ○○
        番      号    ○○○○
                                                以  上
```

作成上の留意点

1　電子化された株式の権利の帰属については「社債，株式等の振替
　に関する法律」により，振替口座簿の記載又は記録により定まりま
　す（社債株式振替128Ⅰ）が，本事例は株券電子化の対象となっていな
　い非上場株式，つまり株券が発行されている株式についての記載例
　です。このような株式の譲渡は，当該株式に係る株券を交付するこ
　とにより効力を生じ（会社128Ⅰ），また，その株式を取得した者の氏
　名及び住所を株主名簿に記載するか記録することにより，株式会社

その他の第三者に対抗することができます（会社130Ⅰ）。（電子化された株式の特定方法については，「123　電子化された株式の場合」参照）。

2　株式目録における株式の表示は，できる限り特定することを要するため，通常は「会社名」「券種」「記号」「番号」等（そのほか「額面」「枚数」「最終名義人」なども考えられます。）により特定しますが，これらの項目に限られるわけではありません。

3　保全事件の申立て（例えば，株式処分禁止仮処分）における株式目録の記載も【記載例】のようにできる限り特定する必要がありますが，これらの項目に限られるわけではありません。

物件目録　その他　　　303

125　国債の場合

　国債の振替手続請求の訴えを提起しようとする際に，その対象となる国債を特定するために国債目録を作成する場合

【記　載　例】

国　債　目　録

　口座開設者　　○○県○○市○○町○丁目○番○号
　（加　入　者）　　○○○○
　口　座　番　号　　○○証券株式会社○○支店○○○○○
　銘　　　　　柄　　分離適格振替国債
　　名　　　称　　利付国庫債券
　　記　　　号　　第○回
　　利　　　率　　○．○パーセント
　　利息支払期日　　令和○年○月○日
　コ　ー　ド　番　号　　○○○○○
　金　　　　額　　○○○○○○○円

以　上

■ 作成上の留意点

1　「社債，株式等の振替に関する法律」の規定の適用を受けるものとして財務大臣が指定した国債で，振替機関が取り扱うものを振替

国債といいます（社債株式振替88）。振替国債は，券面（国債証券）が発行されないペーパレス証券であり（社債株式振替89Ⅰ），権利の帰属は，振替口座簿の記載又は記録により定まります（社債株式振替88）。本事例は振替国債に関するものです。

2　振替国債の譲渡については，振替の申請により，譲受人がその口座における保有欄に当該譲渡に係る金額の増額の記載又は記録を受けなければ効力を生じない（社債株式振替98）ため，振替国債の権利の移転については，国債証券の交付に代わって振替手続をとる必要があります。

3　国債目録における国債の表示は，できる限り特定することを要するため，通常は「口座開設者（加入者）」「口座番号」「銘柄」「コード番号」「金額」等により特定しますが，これらの項目に限られるわけではありません。

　なお，「銘柄」には①分離適格振替国債，②分離元本振替国債，③分離利息振替国債，④その他の振替国債があり，その種類によって振替口座簿中の各口座に記載する事項が異なる（社債株式振替91Ⅲ）ため，国債目録を記載する場合は，「銘柄」に応じた記載をします。本事例は，分離適格振替国債を基に作成した目録の記載例です。

4　振替社債等仮差押命令の申立てや振替社債等差押命令の申立てにおける振替社債等目録の書式については各地方裁判所に申立書式があるので参考にしてください（なお，「**214　振替社債等目録**」参照）。

第3章　請求債権目録

306

126 売買代金債権の場合

債権者が債務者に対し，売買代金債権を保全するため，債権
仮差押えの申立てをする際に請求債権目録を作成する場合

【記 載 例】

請 求 債 権 目 録

金○○○万円

ただし，令和○年○月○日付け売買契約により，債権者が債務
者に対し売り渡した下記物件の売買代金債権

記

○○株式会社製

オフィスコンピューター（○○○○型） 1式

（機械製造番号：○○○○○○）

以 上

作成上の留意点

1 　本事例は，債権者（売主）が債務者（買主）に対し，コンピューターの売買代金債権を有する場合に，同債権の執行を保全するため，債権仮差押えの申立てをする際に請求債権目録を作成する場合の記載例です。

2 　本事例は保全命令の申立てを想定していますが，競売の申立てに

おける被担保債権及び請求債権目録を作成する場合も同様に使用できます。

3 売買は，当事者の一方がある財産権を相手方に移転することを約し，相手方がこれに対してその代金を支払うことを約することによって，その効力を生じます（民555）。

4 売買代金債権を特定する場合には，具体的な売買契約の内容や売買の目的物，金額等を明示する必要があります。

5 多数の細かい品物を売却した場合には，品名，単価を逐一明示することなく，実務上，「令和〇年〇月〇日付け売買契約により売り渡した薬品類の代金」というような記載も許容されると考えられています（阪本・不動産競売申立234頁）。

6 継続的な取引の場合は，取引の都度債権が発生すると考えられますので，理論的には，多数の債権が存在することになります。しかし，実務では，債務者が契約の内容を知っていることから，基本となる契約を掲げた上で，下記【参考例】のとおり，売渡期間や回数，売却した品物等で債権を特定することもあります。

【参考例：継続的売買契約の場合】

```
              請 求 債 権 目 録

  金〇〇〇万円
  ただし，令和〇年〇月〇日付け商品供給契約により，令和〇年
〇月〇日から同年〇月〇日までの間に，継続的に債権者が債務者
に対し売り渡した薬品類の代金債権

                                   以 上
```

127　貸金返還請求権の場合

　債権者が債務者に対し，貸金返還請求権を保全するため，債権仮差押えの申立てをする際に請求債権目録を作成する場合

【記　載　例】

　　　　　　　　請　求　債　権　目　録

　　金○○○万円
　　ただし，下記貸金元本債権及び遅延損害金の合計額
　1　債権者が債務者に対し，令和○年○月○日に弁済期令和○年
　　○月○日，利息年○○パーセント，遅延損害金年○○パーセン
　　トの約定で貸し渡した貸金元本金○○○万円
　2　上記元金に対する令和○年○月○日から同年○月○日までの
　　年○○パーセントの割合による遅延損害金○○○円
　　　　　　　　　　　　　　　　　　　　　　　　　以　上

作成上の留意点

1　本事例は，債権者（貸主）が債務者（借主）に対し，金銭消費貸借契約に基づく貸金返還請求権を有する場合に，同債権の執行を保全するため，債権仮差押えの申立てをする際に請求債権目録を作成する場合の記載例です。

2　消費貸借契約とは，借りた物は消費することを前提に，借りたも

のと同じ物を同じ数量で返却することを約束して，物や金銭を借りる契約のことです（民587）。また，書面でする消費貸借の場合には，当事者の一方が金銭その他の物を引き渡すことを約し，相手方がその受け取った物と種類，品質及び数量の同じ物をもって返還をすることを約することによって，その効力を生ずることになります（民587の2Ⅰ）。

　このうち，金銭の貸借を内容とするものを金銭消費貸借契約といいます。金銭消費貸借契約に基づく貸金債権の場合には，契約の年月日，元本金額及び弁済期を記載します。

3　元本の残金又は内金を請求する場合には，「貸金元本金○○○万円の残金」又は「貸金元本金○○○万円の内金」と，その旨を記載します。

4　本事例は，保全命令の申立てを想定したもので，元本及び遅延損害金を含めた記載例となっています。債権執行の場合にも付帯請求を記載する場合には，利息と損害金に分け，対象元本，期間を明らかにし，利率及び金額を記載します。ただし，保全命令の申立てや債権執行の申立てにおいては，確定金額を記載する必要があるため，実務では，最終日を申立日までとします（東京地裁保全研究会・書式民事保全123頁，民執実務・債権編（上）105頁）。

《参考となる判例》

○第三債務者の危険及び負担の程度，債権者の利害，執行手続の円滑な実施等を総合勘案すると，給料その他の継続的給付に係る金銭債権に対する強制執行においては，請求債権を差押命令発令日を基準とし，同日までに期限の到来した遅延損害金に限定することが最も合理的であるとした事例（福岡高宮崎支決平8・4・19判時1609・117）

128 敷金返還請求権の場合

債権者が債務者に対し，敷金返還請求権を保全するため，債権仮差押えの申立てをする際に請求債権目録を作成する場合

【記　載　例】

請　求　債　権　目　録

金○○○万円

　ただし，債権者が債務者に対し，債権者と債務者間の令和○年○月○日付け下記物件の建物賃貸借契約に基づき債権者が同日債務者に交付した敷金について，債権者が令和○年○月○日債務者に対し上記建物を明け渡したことにより，債権者が債務者に対して有する敷金返還請求権

記

所　　在	○○県○○市○○町○丁目○番地
家 屋 番 号	○番○
種　　類	事務所
構　　造	鉄筋コンクリート造陸屋根2階建
床 面 積	1階　○○．○○平方メートル
	2階　○○．○○平方メートル

以　上

312　　　　　　　　　　請求債権目録

作成上の留意点

1　本事例は，建物を明け渡した債権者（賃借人）が債務者（賃貸人）
に対し，敷金の返還請求権を有する場合に，同債権の執行を保全す
るため，債権仮差押えの申立てをする際に請求債権目録を作成する
場合の記載例です。

2　敷金契約と賃貸借契約とは別個の契約です。敷金とは不動産の賃
貸借の際，賃料その他賃貸借契約上の債務を担保する目的で賃借人
が賃貸人に交付する停止条件付返還債務を伴う金銭であって，賃貸
借契約の終了の際に，賃借人に債務不履行がなければ明渡時に返還
されるものです。

3　建物の賃借人の敷金返還請求権は，賃貸借終了後家屋明渡し完了
の時において，それまでに生じた被担保債権を控除し，なお残額が
ある場合に，その残額につき具体的に発生するものです。したがっ
て，賃借人の敷金返還請求権と建物の明渡しは同時履行の関係に立
つのではなく，まず明渡しを先に履行すべきことになります。その
ため，敷金の返還を求める場合には，当該物件を明け渡した旨の記
載が必要となります。

《参考となる判例》

○家屋賃貸借における敷金は，賃貸借終了後家屋明渡義務履行までに生ず
る賃料相当額の損害金債権その他賃貸借契約により賃貸人が賃借人に対
して取得する一切の債権を担保するものであり，敷金返還請求権は，賃
貸借終了後家屋明渡完了の時において，それまでに生じた被担保債権を
控除し，なお残額がある場合，その残額につき具体的に発生するものと
解すべきであるとした事例（最判昭48・2・2民集27・1・80，判時704・44）

○敷金は賃貸借から生じる損害填補のため提供されるもので，建物自体と
の牽連は認められず，賃借人において賃借物を返還したのちに，はじめ

て敷金返還請求権が生ずるものと解するのが相当であるから，敷金返還
請求権者には建物の留置権はなく，かつ敷金返還債務と賃借物返還債務
とは同時履行の関係に立たないとした事例（最判昭49・9・2民集28・6・1152，
判時758・45，原審福岡高判昭47・10・18民集28・6・1163，判タ288・214）

129　請負代金債権の場合

　債権者が債務者に対し，請負代金債権を保全するため，債権
仮差押えの申立てをする際に請求債権目録を作成する場合

【記　載　例】

> 請　求　債　権　目　録
>
> 　金○○○万円
> 　ただし，債権者が債務者に対して有する下記工事の請負契約に
> 基づく請負代金債権
> 記
> 　工　事　名　○○○株式会社本社ビル建設工事
> 　契　約　日　令和○年○月○日
> 　請負代金　金○○○万円
> 　工事期間　令和○年○月○日から令和○年○月○日まで
> 　工事場所　○○県○○市○○町○丁目○番○号
> 　工事内容　鉄筋コンクリート造3階建事務所の建築工事
> 以　上

作成上の留意点

1　本事例は，建物建築工事を完成した債権者（請負人）が債務者（注
　文者）に対し，請負代金債権を有する場合に，同債権の執行を保全
　するため債権仮差押えの申立てをする際に請求債権目録を作成する

請求債権目録　　　　315

場合の記載例です。

2　請負とは，当事者の一方（請負人）が相手方に対し仕事の完成を約し，他方（注文者）がこの仕事の完成に対する報酬を支払うことを約することにより成立します（民632）。

3　単発的な請負契約の場合，その内容や期間により特定することになるため，【記載例】のように，工事名，契約日，工期，工事代金等をできる限り記載します。特に，公共事業の場合には，工事名，工事内容が明確にされていることが多く，それらを記載します。また，公共事業以外の場合や公共事業でも工事名や内容が明示されていない場合には，工事場所と工事の内容等で特定します。

4　継続的な請負契約の場合は，下記の【参考例】のとおりです。継続的な請負契約とは，ある特定の種類に属する仕事（請負）を一定期間継続的に行う契約を締結し，この契約に基づいて一定期間継続的に当該仕事を完成させることをいいます。下記【参考例】は，一定の期間内の継続的な請負業務（個々の廃棄物処理請負業務が継続的に複数存在する）のケースです。

【参考例：継続的請負契約の場合】

請　求　債　権　目　録

金○○○万円

　ただし，債権者が○○県○○市○○町○丁目○番○号所在の債務者所有の工場に係る継続的な廃棄物処理請負業務について，令和○年○月○日から令和○年○月○日までの間に支払を受ける，債権者が債務者に対して有する請負代金債権

以　上

---

130 約束手形金債権，為替手形金債権，小切手金債権の場合

債権者が債務者に対し，①約束手形金債権，②為替手形金債権，③小切手金債権を保全するため，債権仮差押えの申立てをする際に請求債権目録を作成する場合

【記載例1：約束手形金債権の場合】

請 求 債 権 目 録

金○○○万円

ただし，債権者が債務者に対して有する下記約束手形金債権

記

金　　　　額	金○○○万円
支　払　期　日	令和○年○月○日
支　払　地	○○県○○市
振　出　地	○○県○○市
支　払　場　所	株式会社○○銀行○○支店
振　出　日	令和○年○月○日
振　出　人	債務者
受取人兼第1裏書人	○○○○
第 1 被 裏 書 人	白地

以　上

請求債権目録 　317

【記載例2：為替手形金債権の場合】

請　求　債　権　目　録

金〇〇〇万円

ただし，債権者が債務者に対して有する下記為替手形金債権

記

金　　　　　額	金〇〇〇万円
支　払　期　日	令和〇年〇月〇日
支　払　地	〇〇県〇〇市
振　出　地	〇〇県〇〇市
支　払　場　所	株式会社〇〇銀行〇〇支店
振　出　日	令和〇年〇月〇日
支払人兼引受人	〇〇〇〇
振　出　人	債務者
受取人兼第1裏書人	〇〇〇〇
第1被裏書人	白地

以　上

【記載例3：小切手金債権の場合】

請　求　債　権　目　録

金〇〇〇万円

ただし，債権者が債務者に対して有する下記小切手金債権

記

金　　　　　額	金○○○万円	
支　払　地	○○県○○市	
振　出　地	○○県○○市	
支　払　人	株式会社○○銀行○○支店	
振　出　日	令和○年○月○日	
振　出　人	債務者	
持　参　人　払　式		
呈　示　日	令和○年○月○日	

以　上

作成上の留意点

1　本事例は，債権者が債務者に対し，①約束手形金債権，②為替手形金債権，③小切手金債権を有する場合に，同債権の執行を保全するため，債権仮差押えの申立てをする際に請求債権目録を作成する場合の記載例です。

2　手形・小切手とは，一定の金額の支払を目的とする有価証券であり，本事例はこれに基づく請求となります。

3　手形上や小切手上の債権を請求する場合には，どの手形や小切手による請求かを特定することになります。そのため，当該手形を特定するために【記載例】のように手形要件や小切手要件（①約束手形金債権の場合（手75），②為替手形金債権の場合（手1），③小切手金債権の場合（小切手1））を記載します。

4　手形の最終の被裏書人が債権者ではなく，その後に債権者以外の者を被裏書人とする裏書がある場合には，その裏書については請求

債権目録には記載しないのが実務の取扱いです。請求債権目録の記載としては，債権者に請求債権が帰属していることを明示することで足りるからです。したがって，通常は，裏書の記載は，被裏書人欄に債権者名が現れるところまで記載し，あるいは債権者名が現れていないときは，最終裏書の被裏書人欄が「白地」と記載すれば足ります（東京地裁保全研究会・書式民事保全128頁）。

5　支払期日が一覧払の場合には，「支払期日　一覧払（令和○年○月○日呈示）」と記載します。

6　小切手金債権の場合，呈示日は小切手要件ではありませんが，支払人への呈示期間は10日以内（小切手29）と短く，呈示期間経過後6か月で時効になるため（小切手51），呈示日を記載します。

7　同一の記載内容の手形や小切手が複数枚ある場合には，下記【参考例】のように番号を付して個々の手形番号を記載します。

【参考例：同一の記載内容の手形や小切手が複数枚ある場合】

請　求　債　権　目　録

金○○○万円

ただし，債権者が債務者に対して有する下記約束手形金債権の合計額

記

1　手形番号　　Ａ００００１

　　金　　　額　　金○○○万円

　　支払期日　　令和○年○月○日

　　支払地　　　○○県○○市

　　　　　・　　　　　　　・
　　　　　・　　　　　　　・

2　手 形 番 号　　Ａ０ ０ ０ ０ ２
その余の記載事項は1の手形に同じ

以　　上

請求債権目録　　　　　　321

131　連帯保証債務履行請求権の場合

　債権者が債務者に対し，連帯保証債務履行請求権を保全する
ため，債権仮差押えの申立てをする際に請求債権目録を作成す
る場合

【記　載　例】

　　　　　　　　　　請　求　債　権　目　録

　　金○○○万円
　　ただし，債権者が申立外○○○○に対して有する下記債権につ
　いて，令和○年○月○日付け債権者と債務者間の連帯保証契約に
　基づき，債権者が債務者に対して有する連帯保証債務履行請求権
　　　　　　　　　　　　　　　記
　　債権者が申立外人に対し，令和○年○月○日に弁済期を令和○
　年○月○日，利息年○○パーセント，遅延損害金年○○パーセン
　トの約定で貸し渡した貸金元本金○○○万円
　　　　　　　　　　　　　　　　　　　　　　　　以　上

作成上の留意点

1　本事例は，債権者が債務者（連帯保証人）に対し，連帯保証債務
　（主たる債務者が負う貸金債務の連帯保証債務）の履行請求権を有
　する場合に，同債権の執行を保全するため，債権仮差押えの申立て

をする際に請求債権目録を作成する場合の記載例です。

2 連帯保証とは，主たる債務の債務者が弁済できない場合に二次的に履行の義務を生じる性質（補充性）が認められておらず，保証人が主たる債務者と連帯して債務を負担する保証をいいます。

3 連帯保証債務の履行を請求する場合には，【記載例】のように，主債務の内容を記載し，併せて連帯保証債務の内容を記載することになります。

4 保全命令の申立ての場合，主たる債務者に資力がある場合にも連帯保証人の財産の仮差押えができるかという問題があります。この点，連帯保証履行請求権は，主たる債務者から弁済を受けるのが本来の形態であり，また，債権者が二重に満足を受けられるわけではなく，債権者は主たる債務者から弁済等を受ければ，同一の経済的利益を受けられます。そのため，主たる債務者に資力が十分ある場合には，あえて連帯保証人の財産を仮差押えするまでの必要性がなく，主たる債務者からの回収が困難であるとの疎明がある場合にのみ，連帯保証人に対する仮差押えが可能であるとする考え方が一般的な取扱いです（八木一洋・関述之『民事保全の実務［第3版増補版］（上）』226頁（金融財政事情研究会，2015））。

請求債権目録 323

132 求償債権の場合

債権者が債務者に対し，求償債権を保全するため，債権仮差
押えの申立てをする際に請求債権目録を作成する場合

【記　載　例】

```
                請　求　債　権　目　録

  金○○○万円
  ただし，債権者と債務者間の令和○年○月○日付け保証委託契
約に基づき，債務者の申立外○○○○に対する下記債務について，
債権者が債務者の上記債務を連帯保証し，令和○年○月○日，保
証債務の履行として金○○○万円を申立外人に支払ったことによ
り，債権者が債務者に対して取得した同額の求償債権
                        記
  債務者が申立外人から，令和○年○月○日に弁済期を令和○年
○月○日，利息年○○パーセントの約定で借り受けた金○○○万
円の貸金返還債務
                                    以　上
```

作成上の留意点

1　本事例は，債権者（連帯保証人）が連帯保証債務を履行したこと
に基づき，債務者（主たる債務者）に対して求償債権を有する場合
に，同債権の執行を保全するため，債権仮差押えの申立てをする際

に請求債権目録を作成する場合の記載例です。

2　求償債権とは，他人のために債務を弁済した者が，その他人に対して，返還又は弁済を求めることを内容とする返還請求権をいいます。保証人が債権者に対して債務を弁済した場合，保証人は債務について最終的な責任を負うものではありませんので，主たる債務者に対して求償することができます（民459 I）。この場合，債権者は，債務者が申立外人に対する債務を履行したのではなく，自ら申立外人に対して負う保証債務を履行したことになります。

3　主たる債務者からの委託を受けて保証人となった場合には，求償できる範囲は，弁済その他免責があった日以後の法定利息及び避けることができなかった費用その他の損害の賠償まで含みます（民459 II・442 II）。

4　主たる債務者からの委託を受けずに保証人となった場合には，主たる債務者に対し，主たる債務者がその当時利益を受けた限度において求償権を有することになります（民462 I・459の2 I）。また，主たる債務者の意思に反して保証人となった場合には，求償時で主たる債務者が現に利益を受けている限度でのみ求償権を有します（民462 II）。

5　連帯保証人が債権者に対して弁済する前であっても，委託を受けた保証人は，債務者に対して事前求償権を行使することができます（民460）。この場合の記載方法は次のとおりです。

【参考例：事前求償債権の場合】

> 　ただし，債権者と債務者との間の令和○年○月○日付け保証委託契約に基づき，債権者が債務者の下記債務について連帯保証したことによる債権者が債務者に対して有する事前求償債権
>
> 記（省略）

請求債権目録　　　325

133　債権譲渡に基づく貸金債権の場合

　債権者が債務者に対し，債権譲渡に基づく貸金債権を保全するため，債権仮差押えの申立てをする際に請求債権目録を作成する場合

【記　載　例】

```
　　　　　　　　　請　求　債　権　目　録


　　金○○○万円

　　ただし，債権者が申立外○○株式会社から令和○年○月○日に
譲り受けた下記債権
　　　　　　　　　　　　　　記
　　申立外会社が債務者に対し，令和○年○月○日に弁済期令和○
年○月○日，利息年○○パーセント，遅延損害金年○○パーセン
トの約定で貸し渡した貸金元本金○○○万円
　　　　　　　　　　　　　　　　　　　　　　　　　以　上
```

作成上の留意点

1　本事例は，申立外人（譲渡人）が債務者に対して有する貸金債権について，債権譲渡を受けた債権者（譲受人）が，債務者に対してその貸金債権を請求する場合に，同債権の執行を保全するため，債権仮差押えの申立てをする際に請求債権目録を作成する場合の記載

例です。

2　債権譲渡とは，債権をその同一性を変えずに債権者の意思によって他人に移転させることをいいます。つまり，債権譲渡自体は債権の帰属を変動させることを直接の目的とする法律行為であり，債権譲渡により主体が代わるだけで，債権自体の性質が譲受債権という別種の債権に変わるわけではありません。したがって，申立外人が債務者に対して有する原債権の必要事項を記載した上で，当該債権を譲り受けた事実を記載すれば足ります。

3　債権譲渡の場合，譲渡の通知又は承諾は対抗要件であって，権利の発生要件でないので，請求債権に必ずしも記載しなければならないものではありません。

134 債務引受による貸金債権等の場合

債権者が債務者に対し，債務者が債務引受をした貸金債権を保全するため，債権仮差押えの申立てをする際に請求債権目録を作成する場合

【記　載　例】

請　求　債　権　目　録

金○○○万円

ただし，債権者が申立外○○○○に対し，令和○年○月○日，弁済期を令和○年○月○日と定めて貸し渡した金○○○万円の残金○○○万円の貸金債権につき，債務者が令和○年○月○日に上記申立外人の債務について重畳的債務引受をしたことにより，債権者が債務者に対して有する上記貸金債権

以　上

作成上の留意点

1　本事例は，申立外人の債務（貸金債務）を引き受けた債務者（引受人）に対して，債権者が，その貸金債権を請求する場合に，同債権の執行を保全するため，債権仮差押えの申立てをする際に請求債権目録を作成する場合の記載例です。

2　債務引受とは，ある人が負っている債務について，同一の債務を

別の人（引受人）が債権者との合意によって承継することをいいます。当初の債務者が当該債務を負わなくなる免責的債務引受と，当初の債務者が引き続き当該債務を負う重畳的債務引受に分類されますが，本事例は，重畳的債務引受によって，引受人である債務者が貸金債務を負担するケースです。

3　重畳的債務引受の場合には債務が並存することになりますが，並存した債務同士の関係については，事案や具体的な合意の内容に応じて，連帯債務や保証債務についての規定が類推適用されると解されています。

《参考となる判例》

○重畳的債務引受があった場合には，特段の事情のないかぎり，原債務者と債務引受人との間に連帯債務関係が生ずるものと解するのが相当であるとした事例（最判昭41・12・20民集20・10・2139，判時475・33）

請求債権目録　329

135　債務不履行による損害賠償請求権の場合

　債権者が債務者に対し，債務不履行による損害賠償請求権を保全するため，債権仮差押えの申立てをする際に請求債権目録を作成する場合

【記　載　例】

請　求　債　権　目　録

　金○○○万円

　ただし，債務者の下記委任契約上の債務不履行に基づき，債権者が債務者に対して有する損害賠償請求権

記

　債権者と債務者との間の別紙物件目録記載の建物の維持管理委任契約に基づき，受任者には，善良なる管理者の注意をもって委任事務を処理する義務がありながら，債務者の従業員の過失によって建物が毀損し，債権者が修繕費等金○○○万円を支払ったことにより損害を被った。

以　上

（別紙物件目録省略）

作成上の留意点

1　本事例は，委任契約上の債務不履行があったため，債権者（委任者）が，債務者（受任者）に対し，損害賠償請求権を有する場合に，

同債権の執行を保全するため，債権仮差押えの申立てをする際に請求債権目録を作成する場合の記載例です。

2　委任とは，ある事務の処理を自分以外の他人に任せることをいい（民643），受任者は契約の本旨に従い，委任された事務を処理する義務を負います。委任契約の受任者には，善良なる管理者の注意をもって委任事務を処理する義務があります。

3　債務者が，①その債務の本旨に従った履行をしないとき，又は，②債務の履行が不能であるときに，原則として債権者が損害賠償を請求することができます（民415Ⅰ）。具体的には，履行遅滞・履行不能・不完全履行の3つの類型があり，それぞれの要件が満たされた場合に損害賠償請求権が生じることになります。

4　例外的に，債務の不履行があっても，債務者に帰責事由がない場合には，損害賠償責任が免責されます（民415Ⅰただし書）。しかし，債務者に帰責事由があるかどうかは，損害賠償請求に対する抗弁事項であり，請求債権目録に記載する必要はありません。

5　債務不履行の損害賠償は，これによって通常生ずべき損害の賠償をさせることをその目的とします（民416Ⅰ）。また，特別の事情によって生じた損害であっても，当事者がその事情を予見すべきであったときは，債権者は，その賠償を請求することができます（民416Ⅱ）。

請求債権目録　　　　331

136　債権者代位権行使による貸金債権の場合

　債権者が債務者に対し，自己の貸金債権を保全するため，債権者代位権行使による債権仮差押えの申立てをする際に請求債権目録を作成する場合

【記　載　例】

請　求　債　権　目　録

　金〇〇〇万円
　ただし，申立外〇〇〇〇に対し，合計金〇〇〇万円の貸金債権を有する債権者が，申立外〇〇〇〇に代位して行使する下記債権の元本部分の内金

　　　　　　　　　　　　　記
　申立外〇〇〇〇が債務者に対し，令和〇年〇月〇日，弁済期令和〇年〇月〇日，利息年〇〇パーセントの約定で金〇〇〇万円を貸し渡したことに基づく，申立外〇〇〇〇の債務者に対する金〇〇〇万円の貸付元本債権

　　　　　　　　　　　　　　　　　　　　　　　以　上

作成上の留意点

1　本事例は，債権者が申立外人を代位して債務者に対し貸金返還請求をする場合に，同貸金債権の執行を保全するため，債権仮差押え

の申立てをする際に請求債権目録を作成する場合の記載例です。

2　債権者代位権とは，債権者が自己の債権を保全するため必要があるときは，債務者に属する権利（被代位権利）を債務者自身に代わって行使することをいいます(民423Ⅰ)。具体的には，売買代金債権，貸金返還請求権，損害賠償請求権のような金銭債権は，被代位権利の典型例です。債務者の一身に専属する権利及び差押えを禁じられた権利は，代位行使することはできません（同項ただし書）。ただし，身分上の権利でも，身分的財産権（財産上の利益を内容とするもの）であれば代位行使が可能だと考えられています。

3　代位権行使の場合，請求債権となるのは申立外人が債務者に対して有する債権であり，債権者の申立外人に対する債権は，代位行使の要件であって（適格要件），訴訟物ではありません。したがって，請求債権目録としては，【記載例】のような表示で足りると解されています。

4　債権者が代位行使できるのは，自己の債権額の範囲に限られます。それゆえ，債務者の債権を行使しうると解すべきである債権者の申立外人に対する債権額が，申立外人の債務者に対する貸付元本債権よりも低額であり，申立外人の債務者に対する貸付元本の一部に留まる場合には，【記載例】のように，「元本部分の内金」という特定になります。

《参考となる判例》

○債権者が債務者に対する金銭債権に基づいて債務者に対して有する金銭債権を代位行使する場合においては，債権者は自己の債権額の範囲においてのみ債務者の債権を行使しうると解すべきであるとした事例（最判昭44・6・24民集23・7・1079，判時562・39）

137 詐害行為取消権行使による価額賠償請求権の場合

　債権者が債務者に対し，詐害行為取消権行使による価額賠償請求権を保全するため，債権仮差押えの申立てをする際に請求債権目録を作成する場合

【記　載　例】

```
　　　　　　　　　請　求　債　権　目　録


　金○○○万円
　ただし，申立外○○○○に対し，合計金○○○万円の貸金債権
を有する債権者が，申立外人と債務者間の令和○年○月○日付け
別紙物件目録記載の建物の売買契約を詐害行為を理由に取り消す
ことにより，上記建物の価額から抵当権の被担保債権額を控除し
た限度で債権者が債務者に対し取得すべき金○○○万円の価額賠
償請求権
　　　　　　　　　　　　　　　　　　　　　　　　　　以　上
```

（別紙物件目録省略）

作成上の留意点

1　本事例は，債権者が債務者（受益者）に対し詐害行為取消権を行使し，その価額賠償請求をする場合に，同債権を保全するため，債

権仮差押えの申立てをする際に請求債権目録を作成する場合の記載例です。

2 詐害行為取消権とは，債権者が，債務者（被保全債権の債務者）の詐害の原因たる行為を取り消し，受益者（民424Ⅰかっこ書）又は転得者（民424の5）がなお債務者の財産を保有するときは直接これを回復し，これを保有しないときはその財産の回復に代えてその賠償をさせ（民424の6ⅠⅡ），もって被保全債権の債務者の一般財産を確保することを目的とするものです。

3 取消権の及ぶ範囲については，一般には責任財産の範囲とされています。例えば，土地に抵当権が設定されていた場合に，何らかの形で不当に安く売ったときは，相手方及び債務者に債権者を害する旨の認識があれば当該取引は取消しの対象となります。そして，この取引により授受した代金によって抵当権を抹消させていた場合に，全てにおいて取消しを認めるとなると，一度消えていたはずの抵当権が復活することになり面倒なことになりかねません。そこで，このような場合には，担保債権額を控除した残りの額について取消しを認めるという形をとることによって価額賠償をさせます。本事例の場合は，この価額賠償を請求するケースとなります。

4 詐害行為取消権行使の前提となる債権者の債務者に対する債権についても，原則はその発生要件に該当する具体的事実を主張しておくべきですが，事前の交渉などによって，債権の存在について当事者間に争いがないと見込まれる場合には，この程度の記載が一般的です。

5 債権者の債務者に対する債権が上記控除残額より少ない場合は，「控除した限度で」とあるのを「控除した残額以内である債権者に対する前記債権額の限度で」と記載します（八木一洋・関述之『民事保全の実務［第3版増補版］（上）』397頁（金融財政事情研究会，2015））。

請求債権目録

《参考となる判例》

○詐害行為取消権は，詐害の原因たる債務者の法律行為を取り消し，受益者又は転得者がなお債務者の財産を保有するときは直接これを回復し，これを保有しないときはその財産の回復に代えてその賠償をさせ，もつて債務者の一般担保権を確保することを目的とするものであるとした事例（最判昭35・4・26民集14・6・1046，判時223・2）

138 清算金債権の場合

　債権者が債務者に対し，外貨建てによる清算金債権を保全するため，債権仮差押えの申立てをする際に請求債権目録を作成する場合

【記　載　例】

請　求　債　権　目　録

　金○○万○○○○米ドル（令和○年○月○日午後5時現在の東京外国為替市場における銀行間直物円相場の買値1米ドル金○○○円○○銭による換算で日本円金○○○万○○○○円）

　ただし，債権者と債務者間の令和○年○月○日付けニューヨーク商品取引所における先物取引を委託する旨の委託取引契約に基づき，債権者が債務者の委託に応じて行った令和○年○月○日から令和○年○月○日までの間に大豆の先物取引を清算した結果，債権者が債務者に対して有する清算金債権

　　　　　　　　　　　　　　　　　　　　　　　　　　以　上

作成上の留意点

1　本事例は，債権者（委託者である顧客）が債務者（先物取引受託会社）に対し，外貨建てによる清算金債権を請求する場合に，同債

権を保全するため，債権仮差押えの申立てをする際に請求債権目録を作成する場合の記載例です。

2　海外市場に係る商品先物取引（海外商品先物取引及び海外商品先物オプション取引等）で先物取引が米ドル貨による米ドル建ての取引で行われる場合，顧客から円貨により振り込まれた預託金が銀行の対顧客直物電信売相場（ＴＴＳ）を適用して米ドル貨に交換し取引され，その返還金は対顧客直物電信買相場（ＴＴＢ）の適用で円貨に交換して送金されることになります。このようなケースの場合，請求債権を外国通貨で記載することもできますが，実務では申立日前日の外国為替相場の換算率及び上記換算率による日本円の金銭も併記すべきものとされています。

3　なお，清算金債権と似たようなケースで，差損金債権を請求する事例も紹介しておきます。差損金とは，売買の結果，価格の改定，為替相場の変動などにより，決済で発生する損失をいいます。請求債権目録は，下記【参考例】のとおりです。

4　この場合に，受託業者に預けた証拠金の合計額と差引損益金通算額とを比較して，前者が多ければ，預けた証拠金の合計額から差引損益金通算額を差し引いた差額が返還されることになります。逆に前者が少なければ，委託者が受託業者にその差額を支払うことになります。

【参考例：差損金債権の場合】

請　求　債　権　目　録

金○○○万円

請求債権目録

　　ただし，債権者と債務者との間で令和○年○月○日に締結した株式信用取引口座設定契約に基づき，令和○年○月○日から令和○年○月○日までの間に債務者の委託を受けて信用取引による買建てを行った○○○株式の結果生じた差損金について，債権者が債務者に対して有する支払請求権

以　上

139　立替金債権の場合

　売買代金を立替払いした債権者が債務者に対し，立替金債権を保全するため，債権仮差押えの申立てをする際に請求債権目録を作成する場合

【記　載　例】

> ### 請　求　債　権　目　録
>
> 　金○○○万円
>
> 　ただし，債務者を買主，申立外○○株式会社を売主とする令和○年○月○日付けオーディオセットの売買契約につき，債権者と債務者との令和○年○月○日付けクレジット立替払契約に基づき，債権者が令和○年○月○日申立外会社に金○○○万円を立替払したことにより，債権者が債務者に対して有する立替金請求債権残金○○○万円及びこれに対する令和○年○月○日から令和○年○月○日まで年○○パーセントの割合による遅延損害金○○○万円の合計額
>
> 　　　　　　　　　　　　　　　　　　　　　　　以　上

作成上の留意点

1　本事例は，債権者（信販会社）が，債務者に代わって申立外会社に売買代金を支払ったことに基づき，債務者に対し立替金債権を請

求する場合に，同債権の執行を保全するため，債権仮差押えの申立
てをする際に請求債権目録を作成する場合の記載例です。
2　立替金とは，本来払うべき他人に代わって一時的に立て替えて支
払う金銭を指し，立て替えた者（債権者）は，本来払うべき他人（債
務者）に，その金銭を返却してもらう権利が発生します。
3　クレジット契約による商品の購入の場合，低所得者でも高級品が
入手できる利点があり，このことから広く割賦販売契約によって商
品を購入することが多くあります。この場合に，販売業者と直接分
割払契約をする場合もありますが，販売業者とは別の金融機関が購
入代金を立て替え，購入者から分割払を受ける契約をする場合があ
ります。本事例は，別の金融機関である信販会社が，債務者に代わ
って購入代金を立て替え，購入者である債務者に対して立て替えた
金銭の支払を請求する記載例です。
4　立替払契約がない場合で他人のために立替払したような事案で
は，一種の金銭消費貸借と考えることもできるため，請求債権の記
載に当たっては，立替金債権が明示される契約等の特定が必要とな
ります。

140　分割払金債権の場合

　商品を販売した債権者が債務者に対し，分割払金債権を保全するため，債権仮差押えの申立てをする際に請求債権目録を作成する場合

【記　載　例】

　　　　　　　　　請　求　債　権　目　録

　金○○○万円

　ただし，債権者と債務者間の令和○年○月○日付け普通自動車販売クレジット契約に基づき，債務者の期限の利益の喪失によって，債権者が債務者に対して有する残分割払金総額金○○○万円から，各月額分割払金に対し令和○年○月○日から各月額分割弁済期日まで年○○パーセントの割合により計算した各中間利息の合計金○○○万円及び譲渡担保である当該自動車を売却したことにより債権者が受領した金○○○万円をそれぞれ控除した分割払金債権

　　　　　　　　　　　　　　　　　　　　　　　以　上

作成上の留意点

1　本事例は，債権者（販売会社）がクレジット契約に基づき，商品（普通自動車）を購入した債務者に対し，分割払金債権を請求する

場合に，同債権の執行を保全するため，債権仮差押えの申立てをする際に請求債権目録を作成する場合の記載例です。

2　クレジット契約の場合には，割賦販売契約によって商品を購入することも多く，この場合，購入者は，商品代金を何回かに分割して支払う契約をすることになります。

3　分割払契約については，信販会社の立替払いに対する支払としての分割払契約（立替払いについては，「139　立替金債権の場合」参照）や，物品の販売業者と直接分割払契約（販売者に直接割賦金を払い込む直接割賦をいいます。）をする場合があります。本事例は後者の場合であり，直接割賦に基づき，販売者（債権者）と購入者（債務者）が分割払契約を締結しているケースとなります。

4　クレジット契約の約款には，通常，購入者（債務者）が分割金を支払うことができない場合に期限の利益を失うという条項が盛り込まれています。これより，債権者は一括して債務者に対し，分割払金債権を請求することになります。

請求債権目録　　　343

141　意思表示の取消しに基づく売買代金返還請求権の場合

債権者が債務者に対し，詐欺を理由とする意思表示の取消しに基づく売買代金返還請求権を保全するため，債権仮差押えの申立てをする際に請求債権目録を作成する場合

【記　載　例】

請　求　債　権　目　録

金○○○万円

　ただし，債務者が別紙物件目録記載の土地が実際には値上がりの見込みもないのに，債権者に対し，「上記土地は新幹線が整備され急激に発展していく地域にあり，数年後には3倍以上の価格で確実に売却できる土地である。買手がいなければ債務者が必ず買い戻す。」などと虚偽の事実を告げて，その旨を誤信させた上，令和○年○月○日金○○○万円で上記土地の売買契約を締結させ，同年○月○日上記売買契約を詐欺を理由に取り消したことにより，債権者が債務者に対して有する上記売買代金返還請求権

以　上

（別紙物件目録省略）

作成上の留意点

1　本事例は，債権者（買主）が債務者（売主）の詐欺により売買契約を取り消し，その取消しに基づき売買代金の返還を請求する場合に，同売買代金返還請求債権の執行を保全するため，債権仮差押えの申立てをする際に請求債権目録を作成する場合の記載例です。

2　詐欺とは，他人（相手方）を欺罔して錯誤に陥れることをいい，その相手方の意思表示は，その意思の形成過程に瑕疵があるため取り消しうるものとされています（民96Ⅰ）。詐欺の要件は，①相手方の詐罔行為により錯誤に陥ってしまったこと，②詐欺が違法であることです。

3　取消しとは，ある行為についてなされた過程に問題があることを理由としてそれを遡及的に無効とする旨の意思表示をいいます。相手方又は第三者の詐欺によって行った意思表示（本事例の場合は売買契約）は取り消すことができます。

4　取り消された行為は，初めから無効となります（民121）。その効果として，まだ履行されていない債務は初めから発生しなかったこととなり，既に履行された債務については不当利得の返還義務が生じることになります（民121の2Ⅰ）。したがって，既に売買契約に基づき売買代金を交付していた場合には，この売買代金の返還を求めることができます。

142 契約解除に基づく返還請求権の場合

債権者が債務者に対し，契約解除に基づき売買代金返還請求権を保全するため，債権仮差押えの申立てをする際に請求債権目録を作成する場合

【記　載　例】

請　求　債　権　目　録

金○○○万円

ただし，債権者が債務者会社との間で令和○年○月○日に締結した別紙物件目録記載の土地の売買契約を，債務者の下記債務不履行を理由に解除したことにより，債権者が債務者に対して有する売買代金返還請求権

記

令和○年○月○日付け合意書の第○項により，債務者が本件売買契約に基づく所有権移転登記について，第三者から無効又は取消しの申立てを受けた場合には，責任をもってその申立てを排除する義務があるのに，令和○年○月○日第三者から無効の申立てがあったにもかかわらず，義務を履行しなかった。

以　上

（別紙物件目録省略）

作成上の留意点

1 本事例は，債権者（買主）と債務者（売主）との間の売買契約を債権者（買主）が解除し，その解除に基づいて売買代金の返還を請求する場合に，同債権の執行を保全するため，債権仮差押えの申立てをする際に請求債権目録を作成する場合の記載例です。

2 解除とは，当事者間に有効に締結された後で，その一方の当事者の意思表示によって，その契約関係を終了させることをいいます（民540）。

3 解除は，その発生原因により法定解除と約定解除の2種類に分けられます。そのうち，法定解除とは解除権の発生根拠が法定の事由によるもので，債務不履行の場合や各契約類型が特別に定めている場合（クーリングオフ制度等）があります。本事例は，債務不履行の発生事由に基づく法定解除のケースとなります。

4 判例・通説では，解除権が行使されると，契約が遡及的に消滅することになり，既履行債務に対して原状回復義務が発生することになります。また，原状回復で償いきれない損害がある時は，損害賠償請求権が発生します（民545ⅠⅣ）。

143 不当利得返還請求権の場合

　債権者が債務者に対し，不当利得（過払金）返還請求権を保
全するため，債権仮差押えの申立てをする際に請求債権目録を
作成する場合

【記　載　例】

請　求　債　権　目　録

　金○○○万円

　ただし，債権者が債務者から令和○年○月○日に借り受けた金
○○○万円について，債権者が令和○年○月○日までに利息制限
法に定める利率を支払ったことにより，別紙計算書のとおり過払
いになったことに基づき，債権者が債務者に対して有する不当利
得返還請求権

以　上

（別紙）

計　算　書

支払年月日	支払金額	日数	利　息　金	元金充当額	残元金
○・○・○	50,000	36日	2,000,000×0.15×(36÷365)	20,411	1,979,589
○・○・○	70,000	54日	1,979,589×0.15×(54÷365)	26,069	1,953,520

			(省　　略)			
○・○・○	20,000	○日	○○×0.15×(○÷365)		○○	△ 339,646

△は，過払いを示す。閏年は，（日数÷366）で計算した。

作成上の留意点

1　本事例は，債権者（借主）が債務者（貸主）に対し，不当利得（過払金）返還請求権を有する場合に，同債権の執行を保全するため，債権仮差押えの申立てをする際に請求債権目録を作成する場合の記載例です。

2　不当利得返還請求とは，法律上の正当な理由なく，他人の損失によって財産的利益を得た者に対し，自己の損失を限度として，その利得の返還を請求できる権利のことをいいます。契約等の法律上の原因がないにもかかわらず，本来利益（利得）が帰属すべき者の損失と対応する形で利益を受けた場合には，本来は帰属すべきだった者が利益（利得）の返還を請求できます。

3　過払金とは，利息制限法により定められている利息を超える利率で融資が行われ，金銭の借主が利息制限法に則った金利であれば既に支払が完了するにもかかわらず，高金利のまま返済を継続して行ったために消費者金融会社等に余分に支払った金銭（不当利得金）をいいます。

4　不当利得の効果として，善意の受益者は，その利益の存する限度において，これを返還する義務を負います（民703）。悪意の受益者の場合には，受けた利益に利息を付して返還しなければならず，損害があるときは，その賠償責任を負うことになります（民704）。

請求債権目録

《参考となる判例》

○貸金業者が利息制限法1条1項所定の制限を超える利息を受領したが，その受領につき〔旧〕貸金業の規制等に関する法律43条1項の適用が認められない場合には，当該貸金業者は，同項の適用があるとの認識を有しており，かつ，そのような認識を有するに至ったことについてやむを得ないといえる特段の事情があるときでない限り，民法704条の「悪意の受益者」であると推定されるとした事例（最判平19・7・17裁時1440・6，判時1984・26）

144　会社法423条1項に基づく損害賠償請求権の場合

債権者（会社）が債務者（役員等）に対し，会社法423条1項に基づく損害賠償請求権を保全するため，債権仮差押えの申立てをする際に請求債権目録を作成する場合

【記　載　例】

請　求　債　権　目　録

金○○○万円

ただし，債務者が債権者会社の取締役在任中に，債権者会社から預かり保管していた金員のうち，令和○年○月○日に金○○○万円を○○銀行○○支店の自己名義の普通預金口座（口座番号○○○○○○）に振り込んで横領したことによる，債権者会社の債務者に対する会社法423条1項に基づく損害賠償請求権

以　上

作成上の留意点

1　本事例は，債権者（会社）がその会社の取締役であった債務者に対し，会社法423条1項に基づく損害賠償請求（役員等の株式会社に対する損害賠償責任）をする場合に，同債権の執行を保全するため，債権仮差押えの申立てをする際に請求債権目録を作成する場合の記載例です。

2　取締役，会計参与，監査役，執行役又は会計監査人を役員等とい
い，その役員等としての任務を怠ったときは，株式会社に対し，こ
れによって生じた損害を賠償する責任を負います（会社423Ⅰ）。この
規定は，役員等の会社に対する法定責任を定めたものとされていま
す。

3　通常の請求債権目録には根拠条文の記載は不要ですが，本事例の
ように特殊な事案では，条文を記載しておくほうが便宜とされてい
ます（東京地裁保全研究会・書式民事保全159頁）。

4　会社法423条1項に基づく損害賠償請求権の消滅時効期間について
は，10年と解されています（後記《参考となる判例》）。しかし，民
法の一部を改正する法律（平成29年法律44号。令和2年4月1日施行）
施行後は，債権者が権利を行使することができることを知った時か
ら5年間（民166Ⅰ①），又は権利を行使することができる時から10年
（民166Ⅰ②）が消滅時効期間と解されます。

《参考となる判例》
○会社法423条1項（旧商法266条1項5号）に基づく会社の取締役に対する損
害賠償請求権の消滅時効期間は，民法167条1項により10年と解すべきで
あるとした事例（最判平20・1・28民集62・1・128，判時1995・151）

145 会社法429条1項に基づく損害賠償請求権の場合

債権者（会社債権者）が債務者（会社役員等）に対し，会社法429条1項に基づく損害賠償請求権を保全するため，債権仮差押えの申立てをする際に請求債権目録を作成する場合

【記 載 例】

請 求 債 権 目 録

金○○○万円

ただし，申立外会社の代表取締役である債務者が，支払期日に支払うことができる確実な見通しがないにもかかわらず，別紙手形目録1記載の約束手形を振り出し，また同目録2記載の約束手形を裏書譲渡した重大な過失により，支払期日に上記各約束手形金の支払をすることができないため，債権者に対して手形割引金相当の損害を与えたことにより，債権者が会社法429条1項の規定に基づき，債務者に対して取得した損害賠償請求権

以 上

（別紙手形目録省略）

作成上の留意点

1 本事例は，会社の債権者（第三者に該当する）が手形割引金相当の損害を被ったとして，会社の代表取締役である債務者（役員等）

に対し，会社法429条1項に基づく損害賠償を請求する場合に，同債権の執行を保全するため，債権仮差押えの申立てをする際に請求債権目録を作成する場合の記載例です。

2　役員等がその職務を行うについて悪意又は重大な過失があったときは，当該役員等は，これによって第三者に生じた損害を賠償する責任を負うとされています（会社429Ⅰ）。この規定は，株式会社の役員等の第三者に対する責任を定めたものであり，判例・通説では，第三者を保護するために特に認められた法定責任とされています。

3　記載に当たっては，債務者（役員等）の悪意又は重大な過失，債権者の損害，因果関係に該当する具体的事実を明らかにする必要があります。

4　通常の請求債権目録には根拠条文の記載は不要ですが，「144　会社法423条1項に基づく損害賠償請求権の場合」と同様に，特殊な事案では，条文を記載しておくほうが便宜とされています（東京地裁保全研究会・書式民事保全159頁）。

《参考となる判例》

○株式会社の取締役が悪意又は重大な過失により会社に対する義務に違反し，よって第三者に損害を被らせたときは，取締役の任務懈怠の行為と第三者の損害との間に相当の因果関係があるかぎり，会社が任務懈怠の行為によって損害を被った結果，第三者に損害を生じた場合であると，直接第三者が損害を被った場合であるとを問うことなく，当該取締役が直接第三者に対し損害賠償の責に任ずべきである（法定責任説）とした事例（最大判昭44・11・26民集23・11・2150，判時578・3）

354　　　　　　　　請求債権目録

146　離婚に伴う慰謝料請求権の場合

　債権者が債務者に対し，離婚に伴う慰謝料請求権を保全する
ため，債権仮差押えの申立てをする際に請求債権目録を作成す
る場合

【記　載　例】

　　　　　　　　　請　求　債　権　目　録

　　金○○○万円
　　ただし，債務者が令和○年○月○日ころから現在に至るまで，
　申立外○○○○と同棲するなど債権者に対する不貞行為をしたこ
　とを原因として，債権者が債務者に対して有する離婚に伴う慰謝
　料請求権金○○○万円
　　　　　　　　　　　　　　　　　　　　　　　　　　以　上

作成上の留意点

1　本事例は，債務者（配偶者）の不貞行為により離婚をやむなくさ
　れたとして，債権者が精神的苦痛を被ったことによる慰謝料を請求
　する場合に，同慰謝料請求債権の執行を保全するため，債権仮差押
　えの申立てをする際に請求債権目録を作成する場合の記載例です。
2　離婚に伴う慰謝料とは，離婚により被る精神的苦痛を慰謝するた
　めの金員を指し，離婚原因（不貞行為や暴力行為等の有責行為）に

よる精神的損害に対する損賠賠償と，離婚により配偶者の地位を失うことから生じる精神的損害に対する損害賠償の双方を含むと解されています。

3　相手方の有責行為による場合には，不法行為に基づく損害賠償とされていますので（民709），離婚原因となった不法行為等を具体的に特定して記載する必要があります。例えば，慰謝料請求の対象として，不貞行為，暴力，悪意の遺棄，不利益な事実の不告知，性交拒否等が挙げられます。

4　離婚に伴う慰謝料は，離婚成立後に請求することも可能ですが，離婚が成立した時から3年で時効消滅することになるため，注意が必要です。純粋な不貞行為に基づく損害賠償請求権については損害と加害者を知った時から3年ですが（民724），配偶者に対する離婚に伴う慰謝料の場合には離婚のときから3年となります（最判昭46・7・23民集25・5・805，判時640・3）。

5　離婚に伴う慰謝料請求と財産分与請求とは別個の請求ですが，両者を一括して請求債権として保全命令の申立てをする場合には「本案の管轄裁判所」又は「仮に差し押さえるべき物若しくは係争物の所在地を管轄する家庭裁判所」が管轄を有することになります（人訴17Ⅰ・30）。

《参考となる判例》

○すでに財産分与がなされた場合においても，それが損害賠償の要素を含めた趣旨とは解されないか，または，その額及び方法において分与請求者の精神的苦痛を慰謝するに足りないと認められるものであるときは，右請求者は，別個に相手方の不法行為を理由として離婚による慰謝料を請求することができるとした事例（最判昭46・7・23民集25・5・805，判時640・3）

356　　　請求債権目録

147　離婚に伴う財産分与請求権の場合

　債権者が債務者に対し，離婚に伴う財産分与請求権を保全するため，債権仮差押えの申立てをする際に請求債権目録を作成する場合

【記　載　例】

　　　　　　　　請　求　債　権　目　録

　金○○○万円

　ただし，債権者が債務者に対して有する令和○年○月○日付け
離婚協議書に基づく金○○○万円の財産分与請求権

　　　　　　　　　　　　　　　　　　　　　　　　以　上

作成上の留意点

1　本事例は，債権者が債務者（配偶者）に対して，離婚したことにより生じる財産分与請求権の執行を保全するため，債権仮差押えの申立てをする際に請求債権目録を作成する場合の記載例です。

2　財産分与とは，婚姻期間中に協力して蓄積した財産を離婚時に分与することを指し，財産を清算するために，一方の者は相手方に対し，財産の分与を請求できます（民768・771）。

3　財産分与請求権を被保全権利として仮差押えができるのは，離婚前であり，人事訴訟法32条により財産分与請求権を付帯して行う場

合に限られます。

ただし，離婚後でも，当事者間に成立した財産分与についての私法上の合意の履行請求権（民事訴訟の提起が可能なもの）を被保全権利とする保全命令の申立ては可能です（東京地裁保全研究会・書式民事保全139頁）。本事例も，離婚協議書という私法上の合意に基づく請求となります。

4　離婚に伴う財産分与は，離婚成立後に請求することも可能ですが，離婚は，家事審判事項（家事別表2四）であるため，審判前の保全処分（家事157Ⅰ④）が行われるのみで，民事保全法の適用はありません。そして，離婚成立後から2年間しか請求できません。具体的内容の確定は当事者間の協議又は調停，審判等の裁判上の処分によって形成的になされる性質のものであり，その期間内に行使されることによって目的を達して消滅し，仮にその期間内に行使されなければ以後行使し得ないものとして消滅するものと解されています。

《参考となる判例》

○財産分与請求権は，離婚の効果として当然に発生するものの，その具体的内容の確定は当事者間の協議又は調停，審判等の裁判上の処分によって形成的になされる性質のものであるから，その期間内に行使されることによって目的を達して消滅し，仮にその期間内に行使されなければ以後行使し得ないものとして消滅するものと解すべきであるとした事例

　（仙台家審平16・10・1家月57・6・158）

148　債務者の相続の場合

　債権者が，債務者らに対し，被相続人の債務である手形金債権を保全するため，債権仮差押えの申立てをする際に請求債権目録を作成する場合

【記　載　例】

請　求　債　権　目　録

　債務者Aに対し金○○○万円
　債務者Bに対し金○○○万円
　ただし，債権者が申立外○○○○に対して有していた下記約束手形金債権につき，申立外人が令和○年○月○日死亡したことにより，債務者らが上記債務を相続（相続分はAB各2分の1）したことに基づく債権者の債務者らに対する約束手形金債権

記

金　　　　　　額	金○○○万円
支　払　期　日	令和○年○月○日
支　　払　　地	○○県○○市
振　　出　　地	○○県○○市
支　払　場　所	株式会社○○銀行○○支店
振　　出　　日	令和○年○月○日
振　　出　　人	申立外○○○○
受取人兼第1裏書人	○○○○

第 1 被 裏 書 人　　白地

以　上

作成上の留意点

1　本事例は，債権者と申立外人（被相続人）との間の約束手形金債権の執行を保全するため，債務者（相続人）らが申立外人の債務を相続したことに基づき，債権者が債務者らに債権仮差押えの申立てをする際に請求債権目録を作成する場合の記載例です（約束手形金債権の内容については，「130　**約束手形金債権，為替手形金債権，小切手金債権の場合**」参照）。

2　相続人は，相続開始の時（被相続人の死亡の時）から，被相続人の財産に属した一切の権利義務を承継します（民896）。

3　債権者又は債務者が債権債務関係を発生させた当事者の相続人である場合には，その相続の事実も記載します。

4　相続人が複数の場合には，各相続人の相続の割合に応じて請求金額を振り分けて記載する必要があります。

149 遺産分割に伴う代償金債権の場合

　債権者が，相続分を超える遺産を相続した債務者に対し，遺産分割に伴う代償金債権を保全するため，債権仮差押えの申立てをする際に請求債権目録を作成する場合

【記　載　例】

　　　　　　　　請　求　債　権　目　録

　債務者両名につき，各金○○○万円

　ただし，債権者が債務者両名に対して有する下記遺産分割に伴う代償金債権

　　　　　　　　　　　　記

被相続人　　氏　　　名　○　○　○　○

　　　　　　本　　　籍　○○県○○市○○町○丁目○○番地

　　　　　　死亡年月日　令和○年○月○日

相　続　人　債権者，債務者両名及び申立外○○○○

　　　　　　　　　　　　　　　　　　　　　　　以　上

作成上の留意点

1　本事例は，遺産分割に伴い，債権者が債務者（共同相続人）に対し，相続分を超える遺産の代わりに，その代償金債権を請求する場合に，同債権の執行を保全するため，債権仮差押えの申立てをする

際に請求債権目録を作成する場合の記載例です。

2 被相続人の財産を現実に分割することができない場合に，遺産を具体的に分割する方法には，①現物分割，②代償分割，③換価分割の3種類の方法があります。そのうち，代償分割とは，一人又は数人の相続人に，その者の相続分を超える遺産を現物で取得させ，代わりに相続分に満たない遺産しか取得しない相続人に対し代償金を支払う方法を指します。

3 遺産分割の審判においては，代償金支払に関して，共同相続人の意向や代償金支払を命ぜられる相続人の債務の支払能力を審理する必要があるとされる判例があります。

《参考となる判例》

○代償金支払に関しては，共同相続人の意向や代償金支払を命ぜられる相続人に債務の支払能力を考慮するべきであり，代償金の支払能力に欠ける相続人に対し代償金支払を命じ得るのは，他の相続人がそのような方法による分割を積極的に希望する等の特別の場合に限られるとするのが相当であるとした事例（東京高決平12・11・21家月53・4・34）

362 請求債権目録

150 サービサー法に基づき委託を受けた場合

債権者が，サービサー法に基づき委託を受け，債務者に対し貸付金債権を保全するため，債権仮差押えの申立てをする際に請求債権目録を作成する場合

【記 載 例】

請 求 債 権 目 録

　金○○○万円

　ただし，債権管理回収業に関する特別措置法（平成10年法律第126号）により債権管理回収につき法務大臣の許可を受けている債権者が委託者からその管理及び回収等の事務につき委託を受けた下記債権

記

　委託者である申立外株式会社○○銀行が債務者に対し，令和○年○月○日に，弁済期を令和○年○月○日，利息年○○パーセント，遅延損害金年○○パーセントの約定で貸し渡した貸金残元本金○○○万円の合計額

以　上

作成上の留意点

1　本事例は，債権回収会社（サービサー）が債権者として，委託を受けた債権（貸金債権）を請求する場合に，同債権の執行を保全す

るため，債権仮差押えの申立てをする際に請求債権目録を作成する場合の記載例です。

2　債権管理回収業に関する特別措置法（平成10年法律第126号）に定める債権回収会社（サービサー）は，債権者として，債権者が同法に定める委託を受けた債権を保全するために，差押えや仮差押えを行うことができます（債権回収11Ⅰ）。

3　サービサーの営業には，本来の債権者から委託を受けて債権の管理及び回収を行うものと，本来の債権者から債権を譲り受けてその管理及び回収を行うものとがあります（債権回収2Ⅱ）。本事例は，前者の場合に該当し，受託者である金融機関から委託を受けて請求する場合の記載例です。

4　委託を受けて債権を請求する場合でも，債権者となるのは委託者ではなく，受託者である債権回収会社（サービサー）です。ただし，委託者は，請求債権の実体法上の債権者であるため，その旨を明らかにしなければなりません。

364　　　請求債権目録

151　譲受債権の場合

　債権者が債務者に対し，債権譲渡により譲り受けた請負代金
債権を保全するため，債権仮差押えの申立てをする際に請求債
権目録を作成する場合

【記　載　例】

　　　　　　　　請　求　債　権　目　録

　金○○○万円
　ただし，債権者が申立外○○株式会社から令和○年○月○日に
譲り受けた下記債権
　　　　　　　　　　　　記
　申立外会社が債務者に対して有する，令和○年○月○日，○○
県○○市○○町○丁目○番○号所在の居宅の建築工事請負契約に
基づく請負代金○○○万円の支払請求債権
　　　　　　　　　　　　　　　　　　　　　　　　　以　上

作成上の留意点

1　本事例は，申立外会社（譲渡人）が債務者に対して有する請負代
　金支払請求権を，債権者（譲受人）が申立外会社から譲り受けたこ
　とに基づき請求する場合に，同債権の執行を保全するため，債権仮
　差押えの申立てをする際に請求債権目録を作成する場合の記載例で

請求債権目録 365

　す。

2　請負契約の記載については，その内容やその期間により特定することになるため，工事名，契約日，工期，工事代金等をできる限り記載すべきとされています（「129　請負代金債権の場合」参照）。

3　また，債権譲渡は主体が代わるだけですので，【記載例】のように，申立外人が債務者に有する原債権の必要事項を記載した上で，当該債権を譲り受けた事実を記載すれば足ります。また，債権譲渡の通知又は承諾の記載は，必ずしも必要とされていません（「133　債権譲渡に基づく貸金債権の場合」参照）。

4　本事例は，請負代金の譲渡を受けた場合の記載例ですが，譲渡債権（請負債権）の特定自体としても，譲渡されるべき債権の内容及び範囲を特定する必要があります。

《参考となる判例》

○金銭を貸し付けた者がその債権の担保として工事請負代金の債権の譲渡を受け，種類工事売掛金債権の内容が内容証明郵便によって通知がされた場合について，債権譲渡の通知は，他の債権譲受者及び差押債権者との間での優劣をも決するものであるから，譲渡債権の特定は単に債務者が譲渡債権を認識し得ればよいものではなく，その記載自体から譲渡債権の内容及び範囲が特定されていなければならないとした事例（東京地判平16・7・15金法1730・74）

152 リース料金支払請求権の場合

債権者が債務者に対し，リース料金支払請求権を保全するため，債権仮差押えの申立てをする際に請求債権目録を作成する場合

【記　載　例】

請　求　債　権　目　録

金○○○万円

　ただし，債権者が債務者に対し，令和○年○月○日，○○リース契約に基づき，○○社製パソコン（数量○○台）を下記約定でリースしたことに基づき，債権者が債務者に対して有するリース料残金支払請求権

記

期　　　　間　令和○年○月○日から令和○年○月○日まで

リース料総額　金○○○万円

特　　　　約　債務者の債務不履行があった場合には，債権者に対し，損害賠償としてリース料金の総額から既払額を控除した残額を支払う。

以　上

請求債権目録

作成上の留意点

1　本事例は，債権者（リース会社）が債務者（ユーザー）に対して貸し出した（リースした）パソコンの利用代金（リース料）を請求する場合に，同債権の執行を保全するため，債権仮差押えの申立てをする際に請求債権目録を作成する場合の記載例です。

2　リースとは，リース会社が機械・設備を導入しようとするユーザー（顧客）に代わって，ユーザーからリース料の支払を受けることを条件に購入代金を負担して機械・設備を購入し，ユーザーが一定期間中に機械・設備等の購入資金をリース料として支払って借り受ける契約です。物品の所有権はリース会社にありますが，リース料が経費扱いになることから，主に高額な機械（産業機械，工作機械，航空機，船舶等）やパソコンなど情報通信機器の導入に利用されています。

3　リース取引の範囲や内容を直接規制する法律はありません。リース契約の法的性質については，金融性を重視するか，賃貸借性を重視するかによって様々な定義付けがなされています。

4　リース料金を支払えないとリース会社に対する債務不履行となり，リース会社は，リース契約上ユーザーの期限の利益を喪失させるか，リース契約を解約してリース物件を引き揚げることができることになります。本事例は，ユーザーの債務不履行（リース料金の不払い）に基づき，期限の利益を喪失し，リース料金の残額すべてを請求する場合の記載例です。

5　リース物件が引き揚げられているときは，実体上，債権者にはリース料残額と引き揚げられたリース物件の価額との清算義務があると考えられますので，請求債権としては，清算の上，請求債権目録を記載します（阪本・不動産競売申立て329頁）。

153 債務不履行による請負代金返還請求権の場合

債権者が債務者に対し，債務不履行による請負代金返還請求権を保全するため，債権仮差押えの申立てをする際に請求債権目録を作成する場合

【記 載 例】

請 求 債 権 目 録

金○○○万円

ただし，債権者が債務者に対する下記請負契約の解除に基づく代金返還請求権

記

1　債権者と債務者は令和○年○月○日，債務者が請負代金総額金○○○万円（支払は契約時3分の1，棟上げ時3分の1，完成時3分の1の約定）で○○県○○市○○町○丁目○番○号所在の債権者所有地上に，債権者の居宅兼事務所を建築して引き渡すとの請負契約を締結した。

2　債権者は，債務者に対し，契約時である令和○年○月○日及び棟上げ時である令和○年○月○日に，それぞれ金○○○万円ずつ，合計金○○○万円を支払った。

3　債務者は，令和○年○月○日から令和○年○月○日まで正当な理由なしに工事を中断し，上記請負契約で定めた完成後の引き渡しができない。

4　債権者は，令和○年○月○日，債務者に対し，債務不履行により請負契約を解除した。既払の請負代金のうち金○○○万円分は未完成である。

以　上

作成上の留意点

1　本事例は，債務者（請負人）に請負契約上の債務不履行があったため契約を解除し，債権者（注文者）が債務者に既に支払った請負代金の返還を請求する場合に，同請負代金返還請求債権の執行を保全するため，債権仮差押えの申立てをする際に請求債権目録を作成する場合の記載例です。

2　本事例は，債務者が事実上倒産しており，債務不履行に基づき請負契約を解除したものです（解除の場合の留意点については，「142　契約解除に基づく返還請求権の場合」参照）。

3　通常，請負代金は出来高に応じて支払われるべきものですが，実務上，請負契約締結後に一定の割合の請負代金を注文者が前払金として支払うことが行われています。

4　請け負った仕事が完了に至らずに解除された場合，その前払金（請負代金の一部又は全部）の返還を求めることができます。

5　内容が複雑で一文ですべてを記載することが難しい場合には，本事例のように，請求原因事実を基本とした請求債権目録の記載も許容されています（東京地裁保全研究会・書式民事保全152頁・157頁）。

154 判決，和解調書に基づく場合

　債権者が債務者に対し，①判決，②和解調書により債権執行の申立てをする際に，請求債権目録を作成する場合

【記　載　例】

①判決の場合

請　求　債　権　目　録

　債権者債務者間の○○地方裁判所令和○年(ワ)第○○号○○請求事件の執行力のある判決の正本に表示された下記金員及び執行費用

記

1　元　　金　　金○○○万円

2　損　害　金　　金○○○円

　　ただし，1の金員に対する令和○年○月○日から令和○年○月○日までの年○○パーセントの割合による金員

3　執行費用　　金○○○円

　　(内訳)　本　申　立　手　数　料　　金○○○円

　　　　　　本申立書作成及び提出費用　　金○○○円

　　　　　　差押命令正本送達費用　　金○○○円

　　　　　　資格証明書交付手数料　　金○○○円

　　　　　　送達証明書申請手数料　　金○○○円

　　　　　　執行文付与申立手数料　　金○○○円

以　上

②和解調書の場合

請 求 債 権 目 録

　債権者債務者間の○○地方裁判所令和○年（ワ）第○○号○○請求事件の執行力のある和解調書の正本に表示された下記金員及び執行費用

記

1　元　　金　　金○○○万円

　　ただし，和解条項第○項記載の金員

2　損 害 金　　金○○○円

　　ただし，1の金員に対する令和○年○月○日から令和○年○月○日までの年○○パーセントの割合による金員

3　執行費用　　金○○○円

　　（内訳）本 申 立 手 数 料　　金○○○円

　　　　　　本申立書作成及び提出費用　　金○○○円

　　　　　　差押命令正本送達費用　　金○○○円

　　　　　　資格証明書交付手数料　　金○○○円

　　　　　　送達証明書申請手数料　　金○○○円

　　　　　　執行文付与申立手数料　　金○○○円

　なお，債務者は令和○年○月○日の支払を怠ったので和解条項第○項により，同日の経過により期限の利益を失ったものである。

以 上

372　　　　　　　　　　請求債権目録

作成上の留意点

1　本事例は，債権者が債務者に対し債務名義（①判決，②和解調書）
に基づき，債権執行の申立てをする際に請求債権目録を作成する場
合の記載例です。

2　【記載例】①の判決の場合には，請求債権の内容は債務名義に表
示されており，原則として債権の種類，発生原因等を記載する必要
はありません。その理由は，債務名義成立の過程において請求債権
の特定がされており，また送達された判決正本により債務者に対す
る告知としては，それで十分といえるからです。

3　履行期到来の事実についても，判決の場合には，通常，受訴裁判
所において審理されており，単純に給付が命じられていれば既に履
行期が到来していることは明白であり，期限の利益喪失その他の履
行期到来の事実を記載する必要はありません。

4　【記載例】②の和解調書の場合には，判決の場合と同様に債務名
義の表示をすればよく，具体的な請求原因を表示する必要はありま
せん。ただ，和解調書の場合には，給付条項だけでなく，確認条項
や形成条項が含まれているのが通例であり，また，条項を異にして
複数の給付について定められていることもあるため，どの条項によ
る金員を請求するのかを特定するために，【記載例】②のように「和
解条項第〇項記載の金員」というように表示します。

5　和解調書の場合には，通常，懈怠約款を設けておいて債務者に支
払義務の懈怠があった場合に，和解金残額の一括請求をすることが
できる旨の条項が成立します。このような懈怠約款付の和解調書の
場合には，その懈怠事実の記載が必要になります（阪本・不動産競売申
立て327頁）。

6　債権執行の申立ての場合，利息・損害金等の附帯請求の期間の終
期については，第三債務者が取立ての都度，附帯請求に関する複雑

請求債権目録 373

な計算を強いられ，計算を誤った際には二重払の危険も負担することになるため，申立ての日までに限定して請求金額を確定させるのが実務の一般的な取扱いとされています（民執実務・債権編（上）105頁）。

7　また，債権執行の申立ての場合には，執行費用も請求することが多いといえます。執行費用で必要なものは債務者の負担となり，当該執行手続において債務名義を要しないで同時に取り立てることができるためです（民執42 I II）。執行費用を請求する場合には，合計額と内訳（項目及び額）を記載します。

8　不動産強制競売についても，本事例を使用することができますが，債権執行と異なり，附帯請求については申立日に限定する必要はなく（記載については，「令和○年○月○日から完済に至るまで」となります。），また執行費用についても執行裁判所が職権で計算することになるため，執行費用の記載は不要となります。

155 公正証書に基づく場合

債権者が債務者に対し，公正証書により債権執行の申立てをする際に，請求債権目録を作成する場合

【記　載　例】

請　求　債　権　目　録

○○地方法務局所属公証人○○○○作成令和○年第○○号債務弁済契約の執行力のある公正証書の正本に表示された下記金員及び執行費用

記

1　元金　　金○○○万円

　　ただし，令和○年○月○日の金銭消費貸借契約に基づく貸付金

2　利息　　金○○○円

　　ただし，1の金員に対する令和○年○月○日から令和○年○月○日までの年○○パーセントの割合による金員

3　損害金　金○○○円

　　ただし，1の金員に対する令和○年○月○日から令和○年○月○日までの割合による金員

4　執行費用　　金○○○円

　　（内訳）本　申　立　手　数　料　　金○○○円

　　　　　　本申立書作成及び提出費用　　金○○○円

請求債権目録　　　375

差押命令正本送達費用　　　金○○○円

資格証明書交付手数料　　　金○○○円

送達証明書申請手数料　　　金○○○円

執行文付与申立手数料　　　金○○○円

　なお，債務者は，令和○年○月○日及び令和○年○月○日の2回の分割金の支払を怠り，その額が○○円に達したので，債権者は令和○年○月○日到達の書面により債務者に対し催告したが，債務者は右書面到達後20日経過した後も支払をしないので，公正証書第○項により，同年○月○日の経過により期限の利益を喪失した。

以　上

作成上の留意点

1　本事例は，債権者が債務者に対し，公正証書に基づき，債権執行の申立てをする際に請求債権目録を作成する場合の記載例です。

2　法令に従って契約の成立や一定の事実について，当事者からの依頼により公証人が作成する文書を公正証書と呼び，そのうち金銭等の一定額の支払を目的とする請求について債務者が直ちに強制執行に服する旨の陳述の記載があるものを執行証書といいます（民執22⑤）。

3　債務名義が執行証書の場合も，理論的には公正証書の当該給付条項を請求債権目録に記載すれば特定としては十分です。しかし，執行証書の場合には，実務の取扱いとして【記載例】のように債権の発生原因の記載が求められています。その理由は，その作成に債務者が直接立ち会っていない場合もあり，債務名義の表示のみでは債務者が執行債権を確知するのに不十分であるためです。また，給付条項が判決主文のように単純ではないことが一般的であり，その法

的性質等を明確にした方が債務者の防御にも有益であると考えられるからです（阪本・不動産競売申立て325頁）。

4 連帯保証人に対する請求の場合については，実務上，【参考例】のような記載をしたり，単に「（保証債務履行請求権）」と記載します。確かに，連帯保証人自身も公正証書の当事者であって特段記載をする必要がないと思われますが，保証債務であることを明示したほうが債務者への告知として望ましいとされているからです（民執実務・債権編（上）102頁）。

【参考例：連帯保証人に対する請求の場合】

```
          請　求　債　権　目　録

　○○地方法務局所属公証人○○○○作成令和○年第○○号債務
弁済契約の執行力のある公正証書の正本に表示された下記債権
（ただし，申立外○○○○に対する貸金元金○○○万円についての連帯保証人である債務者に対する保証債務履行請求権）
　　　　　　　　　記（省略）
```

5 債権執行の申立ての場合，利息・損害金等の附帯請求の期間の終期については申立日までに限定するのが実務上の取扱いです（「154判決，和解調書に基づく場合」参照）。また，同様に，執行費用については，同時に請求することが多いといえます。

6 不動産強制競売についても，本事例を使用することができますが，債権執行と異なり，附帯請求については申立日に限定する必要はなく（記載については，「令和○年○月○日から完済に至るまで」となります。），また執行費用についても執行裁判所が職権で計算することになるため，執行費用の記載は不要となります。

第4章　差押・仮差押
債権目録

378

第1　各種契約関係

156　預託金返還請求権の場合

　債権者が債務者に対する金銭債権の回収を図るため，債務者が第三債務者に対して有する預託金返還請求権の差押えの申立てをする際に差押債権目録を作成する場合

【記載例1：約束手形の場合】

差　押　債　権　目　録

　金〇〇〇万円
　ただし，債務者が下記表示の約束手形の不渡処分を免れるため，第三債務者の加盟する銀行協会に提供させる目的で第三債務者（〇〇支店扱い）に預託した金員の返還請求権にして，頭書金額に満つるまで

記

金　　　額	金〇〇〇万円
支 払 期 日	令和〇年〇月〇日
支 払 地	〇〇県〇〇市
支 払 場 所	株式会社〇〇銀行〇〇支店
振 出 地	〇〇県〇〇市
振 出 日	令和〇年〇月〇日
振 出 人	債　務　者
受 取 人	〇　〇　〇　〇

以　上

380　　　差押・仮差押債権目録　　各種契約関係

【記載例2：小切手の場合】

差 押 債 権 目 録

　金○○○万円

　ただし，債務者が下記表示の小切手の不渡処分を免れるため，第三債務者の加盟する銀行協会に提供させる目的で第三債務者（○○支店扱い）に預託した金員の返還請求権にして，頭書金額に満つるまで

記

　　　金　　額　　金○○○万円
　　　支 払 人　　○○○○
　　　支 払 地　　東京都○○○区
　　　振 出 地　　東京都○○区
　　　振 出 日　　令和○年○月○日
　　　振 出 人　　債務者

以　上

作成上の留意点

1　手形等の支払義務者が取引停止処分を免れるためには，手形等の支払拒絶が支払能力の欠如によるものではないことを明らかにするため，支払銀行が手形交換所に異議申立提供金を提供しなければなりません。この異議申立提供金は，支払銀行が，契約不履行，詐取，紛失，盗難等支払義務者の信用に直接かかわらない不渡事由により

差押・仮差押債権目録　　各種契約関係　　381

第2号不渡届が提出された場合，この不渡届による不渡報告や取引停止報告への記載を猶予させるために，手形交換所に提供する当該手形（小切手）相当額の提供金をいいます。そして，この異議申立提供金は，手形等支払義務者が，通常，支払銀行である金融機関に預託する資金をもって行われており，これを，異議申立預託金といいます。

2　本事例は，債権者が債務者に対する金銭債権の回収を図るため，債務者（手形等支払義務者）が第三債務者（銀行）に対して有する約束手形金（【記載例1】）又は小切手（【記載例2】）の不渡異議申立預託金返還請求権を差し押さえる際に記載する差押債権目録の記載例です。

3　本事例は，債権執行の申立てを想定したものですが，仮差押え（保全命令）の申立ての際に作成する仮差押債権目録にも使用できます。

4　下記【参考例1】は，預託の原因となった約束手形の詳細が判明していない場合であり，差押えの順序を表示することで差押えが可能となります。

【参考例1：預託の原因となった約束手形が判明していない場合】

差　押　債　権　目　録

金○○○万円

ただし，債務者が第三債務者（○○支店）を支払場所として振り出した約束手形の不渡処分を免れるため，第三債務者の加盟する銀行協会に提供させる目的で第三債務者（○○支店扱い）に預託した金員の返還請求権にして，下記に記載する順序により頭書

金額に満つるまで

記

1　差押えのない預託金と差押えのある預託金があるときは，次の順序による。

　(1)　先行の差押え，仮差押えのないもの

　(2)　先行の差押え，仮差押えのあるもの

2　数個の預託金があるときは，預託時間の早い順序により，同時に預託されたものについては，預託の原因となった約束手形の発行番号の若い順序による。

以　上

5　取扱店が明確でないと全支店に対して預託金の有無を調べなければならず，短時間の調査は困難と考えられますので，【記載例1】のように，必ずどこの支店（本店の場合は「本店扱い」とします。）であるかを明示する必要があります。

6　なお，第三債務者が信用組合の場合には，下記【参考例2】のとおりです。

【参考例2：第三債務者が信用組合の場合】

　ただし，下記表示の約束手形の不渡処分を免れるため，第三債務者の代理交換委託先である株式会社商工組合中央金庫が加盟する銀行協会に提供させる目的で，第三債務者（○○支店扱い）に預託した金員の返還請求権にして，頭書金額に満つるまで

記（省略）

7 また，信用金庫の場合には，銀行協会に加盟するもの（この場合は，【記載例1】と同じです。）と，信金中央金庫に加盟するものとがありますので，第三債務者がどちらに加盟しているかを確認して記載する必要があります。下記【参考例3】は，信金中央金庫に加盟している場合の例です。

【参考例3：第三債務者が信用金庫の場合】

> ただし，下記表示の約束手形の不渡処分を免れるため，第三債務者の代理交換委託先である信金中央金庫が加盟する銀行協会に提供させる目的で，第三債務者（○○支店扱い）に預託した金員の返還請求権にして，頭書金額に満つるまで
>
> 記（省略）

8 通常，債務者が第三債務者に対して有する債権額は債権者にとって判明していないことが多いため，実務では，【記載例1】【記載例2】のように「頭書金額に満つるまで」として超過差押え（民執146Ⅱ）にならないように申し立てます（民執実務・債権編（上）152頁）。

384　　　差押・仮差押債権目録　　各種契約関係

157　預金債権，貯金債権の場合

債権者が債務者に対する金銭債権の回収を図るため，債務者が第三債務者に対して有する預金債権の差押えの申立てをする際に差押債権目録を作成する場合

【記載例1：預金債権の場合】

差　押　債　権　目　録

金〇〇〇万円

　ただし，債務者が第三債務者（〇〇支店扱い）に対して有する下記預金債権及び同預金に対する預入日から本命令送達時までに既に発生した利息債権のうち，下記に記載する順序に従い，頭書金額に満つるまで

記

1　差押えのない預金と差押えのある預金があるときは，次の順序による。

　(1)　先行の差押え，仮差押えのないもの

　(2)　先行の差押え，仮差押えのあるもの

2　円貨建預金と外貨建預金があるときは，次の順序による。

　(1)　円貨建預金

　(2)　外貨建預金（差押命令が第三債務者に送達された時点における第三債務者の電信買相場により換算した金額（外貨）。ただし，先物為替予約が

差押・仮差押債権目録　　各種契約関係　　385

　　　　　　　あるときは，原則として予約された相場に
　　　　　　　より換算する。）
3　数種の預金があるときは，次の順序による。
　(1)　定期預金
　(2)　定期積金
　(3)　通知預金
　(4)　貯蓄預金
　(5)　納税準備預金
　(6)　普通預金
　(7)　別段預金
　(8)　当座預金
4　同種の預金が数口あるときは，口座番号の若い順序による。
　　なお，口座番号が同一の預金が数口あるときは，預金に付せ
　られた番号の若い順序による。

　　　　　　　　　　　　　　　　　　　　　　　以　上

【記載例2：貯金債権（通常郵便貯金及び民営化後に預けられた貯金）
の場合】

　　　　　　　　　　差　押　債　権　目　録

　金○○○万円
　ただし，債務者が，第三債務者株式会社ゆうちょ銀行（○○貯
金事務センター扱い）に対して有する下記貯金債権及び同貯金に
対する預入日から本命令送達時までに発生した利息債権のうち，
下記に記載する順序に従い，頭書金額に満つるまで

386　　　差押・仮差押債権目録　　各種契約関係

記

1　差押えのない貯金と差押えのある貯金があるときは，次の順序による。

　(1)　先行の差押え，仮差押えのないもの

　(2)　先行の差押え，仮差押えのあるもの

2　担保権の設定されている貯金とされていない貯金があるときは，次の順序による。

　(1)　担保権の設定されていないもの

　(2)　担保権の設定されているもの

3　数種の貯金があるときは，次の順序による。

　(1)　定期貯金

　(2)　定額貯金

　(3)　通常貯蓄貯金

　(4)　通常貯金

　(5)　振替貯金

4　同種の貯金が数口あるときは，記号番号の若い順序による。

　　なお，記号番号が同一の貯金が数口あるときは，貯金に付せられた番号の若い順序による。

以　上

【記載例3：貯金債権（定期性の郵便貯金・独立行政法人郵便貯金簡易生命保険管理・郵便局ネットワーク支援機構分）の場合】

差　押　債　権　目　録

金○○○万円

債務者が第三債務者独立行政法人郵便貯金簡易生命保険管理・

郵便局ネットワーク支援機構（株式会社ゆうちょ銀行○○貯金事務センター扱い）に対して有する下記郵便貯金債権及び同郵便貯金に対する預入日から本命令送達時までに既に発生した利息債権のうち，下記に記載する順序に従い，頭書金額に満つるまで

記

1 差押えのない郵便貯金と差押えのある郵便貯金があるときは，次の順序による。
　(1) 先行の差押え，仮差押えのないもの
　(2) 先行の差押え，仮差押えのあるもの
2 担保権の設定されている郵便貯金とされていない郵便貯金があるときは，次の順序による。
　(1) 担保権の設定されていないもの
　(2) 担保権の設定されているもの
3 数種の郵便貯金があるときは，次の順序による。
　(1) 定期郵便貯金（預入日が経過し，通常郵便貯金となったものを含む。）
　(2) 定額郵便貯金（預入日から起算して10年が経過し，通常郵便貯金となったものを含む。）
　(3) 積立郵便貯金（据置期間が経過し，通常郵便貯金となったものを含む。）
　(4) 教育積立郵便貯金（据置期間の経過後4年が経過し，通常郵便貯金となったものを含む。）
　(5) 住宅積立郵便貯金（据置期間の経過後2年が経過し，通常郵便貯金となったものを含む。）
　(6) 通常郵便貯金（(1)から(5)までの所定期間経過後の通常

郵便貯金を除く。)

4　同種の郵便貯金があるときは，記号番号の若い順序による。

　　なお，記号番号が同一の郵便貯金が数口あるときは，郵便貯金に付せられた番号の若い順序による。

以　上

作成上の留意点

1　本事例は，債権者が債務者に対する金銭債権の回収を図るため，債務者（預金者）が第三債務者（銀行）に有する預金債権を差し押さえる際に作成する差押債権目録の記載例です。

2　本事例は，債権執行の申立てを想定したものですが，仮差押え（保全命令）の申立ての際に作成する仮差押債権目録にも使用できます。

3　差押えの効力は，預金元金のみならず，差押命令の効力発生時以後に発生する利息債権にも当然及ぶことになります。しかし，差押命令の効力発生時に既に発生している利息債権については，元本債権から独立したものであり，元本と分離して譲渡，弁済等が可能であることから，既発生利息債権を含めて差し押さえるには，【記載例1】のように，その旨を記載することになります。

4　第三債務者の現実の対応可能性を踏まえ，【記載例1】のように取扱支店ごとに「〇〇支店扱い」として，差押債権を特定する必要があります。この点，最高裁は，債権者が第三債務者である金融機関の全ての店舗を対象として順位付けをして差押えを求めた事案において，そのような申立ては，差押債権の特定を欠き不適法というべきであると判示しました（民執実務・債権編（上）120頁）。

5　したがって，原則として同一金融機関の本店を含む複数の支店に

差押・仮差押債権目録　　各種契約関係　　389

ついて差し押さえる場合には，請求債権の範囲の中で，下記のように支店ごとの割付が行う必要があります。

【参考例1：預金債権（第三債務者が複数の場合）】

差　押　債　権　目　録

1　第三債務者株式会社○○銀行（○○支店扱い）分　金○○○万円

2　第三債務者株式会社○○銀行（△△支店扱い）分　金○○○万円

3　第三債務者株式会社○○銀行（△○支店扱い）分　金○○○万円

　　ただし，債務者が上記各第三債務者に対して有する下記預金債権及び同預金に対する預入日から本命令送達時までに既に発生した利息債権のうち，下記に記載する順序に従い，各頭書金額に満つるまで

記
～以下【記載例1】と同じ～

6　下記【参考例2】は，取扱支店の口座番号が判明しており，それを特定した預金債権の差押目録の記載例となります。例えば，債権者が債務者の預金口座へ金員を振り込んだことがある場合など，債権者は債務者の口座番号を知っていますので，このような申立てが可能です。

【参考例2：預金債権（口座番号を特定した申立ての場合）】

差　押　債　権　目　録

金〇〇〇万円

ただし，債務者が第三債務者（〇〇支店扱い）に対して有する
下記預金債権及び同預金に対する預入日から本命送達時までに既
に発生した利息債権のうち，頭書金額に満つるまで

記

預金の種類	普通預金
口座番号	〇　〇　〇　〇
口座名義人	（カタカナ）
	〇　〇　〇　〇
届出住所	〇〇県〇〇市〇〇町〇丁目〇番〇号

以　上

7　下記【参考例3：預金債権（ヴァーチャル口座の場合）】は，ヴァーチャル口座（被振込専用口座，振込専用口座，仮想口座などとも呼ばれる。）を差し押さえる場合の記載例です。ヴァーチャル口座は，実際には存在しないヴァーチャル支店（被振込専用支店などとも呼ばれている。）に設けられますが，ヴァーチャル口座宛てに振込がされてもヴァーチャル口座には入金されず，当該ヴァーチャル口座に関連づけられた入金指定口座に入金されます。実務では，差押債権が特定された場合（債務者名義のものに限定し，かつ口座番号の特定を要する。）には，ヴァーチャル口座から振り替えられる入金指定口座がある本支店を取扱店舗とする預金債権の差押えを認める取扱いがなされています（民執実務・債権編（上）123頁）。

差押・仮差押債権目録　　各種契約関係　　391

【参考例3：預金債権（ヴァーチャル口座の場合）】

差　押　債　権　目　録

金○○○万円

ただし，債務者が第三債務者株式会社○○銀行（○○支店の債務者名義の被振込専用口座（口座番号　　　　）からの債務者名義の入金指定口座がある本店支店扱い）に対して有する下記預金債権及び同預金に対する預入日から本命令送達時までに既に発生した利息債権のうち，下記に記載する順序に従い，頭書金額に満つるまで

記

～以下【記載例1】と同じ～

8　預金債権と同種のものに，郵便貯金の差押えがあります。債務者が有する郵便貯金を差し押さえる事例は，【記載例2】【記載例3】のとおりです。

9　郵便貯金は，日本政府・日本郵政公社が行っていた貯金の受入れ事業のことですが，日本郵政公社は，郵政民営化法（平成17年法律第97号）の施行により，平成19年10月1日に民営・分割化されました。これに伴い，郵便貯金は，【記載例2】のように株式会社ゆうちょ銀行と，【記載例3】のように独立行政法人郵便貯金簡易生命保険管理・郵便局ネットワーク支援機構に承継されました（郵政民営化以前に預入された定額郵便貯金・定期郵便貯金等について，日本政府による保証を継続させるために，ゆうちょ銀行に承継されずに，同機構に承継されたものです。）。この承継に伴い，取り扱う貯金の種類も異なっています。そのため，差押えに当たっては，第三債務者（ゆ

うちょ銀行か同機構）ごとにそれぞれ上記の各差押債権目録を記載する必要があります。

　なお，機構の承継する郵便貯金についても，ゆうちょ銀行に管理業務の委託がされているため，ゆうちょ銀行の各郵便貯金事務センター等が取り扱っています。

10　下記【参考例4：休眠預金等代替金債権】は，休眠預金等代替金債権を差し押さえる場合の記載例です。平成30年1月に民間公益活動を促進するための休眠預金等に係る資金の活用に関する法律が施行され，最後の取引から10年以上経過する預金等は預金保険機構への移管に伴い消滅し，旧預金者は払戻しのために，休眠預金等代替金債権（債務者：預金保険機構）を行使することとされました。

　同法では休眠預金等代替金債権を対象とする債権（仮）差押命令は，預金保険機構の送達受取人である移管元の金融機関に送達（送達場所は，当該預金等の取扱店舗。なお，郵便貯金の場合には株式会社ゆうちょ銀行の各貯金事務センターとなる。）されるとともに，当該休眠預金等代替金債権に係る強制執行等に関する事項については当該金融機関が預金保険機構を代理することが定められています。

【参考例4：休眠預金等代替金債権】

（預金債権の場合）

差　押　債　権　目　録

金〇〇〇万円

ただし，債務者が第三債務者預金保険機構（株式会社〇〇銀行

（○○支店扱い））に対して有する下記休眠預金等代替金債権の
うち，下記に記載する順序に従い，頭書金額に満つるまで
記
1　差押えのない休眠預金等代替金と差押えのある休眠預金等代
　替金があるときは，次の順序による。
　(1)　先行の差押え，仮差押えのないもの
　(2)　先行の差押え，仮差押えのあるもの
2　数種の預金等に係る休眠預金等代替金があるときは，次の順
　序による。
　(1)　定期預金に係る休眠預金等代替金
　(2)　定期積金に係る休眠預金等代替金
　(3)　通知預金に係る休眠預金等代替金
　(4)　元本の補填の契約をした金銭信託に係る休眠預金等代替
　　金
　(5)　貯蓄預金に係る休眠預金等代替金
　(6)　納税準備預金に係る休眠預金等代替金
　(7)　普通預金に係る休眠預金等代替金
　(8)　別段預金に係る休眠預金等代替金
　(9)　当座預金に係る休眠預金等代替金
　(10)　長期信用銀行債等に係る休眠預金等代替金　※
（※(10)は長期信用銀行債等を取り扱っている銀行に対する差押
　えの場合に記載する。）
3　同種の預金等に係る休眠預金等代替金が複数あるときは，預
　金等に係る口座番号の若い順序による。
　なお，口座番号が同一の預金等に係る休眠預金等代替金が複数
あるときは，預金等に付せられた番号の若い順序による。
以　上

（貯金債権の場合）

差 押 債 権 目 録

金○○○万円

　ただし，債務者が第三債務者預金保険機構（株式会社ゆうちょ銀行○○貯金事務センター扱い）に対して有する下記休眠預金等代替金債権のうち，下記に記載する順序に従い，頭書金額に満つるまで

記

1　差押えのない休眠預金等代替金と差押えのある休眠預金等代替金があるときは，次の順序による。
　(1)　先行の差押え，仮差押えのないもの
　(2)　先行の差押え，仮差押えのあるもの
2　数種の貯金に係る休眠預金等代替金があるときは，次の順序による。
　(1)　定期貯金に係る休眠預金等代替金
　(2)　定額貯金に係る休眠預金等代替金
　(3)　通常貯蓄貯金に係る休眠預金等代替金
　(4)　通常貯金に係る休眠預金等代替金
　(5)　振替貯金に係る休眠預金等代替金
3　同種の貯金に係る休眠預金等代替金が数口あるときは，記号番号の若い順序による。
　なお，記号番号が同一の貯金に係る休眠預金等代替金が数口あるときは，貯金に付せられた番号の若い順序による。

以　上

《参考となる判例》

○金融機関を第三債務者とする債権差押命令申立てで，差押債権の表示を「複数の店舗に預金債権があるときは，支店番号の若い順による。」とすることは，第三債務者が，社会通念上合理的と認められる時間と負担の範囲内で差押の目的物となる債権を確定できるとは認められず，差押債権の特定を欠くとして，債権差押命令及び転付命令の申立てを却下した原審の判断は，正当であるとして，抗告を棄却した事例（最決平23・9・20民集65・6・2710，判時2129・41）

158 請負代金債権の場合

債権者が債務者に対する金銭債権の回収を図るため，債務者が第三債務者に対して有する請負代金債権の差押えの申立てをする際に差押債権目録を作成する場合

【記　載　例】

差　押　債　権　目　録

金○○○万円

　ただし，債務者が第三債務者に対して有する債務者と第三債務者との間の下記工事の請負代金債権にして，支払期の早いものから頭書金額に満つるまで

記

工　事　名	○○○○工事
契　約　日	令和○年○月○日
工　　　期	令和○年○月○日から令和○年○月○日まで
工　事　代　金	金○○○○円

以　上

作成上の留意点

1　本事例は，債権者が債務者に対する金銭債権の回収を図るため，債務者（請負人）が第三債務者（注文者）に対して有する請負代金債権を差し押さえる際に作成する差押債権目録の記載例です。

差押・仮差押債権目録　　各種契約関係　　397

2　本事例は，債権執行の申立てを想定したものですが，仮差押え（保全命令）の申立ての際に作成する仮差押債権目録にも使用できます。

3　【記載例】は，仕事（請負）が1回限りである，いわゆる単発的な請負契約の場合です。通常，請負代金は仕事の完成後に支払われる後払い債権であり，仕事の完成前に差押えをされたとしても，将来債権の差押えとはなりません。

4　請負契約には，継続的な請負契約も存在します。そして，継続的な請負契約は2種類に分けられます。一つは継続的請負契約で継続的給付債権に該当する場合であり，もう一つは継続的請負契約で継続的給付債権に該当しない場合（一つの基本契約に基づく複数の契約が存在する型，いわゆる契約複数型という。）です。

5　下記【参考例1】は，継続的請負契約で継続的給付債権に該当する場合です。継続的な請負契約の場合には，ある特定の種類に属する仕事を一定期間継続的に行う契約（一つの契約）を締結し，この契約に基づいて一定期間継続的に，数個の仕事（請負）を完成させることをいいます。この場合には，同一の法律関係に基づき，ある程度の定期金の支払がなされ，それが将来の一定期間継続するものであるため，継続的給付債権（民執151）となります。

【参考例1：継続的請負契約で継続的給付債権に該当する場合（一つの契約型）】

差　押　債　権　目　録

　金○○○万円

　ただし，債務者と第三債務者との間の○○県○○市○○町○丁目○番○号所在の第三債務者所有の工場に係る継続的な清掃業務

398　　差押・仮差押債権目録　　各種契約関係

請負契約（令和○年○月○日締結，契約期間令和○年○月○日から令和○年○月○日まで）に基づき，毎月末日締め翌月○日支払の約定で，債務者が第三債務者から支払を受ける請負代金債権にして，支払期の早いものから頭書金額に満つるまで

以　上

6　継続的給付債権に該当する場合，将来発生する請負代金についても理論的には限定することなく差押えが可能です。しかし，第三債務者の負担等を考え，また，一つの契約であると特定が現実には難しいことから，下記【参考例2】と同様に，実務では将来分6か月間の差押えのみを認める取扱いが多いといえます（民執実務・債権編（上）134頁）。

7　下記【参考例2】は，継続的請負契約で継続的給付債権に該当しない場合（いわゆる契約複数型）です。ある特定の種類に属する仕事を一定期間継続的に行う契約を締結しますが，この契約は単なる基本契約であって，この契約に基づいてさらに複数の個別の契約を締結する形態をとるものです（例えば，1年間に継続的に下請けをさせる基本契約を締結した上で，その都度，個別に契約をして仕事を依頼するケース等があります。）。

【参考例2：継続的請負契約で継続的給付債権に該当しない場合（一つの基本契約に基づく複数の契約が存在する型）】

差　押　債　権　目　録

金○○○万円
　ただし，○○県○○市○○町○丁目○番○号所在の第三債務者所有の工場に係る継続的な廃棄物処理請負業務について，令和○

年〇月〇日から令和〇年〇月〇日までの間に，債務者が第三債務者から支払いを受ける請負代金債権にして，支払期の早いものから頭書金額に満つるまで

以　上

8　契約複数型の場合，基本契約に着目して特定する方法と，個別の請負契約に着目して特定する方法があります。前者の場合には基本契約を契約時期，目的である仕事の内容，月締めの約定，弁済期等によって特定します。また後者の場合には，契約の種類（反復する請負契約であること）及び目的により仕事の内容を中心として特定するほかはなく，実務では，むしろこの方法により特定せざるを得ないのが通例です。したがって，目的である仕事の内容については，分かる限りなるべく具体的に記載する必要があります。

9　また，契約複数型の場合には，継続的給付債権ではありませんが，将来発生する請負代金についても，既に発生の基礎となる法律関係が存在し，近い将来における発生が確実に見込まれる財産価値を有するものであれば，差押えが可能とされています。ただし，将来分6か月間の差押えのみを認める取扱いが実務では多いといえます（民執実務・債権編（上）134頁・150頁）。

《参考となる判例》

○請負契約上の報酬債権の表示が「債務者が第三債務者に対して有する昭和〇年〇月〇日に支払を受くべき，①〇〇市の上水道工事，②〇〇市の上水道工事の下請負代金の合計金150万円の内金60万円」との記載であり，①，②の両請負工事は一個の契約に基づくものとは認められず，それぞれ別個の契約であって，報酬を一括して約束したものでもない。このような事実関係の下においては，差押え，取立てにかかる債権の範囲は特定されていないとした事例（最判昭46・11・30裁判集民104・517，判時653・90）

400　　　　差押・仮差押債権目録　　各種契約関係

159　売買代金債権の場合

債権者が債務者に対する金銭債権の回収を図るため，債務者が第三債務者に対して有する売買代金債権の差押えの申立てをする際に差押債権目録を作成する場合

【記　載　例】

差　押　債　権　目　録

金○○○万円

ただし，債務者が第三債務者に対して令和○年○月○日に売り渡した○○○○（商品名）について，債務者が第三債務者に対して有する売買代金債権にして，頭書金額に満つるまで

以　上

作成上の留意点

1　本事例は，債権者が債務者に対する金銭債権の回収を図るため，債務者（売主）が第三債務者（買主）に対して有する売買代金債権を差し押さえる際に作成する差押債権目録の記載例です。

2　本事例は，債権執行の申立てを想定したものですが，仮差押え（保全命令）の申立ての際に作成する仮差押債権目録にも使用できます。

3　【記載例】は，売買が1回限りである，いわゆる単発的売買契約の場合です。この場合に，契約種類（売買契約）のほか，契約時期，

差押・仮差押債権目録　　各種契約関係　　401

目的物，代金額，弁済期等によって特定します。

4　　下記【参考例】は，継続的売買契約の場合です。同一当事者間で
継続的な売買契約がされている場合，基本契約が締結されていれば，
契約種類のほか，契約時期，目的物，期間等により基本契約を特定
し，さらにこれに基づき，継続的な売買を特定することが可能です。
しかし，そのような基本契約が明示されていないとき，又は債権者
が基本契約の内容を知ることができないときは，契約種類（反復す
る売買契約であること）及び目的物（商品名）を中心として特定し
ます。この場合，商品名は，差押債権目録を特定する上で極めて重
要な要素となるため，なるべく具体的に記載する必要があります。

【参考例：継続的売買契約の場合】

差　押　債　権　目　録

金〇〇〇万円

ただし，債務者と第三債務者の継続的売買契約に基づき，債務
者が第三債務者に対して有する〇〇〇〇（商品名）の売掛代金債
権にして，令和〇年〇月〇日から令和〇年〇月〇日までの間に支
払期の到来するものにして，支払期の早いものから順次頭書金額
に満つるまで

以　上

5　　【参考例】の場合，通常，継続的給付債権（民執151）とはいえませ
ん。しかし，将来発生する売買代金債権であっても，既に発生の基
礎となる法律関係が存在し，近い将来における発生が確実に見込ま

れる財産価値を有するものであれば，差押えが可能とされています。ただし，実務では将来分6か月間の差押えのみを認める取扱いが多いといえます（記載については「本命令送達日以降6か月以内に支払期の到来するものにして」という特定でも可能とされています。）（民執実務・債権編（上）131頁・150頁）。

160 貸金債権の場合

　債権者が債務者に対する金銭債権の回収を図るため，債務者が第三債務者に対して有する貸金債権の差押えの申立てをする際に差押債権目録を作成する場合

【記　載　例】

差　押　債　権　目　録

　金○○○万円
　ただし，元金○○○万円，弁済期令和○年○月○日の約定で令和○年○月○日債務者が第三債務者に貸し渡した貸金について，債務者が第三債務者に対して有する貸金元金の支払請求権にして，元本，利息，遅延損害金の順序により頭書金額に満つるまで
以　上

作成上の留意点

1　本事例は，債権者が債務者に対する金銭債権の回収を図るため，債務者（貸主）が第三債務者（借主）に対して有する貸金債権を差し押さえる際に作成する差押債権目録の記載例です。

2　本事例は，債権執行の申立てを想定したものですが，仮差押え（保全命令）の申立ての際に作成する仮差押債権目録にも使用できます。

3　金銭の貸借を内容とするものを金銭消費貸借契約といいます。金

銭消費貸借契約に基づく貸金債権の場合には，契約の日時，元本金額及び弁済期を記載します。

4　差押え後に生じる利息・遅延損害金については，これらが元金の法定果実であることから，差押債権に元金のみが表示されていたとしても，当然に，これらの利息，損害金にも及ぶことになります（後記《参考となる判例》参照）。したがって，債権差押命令正本が第三債務者に送達された後の利息，遅延損害金についても当然に差押えの効力が及ぶと解されますので，【記載例】のように，「元本，利息，遅延損害金の順序により頭書金額に満つるまで」というような差押えの順序の記載が必要になります。

《参考となる判例》

○利息附債権ノ差押ノ効力ハ獨リ元本債権ノミナラス其後ニ生スヘキ利息ニ及フヘキコトハ勿論ナリト雖モ，差押ノ効力発生以前ニ既ニ生シタル利息債権ハ元本債権ノ一部ヲ構成スルモノニアラサルヲ以テ元本債権ノ差押ハ既ニ生シタル利息債権ニ對シ当然其効力ヲ及ホスヘキモノニアラス（大判大5・3・8民録22・537）

差押・仮差押債権目録　　各種契約関係　　405

161　連帯保証人の求償債権の場合

　債権者が債務者に対する金銭債権の回収を図るため，債務者が第三債務者に対して有する連帯保証人の求償債権の差押えの申立てをする際に差押債権目録を作成する場合

【記　載　例】

差　押　債　権　目　録

　金○○○万円

　ただし，元金○○○万円，弁済期令和○年○月○日の約定で令和○年○月○日申立外○○○○が第三債務者に貸し渡した貸金について，連帯保証人として債務者が申立外○○○○に対して弁済したことにより，債務者が第三債務者に対して有する求償債権にして，頭書金額に満つるまで

以　上

作成上の留意点

1　本事例は，債権者が債務者に対する金銭債権の回収を図るため，債務者（連帯保証人）が第三債務者（主たる債務者）に対して有する求償債権を差し押さえる際に作成する差押債権目録の記載例です。

2　本事例は，債権執行の申立てを想定したものですが，仮差押え（保

全命令)の申立ての際に作成する仮差押債権目録にも使用できます。

3　求償債権とは，他人に代わって弁済その他自己の財産をもって債務を消滅させる行為をしたときは，その他人に対し，そのために支出した財産の額の返還又は弁済を求めることを内容とする請求権をいいます。連帯保証人が債権者に対して債務を弁済した場合，連帯保証人は債務について最終的な責任を負うものではありませんので，主たる債務者に対して求償することができます（民459Ⅰ）。

4　主たる債務者からの委託を受けて保証人となった場合には，求償できる範囲は，弁済その他免責があった日以後の法定利息及び避けることができなかった費用その他の損害の賠償まで含みます（民459Ⅱ・442Ⅱ）。

5　主たる債務者からの委託を受けずに保証人となった場合には，主たる債務者に対し，主たる債務者がその当時利益を受けた限度において求償権を有することになります（民462Ⅰ・459の2Ⅰ）。また，主たる債務者の意思に反して保証人となった場合には，求償時で主たる債務者が現に利益を受けている限度でのみ求償権を有します（民462Ⅱ）。

6　本事例は，主たる債務者が負う貸金債務について，連帯保証した債務者（連帯保証人）が第三債務者（主たる債務者）に代わって弁済したことにより，第三債務者に対して求償債権を取得したため，その求償債権を債権者が差し押さえるケースとなります。

162 債務不履行に基づく損害賠償債権の場合

　　債権者が債務者に対する金銭債権の回収を図るため，債務者が第三債務者に対して有する工事の瑕疵による損害賠償請求権の差押えの申立てをする際に差押債権目録を作成する場合

【記載例】

差　押　債　権　目　録

　金○○○万円

　ただし，債務者と第三債務者との間の令和○年○月○日付け○○県○○市○○町○丁目○番地○○ビル新築工事請負契約に基づき，第三債務者がした工事における○○○○の瑕疵によって生じた，債務者が第三債務者に対して有する損害賠償請求権にして，頭書金額に満つるまで

以　　上

作成上の留意点

1　本事例は，債権者が債務者に対する金銭債権の回収を図るため，債務者（注文者）が第三債務者（請負人）に対して有する損害賠償請求権を差し押さえる際に作成する差押債権目録の記載例です。

2　本事例は，債権執行の申立てを想定したものですが，仮差押え（保全命令）の申立ての際に作成する仮差押債権目録にも使用できます。

408 差押・仮差押債権目録 各種契約関係

3 【記載例】は，債務者（注文者）と第三債務者（請負人）との間で請負契約があり，請負契約上の瑕疵により損害が発生し（不完全履行），その結果，債務者が第三債務者に対して損害賠償債権を有するケースです。

4 請負人が，①債務者がその債務の本旨に従った履行をしないとき，又は，②債務の履行が不能であるときに，原則として債権者が損害賠償を請求することができます（民415Ⅰ）。具体的には，履行遅滞・履行不能・不完全履行の3つの類型があり，それぞれの要件が満たされた場合に，注文者に損害賠償請求権が生じることになります。

5 債務不履行の損害賠償は，これによって通常生ずべき損害の賠償をさせることをその目的とします（民416Ⅰ）。また，特別の事情によって生じた損害であっても，当事者（本事例の場合は，債務者と第三債務者）がその事情を予見すべきであったときは，その賠償を請求することができます（民416Ⅱ）。

163 敷金返還請求権の場合

　債権者が債務者に対する金銭債権の回収を図るため，債務者が第三債務者に対して有する敷金返還請求権の差押えの申立てをする際に差押債権目録を作成する場合

【記　載　例】

差　押　債　権　目　録

　金○○○万円

　ただし，債務者が下記不動産の賃貸借契約に際し，第三債務者に差し入れた敷金（保証金名目のものも含む。）の返還請求権にして，頭書金額に満つるまで

記

　　所　　　　在　　○○県○○市○○町○丁目○番地

　　家 屋 番 号　　○番

　　種　　　　類　　事務所

　　構　　　　造　　鉄筋コンクリート造陸屋根2階建

　　床　面　積　　1階　○○．○○平方メートル

　　　　　　　　　　2階　○○．○○平方メートル

以　上

作成上の留意点

1　本事例は，債権者が債務者に対する金銭債権の回収を図るため，債務者（賃借人）が第三債務者（賃貸人）に対して有する敷金返還請求権を差し押さえる際に作成する差押債権目録の記載例です。

2　本事例は，債権執行の申立てを想定したものですが，仮差押え（保全命令）の申立ての際に作成する仮差押債権目録にも使用できます。

3　敷金とは，不動産の賃貸借の際，賃料その他賃貸借契約上の債務を担保する目的で賃借人が賃貸人に交付する停止条件付返還債務を伴う金銭であって，賃貸借契約の終了の際に，賃借人に債務不履行がなければ明渡時に返還されるものです。

4　現実の取引関係では，敷金の趣旨として，一般的に保証の名目で使われることが多くあります。しかし，保証金という名称は多義的であり，敷金と保証金では，別の債務であると認識する第三債務者もいますので，詳細が不明の場合には，【記載例】のように「敷金（保証金名目のものも含む。）」と表示します。

5　債務者が既に明渡し済の場合に限り転付命令を求めることができます。この場合には，「なお，下記不動産は令和○年○月○日に明渡し済である。」旨の表示をすることが必要になります。

《参考となる判例》

○転付命令は差し押さえた債権の券面額で無条件に弁済の効力を生ぜしめることを目的とするものであるから，現在金額が不確定であり，無条件にその金額の支払を請求できない債権は券面額のない場合と同様被転付適格を持たないものというべきであるとした事例（大阪高決昭41・5・20下民17・5-6・425，判時455・42）

差押・仮差押債権目録　　各種契約関係　　411

164　賃料債権の場合

　債権者が債務者に対する金銭債権の回収を図るため，債務者が第三債務者に対して有する賃料債権の差押えの申立てをする際に差押債権目録を作成する場合

【記載例：債務名義に基づく差押えの場合】

差　押　債　権　目　録

金○○○万円

　ただし，債務者が第三債務者に対して有する下記物件の賃料債権にして，本命令送達日以降支払期が到来する分から頭書金額に満つるまで

記

（物件の表示）

　○○県○○市○○町○丁目○番○号所在

　○○マンション1階○○号室

以　上

作成上の留意点

1　本事例は，債権者が債務者に対する金銭債権の回収を図るため，債務者（賃貸人）が第三債務者（賃借人）に対して有する賃料債権を差し押さえる際に作成する差押債権目録の記載例です。

2 　地代，家賃等の賃料債権については，継続的給付債権（民執151）となり，差押えの効力は，請求債権及び執行費用の全額に満つるまで将来に渡って及ぶことになります。

3 　本事例は，債権執行の申立てを想定したものですが，仮差押え（保全命令）の申立ての際に作成する仮差押債権目録にも使用できます。ただし，保全命令の申立ての場合には，仮差押えの暫定性に照らし，本案訴訟の平均審理期間を考慮して1年間に見合う金額を仮差押債権額とするのが実務の取扱いです。その場合には，「令和○年○月○日から令和○年○月○日までの間に支払期が到来する分」と表示します（八木一洋・関述之『民事保全の実務［第3版増補版］（上）』183頁（金融財政事情研究会，2015））。

4 　賃料債権の特定にあたって，必ずしも月額賃料の記載は必要ではありません。かえってこれを記載した場合には，差押え後に賃料が増額になったときに，増額分につき差押えの効力が及ぶか疑義を生じることになります。

5 　建物の一部を賃貸している場合には，賃貸部分について，部屋番号や図面等によって次のように特定します（民執実務・債権編（上）128頁）。

　　（例1）　「別紙物件目録記載の建物の101号室部分の賃料債権にして」

　　（例2）　「別紙物件目録記載の建物の1階部分の賃料債権にして」

　　（例3）　「別紙物件目録記載の建物のうち別紙図面の斜線部分の賃料債権にして」

6 　賃料債権が差し押さえられた場合でも，所有者の建物自体の処分は妨げられません。しかし，差押えの効力は，差押債権者の債権及び執行費用の額を限度として，建物所有者が将来収受すべき賃料に及んでいますので，譲受人は，建物の賃料債権を取得したことを差

差押・仮差押債権目録　　各種契約関係　　413

押債権者に対抗できないと解されています（後記《参考となる判例》参照）。

7　抵当権等の物上代位により賃料債権を差し押さえる場合は，下記【参考例1】のとおりです。

【参考例1：抵当権等の物上代位による差押えの場合】

差　押　債　権　目　録

金○○○万円

　ただし，債務者兼所有者が第三債務者に対して有する下記物件の賃料債権（管理費及び共益費相当分を除く。）にして，本命令送達日以降支払期が到来する分から頭書金額に満つるまで

記

　（物件の表示）

所　　在　　○○県○○市○○町○丁目○番地

家屋番号　　○番○

種　　類　　事務所

構　　造　　鉄筋コンクリート造陸屋根2階建

床　面　積　　1階　○○．○○平方メートル

　　　　　　　2階　○○．○○平方メートル

以　上

8　物上代位に基づく場合には，【参考例1】のように「（管理費及び共益費相当分を除く。）」という表示をします。管理費及び共益費相当分の法的性質並びに目的不動産維持管理の必要性をめぐって議論が

ありますが，実務上，その表示が求められています（民執実務・債権編
（上）129頁）。

9 物上代位に基づく場合に消費税相当額の控除が必要かについて
は，物上代位は可能であって控除するまでは必要がないと考えられ
ています。したがって，差押債権目録中に「（消費税相当額を除く。）」
という記載をしない限り，消費税相当額も差押えの範囲に含まれる
と解されています（民執実務・債権編（上）129頁）。

10 物上代位により賃料債権を差し押さえる場合で，共有建物全体に
抵当権等が設定されている場合には，建物の共有者各自が取得する
収益の全てについて物上代位ができます。下記【参考例2】は，建物
全体に抵当権等が設定されている場合において，共有者が連名で共
有建物を賃貸している場合における賃料を差し押さえる場合の記載
例となります。第三債務者に誤解を生じないように不可分債権であ
る旨を表示することを条件に，各賃貸人につき賃料の全額を差し押
さえることができます（民執実務・債権編（上）253頁）。

【参考例2：建物全体に抵当権等が設定されている場合において，甲
及び乙が連名で賃貸している場合】

① 甲及び乙の住所が管轄内のとき

当 事 者 目 録

債務者兼所有者（共有者）兼賃貸人　甲
所有者（共有者）兼賃貸人　　　　　乙

差 押 債 権 目 録

金〇〇〇万円

差押・仮差押債権目録　　各種契約関係　　415

　　ただし，賃貸人甲（又は乙）が第三債務者に対して有する下記
物件の賃料債権（管理費及び共益費相当分を除く。）にして，本命
令送達日以降支払期が到来する分から頭書金額に満つるまで
　　なお，賃貸人各自の賃料債権は相互に不可分債権の関係にある
ものとして差押えるものである。

以　　上

② 　甲及び乙の住所が管轄外のとき

当 　事 　者 　目 　録

　　債務者兼所有者（共有者）兼賃貸人　　甲

差 　押 　債 　権 　目 　録

　　金〇〇〇万円

　　ただし，賃貸人甲が第三債務者に対して有する下記物件の賃料
債権（管理費及び共益費相当分を除く。）にして，本命令送達日以
降支払期が到来する分から頭書金額に満つるまで
　　なお，他に賃貸人がいる場合には，賃貸人各自の賃料債権は相
互に不可分債権の関係にあるものとして差し押えるものである。

以　　上

（注）　この場合，甲に対する債権差押命令によっては，第三債務者に対して乙

に弁済することは禁止されているので，乙の管轄裁判所に，別途乙の有する賃料債権に対する物上代位を申し立てる必要がある。

《参考となる判例》

○建物所有者の債権者が賃料債権を差し押さえ，その効力が発生した後に，所有者が建物を他に譲渡し，賃貸人の地位が譲受人に移転した場合には，譲受人は，建物の賃料債権を取得したことを差押債権者に対抗することができないと解するべきであるとした事例（最判平10・3・24民集52・2・399，判時1639・45）

165 運送代金債権の場合

債権者が債務者に対する金銭債権の回収を図るため，債務者が第三債務者に対して有する運送代金債権の差押えの申立てをする際に差押債権目録を作成する場合

【記　載　例】

差　押　債　権　目　録

金○○○万円

ただし，債務者と第三債務者との間の運送契約に基づき，債務者が令和○年○月に○○○○（商品名）を○○県○○市○○町○丁目○番地所在の○○工場に運送したことによる運送代金債権にして，頭書金額に満つるまで

以　上

作成上の留意点

1　本事例は，債権者が債務者に対する金銭債権の回収を図るため，債務者（運送の受託者）が第三債務者（運送の委託者）に対して有する運送代金債権を差し押さえる際に作成する差押債権目録の記載例です。
2　本事例は，債権執行の申立てを想定したものですが，仮差押え（保全命令）の申立ての際に作成する仮差押債権目録にも使用できます。

3 【記載例】は，運送行為が1回だけのいわゆる単発的運送代金債権の場合です。運送の目的物が明確な場合には，【記載例】のように表示します。運送の目的物が明確でないときは，「トラック運送による運送賃債権」というように運送手段を明確にして特定します。

4 【参考例】は，トラック運送契約に基づき，一定期間における個々の運送委託契約が発生する場合です（一つの基本契約に基づく複数の契約が存在する型です。）。この場合，継続的給付債権ではありませんが，将来発生する運送代金債権についても，既に発生の基礎となる法律関係が存在し，近い将来における発生が確実に見込まれる財産価値を有するものであれば，差押えが可能とされています。ただし，将来分6か月間の差押えのみを認める取扱いが実務上多いといえます（民執実務・債権編（上）131頁・150頁）。

【参考例：継続的運送代金債権の場合】

差 押 債 権 目 録

金○○○万円

ただし，支払方法を毎月○日締め，翌月○日払いと定めた債務者と第三債務者との間のトラック運送契約に基づき，債務者が第三債務者に令和○年○月○日から令和○年○月○日までの間に○○○○（商品名）をトラック運送したことにより債務者が第三債務者に対して有する運送代金債権にして，支払期の早いものから頭書金額に満つるまで

以 上

《参考となる判例》

○期間を明示しないものの，ある程度長期に亘って継続的に洋菓子を運送
することを依頼し，被告がこれに応じて本件運送を行うことを開始した
ものであり，これにより，原告と被告との間に，期限の定めのない継続
的な運送契約が成立したものというべきであるとした事例（東京地判平
9・9・26判時1639・73）

166　カード代金債権の場合

債権者が債務者に対する金銭債権の回収を図るため，債務者が第三債務者に対して有するカード代金債権を差し押さえる際に差押債権目録を作成する場合

【記　載　例】

差　押　債　権　目　録

金○○○万円

　ただし，令和○年○月○日から令和○年○月○日までの間に支払期が到来する下記の各債権にして，支払期の早いものから，支払期の同じものについては下記記載の順序により，頭書金額に満つるまで

記

1　債権譲渡代金支払請求権

　　債務者と第三債務者との間の継続的な加盟店契約に基づき，第三債務者発行のカード又は第三債務者が債務者に取扱いを承認したカードを債務者に提示した者に対して，債務者が商品の販売又は役務の提供（信用販売）をしたことによって取得した債権を第三債務者に譲渡することを合意したことにより，債務者が第三債務者に対して有する信用販売に基づく債権譲渡代金の支払請求権

差押・仮差押債権目録　　各種契約関係　　421

2　立替払金支払請求権

　　債務者と第三債務者との間の継続的な加盟店契約に基づき，第三債務者発行のカード又は第三債務者が債務者に取扱いを承認したカードを債務者に提示した者に対して，債務者が商品の販売又は役務の提供（信用販売）をしたことによって取得した債権を信用販売の買主に代わり第三債務者が立替払いをすることを合意したことにより，債務者が第三債務者に対して有する信用販売に基づく立替払金の支払請求権

以　　上

作成上の留意点

1　本事例は，債権者が債務者に対する金銭債権の回収を図るため，債務者（加盟店）が第三債務者（カード会社）に対して有する信用販売契約等に基づく商品代金譲渡代金債権を差し押さえる際に作成する差押債権目録の記載例です。

2　本事例は，債権執行の申立てを想定したものですが，仮差押え（保全命令）の申立ての際に作成する仮差押債権目録にも使用できます。

3　カードの使用により信用販売する場合，カード会社と加盟店との間の加盟店契約の内容により，大きく分けて二つの形態があります。債権譲渡的な構成を採るものと，立替払い的な構成を採るものです。【記載例】のように順序を付すことで，どちらの形態でも差押えが可能となります。

4　本事例は継続的給付債権（民執151）ではありません。しかし，既に発生の基礎となる法律関係が存在し，近い将来における発生が確実に見込まれる財産価値を有するものであれば，支払期が将来にわたる部分についても差押えは可能だと考えられます。ただし，差し

押さえる分が将来債権に該当する場合には，第三債務者の負担等を考え，将来分6か月間（令和○年○月○日から令和○年○月○日までと特定する。）の差押えのみを認める取扱いが実務上多いといえます（園部・書式債権・その他財産権・動産等執行の実務197頁）。

《参考となる判例》

○クレジットカード利用の加盟店が，クレジットカード会社との間の加盟店契約に基づいて，クレジットカード利用者に対してしたサービスの提供，物品の販売等の対価について，クレジットカード会社に対して有すべき将来の支払請求債権（債権発生期間は6か月以内に限定）の差押えは可能であるとした事例（東京高決平12・11・21判時1740・52）

167 生命保険金の場合

　債権者が債務者に対する金銭債権の回収を図るため，債務者が第三債務者に対して有する生命保険金支払請求権の差押えの申立てをする際に差押債権目録を作成する場合

【記　載　例】

差　押　債　権　目　録

　金○○○万円

　債務者が第三債務者に対して有する下記生命保険契約に基づく保険金支払請求権にして，頭書金額に満つるまで

　なお，下記被保険者は令和○年○月○日に死亡した。

記

　保険契約の表示

<table>
<tr><td>　　保険証券番号</td><td>○○○○号</td></tr>
<tr><td>　　契　　約　　日</td><td>令和○年○月○日</td></tr>
<tr><td>　　種　　　　　類</td><td>○○生命保険</td></tr>
<tr><td>　　保　険　期　間</td><td>○○年</td></tr>
<tr><td>　　保　険　金　額</td><td>○○○万円</td></tr>
<tr><td>　　保　　険　　者</td><td>第三債務者</td></tr>
<tr><td>　　被　保　険　者</td><td>○　○　○　○</td></tr>
<tr><td>　　契　　約　　者</td><td>○　○　○　○</td></tr>
<tr><td>　　受　　取　　人</td><td>債務者</td></tr>
</table>

以　上

424　　差押・仮差押債権目録　　各種契約関係

作成上の留意点

1　本事例は，債権者が債務者に対する金銭債権の回収を図るため，債務者（受取人）が第三債務者（生命保険会社）に対して有する生命保険金の支払請求権を差し押さえる際に作成する差押債権目録の記載例です。

2　本事例は，債権執行の申立てを想定したものですが，仮差押え（保全命令）の申立ての際に作成する仮差押債権目録にも使用できます。

3　保険契約の表示については，特定の要素として，保険証券番号，契約日，保険の種類，保険期間，保険金額，保険者（第三債務者），被保険者，契約者，受取人等を記載する必要があります。ただし，特定のためにこれらの事実をすべて記載する必要があるという趣旨ではなく，実務上，保険証券番号の表示があれば，それだけで特定できることもあります。ただ，債権者があらかじめ保険証券を担保として預かっている場合も総じて多いとみられ，実務では特定の要素の全てを網羅した記載をする例も多くみられます（園部・書式債権・その他財産権・動産等執行の実務207頁）。

4　生命保険金の支払請求権の場合，将来発生する被保険者の死亡を不確定期限としますので，この場合には，転付命令の対象とはなりません。しかし，被保険者が既に死亡していて現実に債権が発生している場合には転付命令の発令が可能となり，この場合には【記載例】のように被保険者の死亡年月日の記載が必要になります。

5　上記とは異なり，債務者（契約者）と第三債務者（生命保険会社）間の生命保険契約を解約することに基づき，債務者が第三債務者に対して有する解約返戻金を差し押さえる場合は，下記【参考例1】のとおりです。

6　この場合に，生命保険契約の解約返戻金を差し押さえた債権者は，これを取り立てるために，債務者の有する解約権を行使することが

差押・仮差押債権目録　　各種契約関係　　425

できるとされています（後記《参考となる判例》参照）。

【参考例1：生命保険の解約返戻金請求権を差し押さえる場合】

　　債務者が第三債務者に対して有する下記生命保険契約の解約返
戻金支払請求権にして，頭書金額に満つるまで

記（省略）

7　債務者（契約者）と第三債務者（生命保険会社）間の生命保険契
　約が満期を迎えたことにより，債務者が第三債務者に対して有する
　満期返戻金を差し押さえる場合は，下記【参考例2】のとおりです。

【参考例2：生命保険の満期返戻金請求権を差し押さえる場合】

　　債務者が第三債務者に対して有する下記生命保険契約の満期返
戻金支払請求権にして，頭書金額に満つるまで

記（省略）

8　債務者（契約者）と，相互会社である第三債務者（生命保険会社）
　間の生命保険契約に基づき，債務者が第三債務者に対して有する社
　員配当金を差し押さえる場合は，下記【参考例3】のとおりです。

【参考例3：生命保険の配当金を差し押さえる場合】

　　債務者が第三債務者に対して有する下記生命保険契約の配当金
支払請求権にして，頭書金額に満つるまで

記（省略）

9　生命保険契約の解約返戻金，満期返戻金及び社員配当金の各支払

426 　　　差押・仮差押債権目録　　各種契約関係

請求権を同時に差し押さえる場合は，下記【参考例4】のように順位
を付して債権を特定します。

【参考例4：生命保険の解約返戻金，満期返戻金，配当金を同時に差し
押さえる場合】

　債務者と第三債務者との間の下記生命保険契約に基づき，債務
者が第三債務者に対して有する，本命令送達日以降支払期の到来
する①配当金支払請求権にして，支払期の早いものから頭書金額
に満つるまで。①により完済されないうちに契約が中途解約され
た場合には，②解約返戻金支払請求権にして①と合計して頭書金
額に満つるまで。①により完済されず，かつ，中途解約されない
うちに契約が満期を迎えた場合には，③満期返戻金支払請求権に
して①と合計して頭書金額に満つるまで

記（省略）

10　契約が複数ある場合で，保険証券番号が明らかでなくても，契約
者の基本情報（氏名・住所・生年月日等）があれば生命保険契約の
解約返戻金，満期返戻金及び配当金の各支払請求権を差し押さえる
ことが可能です（【参考例5】）。この場合，保険契約の保険証番号等
を記載せず契約年月日の先後等で順位付けをして差押債権の特定を
します。ただし，この差押えは，生命保険協会に加盟する生命保険
会社を対象とし，生年月日等をもって契約者を特定することから個
人であることが前提とされています。（東京地方裁判所民事執行センタ
ー「生命保険契約に基づく解約返戻金等請求権の差押え」金法1988号74頁（金
融財政事情研究会，2014））。また，生年月日等の証明のため，債務者の
住民票等の公文書の提出が求められます。

差押・仮差押債権目録　　各種契約関係　　427

【参考例5：生命保険の解約返戻金，満期返戻金，配当金を同時に差し
押さえる場合（保険証券番号を把握していない場合)】

差　押　債　権　目　録

　金○○○万円

　債務者（○○年○月○日生）が，第三債務者との間の生命保険
契約に基づき，第三債務者に対して有する下記債権にして，頭書
金額に満つるまで

記

1　本命令送達日以降支払期の到来する配当金請求権にして，支
　払期の早いものから頭書金額に満つるまで
2　1により完済されないうちに契約が中途解約された場合には，
　解約返戻金請求権にして1と合計して頭書金額に満つるまで
3　1により完済されず，かつ，中途解約されないうちに契約が満
　期を迎えた場合には，満期金請求権にして1と合計して頭書金
　額に満つるまで

　ただし，契約が複数ある場合は，
　(1)　契約年月日が古い順序
　(2)　契約年月日が同一の契約があるときは，保険証券番号の
　　若い順序
　によることとし，これらの順序による各契約について，上記1な
いし3の債権。
　また，契約が複数ある場合には，本命令送達時に各契約を解約

した場合の解約返戻金の金額（以下「送達時解約返戻金額」とい
う。）を各契約の差押額とする（上記(1)(2)の順に各契約の送達時
解約返戻金額を合計した額が頭書金額を超えるときは，その超え
る額を除く。）。この場合において，上記1ないし3の「頭書金額」
とあるのは，それぞれ「差押額」と読み替える。

以　上

《参考となる判例》

○生命保険契約の解約権は，身分法上の権利と性質を異にし，その行使を
　保険契約者のみの意思に委ねるべき事情はないから，一身専属的権利で
　はなく，生命保険契約の解約返戻金請求権を差し押さえた債権者は，こ
　れを取り立てるために，債務者の有する解約権を行使することができる
　とした事例（最判平11・9・9民集53・7・1173，判時1689・45）
○債務者が第三債務者である生命保険会社に対して有する生命保険契約に
　基づく保支払請求権（配当金請求権，解約返戻金請求権，満期金請求権）
　を対象とする債権差押命令の申立てにおいて，契約の種別・種類でなく，
　契約年月日の先後で特定した場合についても債権の特定を欠くとはいえ
　ないとされた事例（東京高決平22・9・8判時2099・25）

差押・仮差押債権目録　　各種契約関係　　429

168　火災保険金の場合

　債権者が債務者に対する金銭債権の回収を図るため，債務者が第三債務者に対して有する火災保険金支払請求権の差押えの申立てをする際に差押債権目録を作成する場合

【記　載　例】

差　押　債　権　目　録

　金○○○万円
　ただし，債務者が第三債務者に対して有する下記損害保険契約に基づく保険金支払請求権にして，頭書金額に満つるまで
　なお，下記保険の建物は，令和○年○月○日火災で全焼した。
記
　保険契約の表示
　　　保険証券番号　　　○○○○号
　　　契　約　日　　　令和○年○月○日
　　　種　　　類　　　○○火災保険
　　　保　険　期　間　　　○○年
　　　保　険　金　額　　　○○○万円
　　　保　険　者　　　第三債務者
　　　契　約　者　　　債務者
　　　受　取　人　　　債務者
　　　保険の目的　　　債務者所有の別紙物件目録記載の建物
以　上

（別紙物件目録省略）

作成上の留意点

1 本事例は，債権者が債務者に対する金銭債権の回収を図るため，債務者（受取人）が第三債務者（損害保険会社）に対して有する損害保険（火災保険）の支払請求権を差し押さえる際に作成する差押債権目録の記載例です。

2 本事例は，債権執行の申立てを想定したものですが，仮差押え（保全命令）の申立ての際に作成する仮差押債権目録にも使用できます。

3 保険契約の表示については，特定の要素として，保険証券番号，契約日，保険の種類，保険期間，保険金額，保険者（第三債務者），契約者，受取人，保険の目的等を記載する必要があります。ただし，特定のためにこれらの事実をすべて記載する必要があるという趣旨ではなく，実務上，保険証券番号の表示があれば，それだけで特定できることもあります。逆に保険証券番号が判明しないときは，【記載例】に列挙された特定の要素をできる限り表示すべきです（園部・書式債権・その他財産権・動産執行の実務216頁）。

4 損害保険の支払請求権の場合，将来発生する損害を不確定期限としますので，この場合には，転付命令の対象とはなりません。しかし，現実に損害が発生している場合には転付命令の発令が可能となりますので，【記載例】のように具体的な損害の事実の記載（「令和〇年〇月〇日火災で全焼した。」等）が必要になります。また，この場合に，支払請求権の発生原因事実が生じている以上，債権の存否及び額が確定されていなくても，転付命令の発令は可能であるとの判決があります（後記《参考となる判例》参照）。

5 上記【記載例】と異なり，債務者（契約者）と第三債務者（損害保険会社）間の損害保険契約を解約することに基づき，債務者が第三債務者に対して有する解約返戻金を差し押さえる場合は，下記【参考例1】のとおりです。

差押・仮差押債権目録　　各種契約関係　　431

【参考例1：損害保険の解約返戻金請求権を差し押さえる場合】

債務者が第三債務者に対して有する下記損害保険契約の解約返
戻金支払請求権にして，頭書金額に満つるまで

記（省略）

6　債務者（契約者）と第三債務者（損害保険会社）間の損害保険契
約について，損害が発生することなく保険の満期を迎えた場合，保
険の一定の割合が返戻金として契約者に支払われる特約が存在する
ことがあります。この満期返戻金を差し押さえる場合には，下記【参
考例2】のとおりです。

【参考例2：損害保険の満期返戻金請求権を差し押さえる場合】

差　押　債　権　目　録

金○○○万円

債務者が第三債務者に対して有する下記損害保険契約の満期返
戻金支払請求権にして，頭書金額に満つるまで

記

保険契約の表示

保険証券番号　　○○○○号

契　　約　　日　　令和○年○月○日

種　　　　類　　○○火災保険

保　険　期　間　　○○年

保　険　金　額　　○○○万円

保　険　者	第三債務者
契　約　者	債務者
受　取　人	債務者
保 険 の 目 的	債務者所有の別紙物件目録記載の建物
特 約 事 項	保険事故が発生することなく保険契約が終了したときは，保険者契約者に対して保険金の○○パーセントである金○○万円を支払う。

以　上

（別紙物件目録省略）

《参考となる判例》

○転付命令の発令当時において債権の発生原因事実が生じている以上，債権の存否及び額が確定されてなく，その確定のための手続が残されている場合であっても，客観的に発生し存在している被差押債権につき債権転付の効力を生じるとした事例（東京高決昭60・12・5東高時報36・10―12・187，判時1178・92）

差押・仮差押債権目録　　各種契約関係　　433

169　執筆料債権の場合

　債権者が債務者に対する金銭債権の回収を図るため，債務者が第三債務者に対して有する執筆料債権の差押えの申立てをする際に差押債権目録を作成する場合

【記　載　例】

差　押　債　権　目　録

　金〇〇〇万円
　ただし，毎日発行の出版物「日刊〇〇」に令和〇年〇月〇日から令和〇年〇月〇日までに連載した題名「〇〇〇〇」の執筆に関して，債務者が第三債務者に対して有する本命令送達日以降支払期の到来する執筆料債権から所得税を差し引いた残額にして，頭書金額に満つるまで

以　上

作成上の留意点

1　本事例は，債権者が債務者に対する金銭債権の回収を図るため，債務者（執筆者）が第三債務者（出版社）に対して有する執筆料債権を差し押さえる際に作成する差押債権目録の記載例です。

2　第三債務者からの依頼に基づき，債務者が原稿等を執筆したことによって受ける報酬（執筆料又は原稿料といいます。）を差し押さえるケースです。

3　本事例は，債権執行の申立てを想定したものですが，仮差押え（保

全命令)の申立ての際に作成する仮差押債権目録にも使用できます。

4　類似の事案として，出演料債権や演奏料債権を差し押さえるケースがあります。この場合の差押債権目録は，下記【参考例】のとおりです。

【参考例1：出演料債権の場合】

差 押 債 権 目 録

　金〇〇〇万円

　ただし，第三債務者の主催する〇〇市民センターホールにおける歌劇「〇〇〇〇〇」に債務者が令和〇年〇月〇日から令和〇年〇月〇日まで出演したことにより，債務者が第三債務者に対して有する本命令送達日以降支払期の到来する出演料債権にして，頭書金額に満つるまで

　　　　　　　　　　　　　　　　　　　　　　　　以　上

【参考例2：演奏料債権の場合】

差 押 債 権 目 録

　金〇〇〇万円

　ただし，債務者が令和〇年〇月〇日に〇〇県民会館ホールにおいて〇〇〇〇を演奏したことにより債務者が第三債務者に対して有する演奏料債権にして，頭書金額に満つるまで

　　　　　　　　　　　　　　　　　　　　　　　　以　上

170　特許権等の専用実施料債権の場合

　債権者が債務者に対する金銭債権の回収を図るため，債務者が第三債務者に対して有する①特許権の専用実施料，②実用新案権の専用実施料，③意匠権の専用実施料，④商標権の専用使用料の各債権の差押えの申立てをする際に差押債権目録を作成する場合

【記載例1：特許権の専用実施料の場合】

差　押　債　権　目　録

　金〇〇〇万円

　ただし，債務者が第三債務者に対して有する令和〇年〇月〇日から令和〇年〇月〇日までの下記特許権について設定した専用実施権の対価（実施料）の支払請求権にして，頭書金額に満つるまで

記

　　特　許　番　号　　第〇〇〇〇号〇〇〇〇
　　登録名義人　　　　〇　〇　〇　〇
　　専用実施権者　　　〇　〇　〇　〇

以　上

【記載例2：実用新案権の専用実施料の場合】

差 押 債 権 目 録

　金〇〇〇万円

　ただし，債務者が第三債務者に対して有する令和〇年〇月〇日から令和〇年〇月〇日までの下記実用新案権について設定した専用実施権の対価（実施料）の支払請求権にして，頭書金額に満つるまで

記

　実用新案登録番号　　第〇〇〇〇号〇〇〇〇

　登 録 名 義 人　　〇 〇 〇 〇

　専 用 実 施 権 者　　〇 〇 〇 〇

以 上

【記載例3：意匠権の専用実施料の場合】

差 押 債 権 目 録

　金〇〇〇万円

　ただし，債務者が第三債務者に対して有する令和〇年〇月〇日から令和〇年〇月〇日までの下記意匠権について設定した専用実施権の対価（実施料）の支払請求権にして，頭書金額に満つるまで

差押・仮差押債権目録　　各種契約関係　　437

```
                          記
　意匠登録番号　　第○○○○号○○○○

　登 録 名 義 人　　○ ○ ○ ○

　専用実施権者　　○ ○ ○ ○

                                              以　上
```

【記載例4：商標権の専用使用料の場合】

```
              差 押 債 権 目 録


　金○○○万円

　ただし，債務者が第三債務者に対して有する令和○年○月○日

から令和○年○月○日までの下記商標権について設定した専用実

施権の対価（使用料）の支払請求権にして，頭書金額に満つるま

で

                          記
　商標登録番号　　第○○○○号○○○○

　登 録 名 義 人　　○ ○ ○ ○

　専用使用権者　　○ ○ ○ ○

                                              以　上
```

作成上の留意点

1　本事例は，債権者が債務者に対する金銭債権の回収を図るため，

　債務者が第三債務者に対して有する①特許権の専用実施料，②実用

新案権の専用実施料，③意匠権の専用実施料，④商標権の専用使用料の各債権を差し押さえる際に作成する差押債権目録の記載例です。

2　【記載例1】ないし【記載例3】については，特許権，実用新案権，意匠権に関して，債務者（権利者）が第三債務者（実施者）に対して有する対価としての実施料について債権者が差し押さえるケースです。

3　特許権とは，特許法により特許を受けた発明を業として排他的独占的に実施できる権利を指します。実用新案権とは，登録された考案（アイデア）を，独占的に実施することが許される権利です。意匠権とは，新規性と創作性があり，美感を起こさせる外観を有する物品の形状・模様・色彩のデザインの創作について独占的に実施することができる権利をいいます。これらの権利については，当事者の契約により設定された範囲内で，実施（製造・販売等）することができます。

4　【記載例4】については，商標権に関して，債務者（権利者）が第三債務者（使用者）に対して，名称を使用する対価としての使用料を差し押さえるケースです。

5　商標権とは，商標を独占的に使用できる権利をいいます。商標権について当事者の契約により設定された範囲内で，商標を使用することができます。

6　【記載例1】ないし【記載例4】の各事例は，債権執行の申立てを想定したものですが，仮差押え（保全命令）の申立ての際に作成する仮差押債権目録にも使用できます。

差押・仮差押債権目録　　給与・報酬関係　　439

第2　給与・報酬関係

171　給料，賞与及び退職金債権の場合

債権者が債務者に対する金銭債権の回収を図るため，債務者が第三債務者に対して有する給料債権等の差押えの申立てをする際に差押債権目録を作成する場合

【記　載　例】

差　押　債　権　目　録

金〇〇〇万円

　債務者（〇〇勤務）が，第三債務者から支給される，本命令送達日以降支払期の到来する下記債権にして，頭書金額に満つるまで

記

1　給料（基本給と諸手当。ただし，通勤手当を除く。）から，所得税，住民税，社会保険料を控除した残額の4分の1（ただし，上記残額が月額44万円を超えるときは，その残額から33万円を控除した金額）

2　賞与から1と同じ税金等を控除した残額の4分の1（ただし，上記残額が44万円を超えるときは，その残額から33万円を控除した金額）

　なお，1及び2により弁済しないうちに退職したときは，退職金

から所得税，住民税を控除した残額の4分の1にして，1及び2と合計して頭書金額に満つるまで

以　上

作成上の留意点

1　本事例は，債権者が債務者に対する金銭債権の回収を図るため，債務者（会社員又は被雇用者）が第三債務者（会社又は雇用主）に対して有する給料債権等を差し押さえる際に作成する差押債権目録の記載例です。また，本事例は債務者の給料が月払いのときのものです。一般に，給料の支払は月払いとされることが多いことから，最も多く使用されるケースと考えられます。

2　給料とは，雇用契約その他継続的労務（役務）に対する報酬として継続的に支払われる金銭債権を意味し，継続的給付債権（民執151）に該当します。

3　本事例は，債権執行の申立てを想定したものですが，保全命令の申立てにおいて仮差押目録を作成するときも同様です。ただし，保全命令の申立ての場合には，保全の必要性の観点から，「本命令送達日以降令和○年○月○日までの間に支払期の到来する」というように，本案訴訟の平均審理期間を考慮して1年程度の期間に見合う金額を仮差押債権目録とするのが実務の取扱いとなります（八木一洋・関述之『民事保全の実務［第3版増補版］（上）』183頁（金融財政事情研究会，2015））。

4　賞与債権，退職金債権には，給与債権の差押えの効力が当然には及ばないため，【記載例】のように別途差押えの対象として表示します。

5　給料，賃金，退職年金及び賞与並びにこれらの性質を有する給与

にかかる債権は，その支払期に受けるべき給付の4分の3の差押えが禁止されています（民執152 I ②）。また，退職手当及びその性質を有する給与に係る債権についても，4分の3に相当する部分が差押禁止になります（民執152 II）。ただし，給与等に係る債権の4分の3の額が民事執行法施行令2条に定める額（標準的な世帯の必要生計費を勘案して政令で定める額）を超える部分については，差押えが可能です。

6　第三債務者の便宜を考慮して，「債務者（○○勤務）」の部分は，債務者の具体的な勤務先や所属先を記載します。また控除する額についても，法定控除額とせずに，「所得税，住民税，社会保険料」と具体的に表示したほうがよいとされています。

7　給料，賞与及び退職金の差押えについては，第三債務者に変更がなく，債務者との間の継続的な法律関係が同一性を維持する限り，債務者の転勤，出向，昇給等によって変動した後の収入にも当然に及ぶと解されています。ただし，退職した場合はもとより，再就職した場合には差押えの効力は及ばないと解されています。

《参考となる判例》

○第三債務者に対する給与債権の差押命令正本送達後に債務者が退職し，その後同一雇用主に再就職した場合には，同退職が執行を免れるための仮装のものと認められるような特段の事情がないかぎり，同差押えの効力は再就職の給与債権には及ばないとした事例（東京地判昭63・3・18判時1304・102）

172 給料，賞与及び退職金債権（仮差押えの本執行移行）の場合

債権者が債務者に対する金銭債権の回収を図るため，債務者が第三債務者に対して有する給料債権等の差押えの申立てをする際に差押債権目録を作成する場合（仮差押えの本執行移行）

【記　載　例】

差　押　債　権　目　録

金○○○万円

　債務者（○○勤務）が，第三債務者から支給される，令和○年○月○日（○○地方裁判所令和○年（ヨ）第○○号債権仮差押命令申立事件の仮差押決定正本が第三債務者に送達された日）以降，第三債務者から支給された又は支給される下記債権にして，頭書金額に満つるまで

記

1　給料（基本給と諸手当。ただし，通勤手当を除く。）から所得税，住民税及び社会保険料を控除した残額の4分の1（ただし，上記残額が月額44万円を超えるときは，その残額から33万円を控除した金額）

2　賞与から1と同じ税金等を控除した残額の4分の1（ただし，上記残額が44万円を超えるときは，その残額から33万円を控除した金額）

差押・仮差押債権目録　　給与・報酬関係　　443

　　なお，1及び2により弁済しないうちに退職したときは，退職金から所得税及び住民税を控除した残額の4分の1にして，1及び2と合計して頭書金額に満つるまで

　　なお，本件は，○○地方裁判所令和○年（ヨ）第○○号債権仮差押命令申立事件からの本執行移行である。

　　　　　　　　　　　　　　　　　　　　　　　　以　　上

作成上の留意点

1　本事例は，債権者が債務者に対する金銭債権の回収を図るため，債務者（会社員又は被雇用者）が第三債務者（会社又は雇用主）に対して有する給料債権等を差し押さえる際に作成する差押債権目録の記載例であり，仮差押えの申立債権者が，債権執行を申し立てた場合を想定しています（仮差押えの本執行移行）。

2　本事例は，債務者の給料が月払いのときのものです（給料の内容等については「171　給料，賞与及び退職金債権の場合」参照）。

3　仮差押えの本執行移行の場合，仮差押えの時点からの給料債権に対し，差押え（本執行）の効力が及ぶことになります。

4　第三債務者の便宜を考えると仮差押えの本執行としての差押えであるか，仮差押えとは別個の差押えであるかによって，第三債務者や執行裁判所の対応が異なります。そのため，実務では，【記載例】のように裁判所が仮差押えの本執行としての差押えであると認める場合には，差押債権目録において「本件は，○○地方裁判所令和○年（ヨ）第○○号債権仮差押命令申立事件からの本執行移行である。」と付記する取扱いが多いといえます。

5　ただし，仮差押えと差押え（本執行）の内容について，同一である必要があります。差押えが仮差押えの本執行移行になるために

は，①当事者が同一であること，②請求債権が同一であること，③執行の目的が同一であることが必要になります。そのため，本執行に移行する旨の記載がされているときは，裁判所から，仮差押決定正本の写し及び第三債務者に対する仮差押決定正本の送達証明書又は第三債務者の陳述書の写し等の提出が求められることになります（民執実務・債権編（上）323頁）。

差押・仮差押債権目録　　給与・報酬関係　　445

173　養育費その他扶養義務等に係る定期金債権の場合

　債権者が債務者に対する金銭債権（養育費）の回収を図るため，債務者が第三債務者に対して有する給料債権等の差押えの申立てをする際に差押債権目録を作成する場合

【記　載　例】

差　押　債　権　目　録

1　金○○○万円（請求債権目録記載の1）
2　(1)　令和○年○月から令和○年○月まで，毎月末日限り○万円ずつ（請求債権目録記載の2(1)）
　　(2)　令和○年○月から令和○年○月まで，毎月末日限り○万円ずつ（請求債権目録記載の2(2)）
　債務者（○○勤務）が，第三債務者から支給される，本命令送達日以降支払期の到来する下記債権にして，頭書1及び2の金額に満つるまで
　　ただし，頭書2の(1)及び(2)の金額については，その確定期限の到来後に支払期が到来する下記債権に限る。
記
1　給料（基本給と諸手当。ただし，通勤手当を除く。）から，所得税，住民税，社会保険料を控除した残額の2分の1（ただし，上記残額が月額66万円を超えるときは，その残額から33万円を

控除した金額）

2　賞与から1と同じ税金等を控除した残額の2分の1（ただし，上
記残額が66万円を超えるときは，その残額から33万円を控除し
た金額）

なお，1及び2より弁済しないうちに退職したときは，退職金か
ら所得税，住民税を控除した残額の2分の1にして，1及び2と合計
して頭書金額に満つるまで

以　上

作成上の留意点

1　本事例は，債権者が債務者に対する養育費を請求するため，債務
者（会社員又は被雇用者）が第三債務者（会社又は雇用主）に対し
て有する給料債権等の差押えの申立てをする際に作成する差押債権
目録の記載例です。

2　平成15年及び平成16年の民事執行法改正により，従前は，他の一
般債権と特に異なる扱いがされていなかった養育費その他の扶養義
務等に係る金銭債権（以下「扶養義務等債権」という。）に基づく強
制執行について，いくつかの特例が設けられました。この中で，期
限未到来の定期金債権による差押えの特例（民執151の2）及び差押禁
止範囲の特例（民執152Ⅲ）を適用した申立てが可能になりました（民
執実務・債権編（上）192頁）。

3　期限未到来の定期金債権による差押えの特例は，扶養義務等債権
を有する債権者の手続的負担を軽減するため，債権者が，扶養義務
等債権で，かつ，確定期限の定めのある定期金債権であるものを有
する場合において，その定期金債権の一部が不履行になっていると
きは，いまだ期限が到来していない分の定期金債権についても一括

差押・仮差押債権目録　　給与・報酬関係　　447

して給料その他継続的給付に係る債権に対する強制執行を開始する
ことができることとし，将来分の定期金債権に基づく差押えが可能
です。（定期金債権についての特例）

4　この特例が期限未到来の強制執行の開始という重大な例外を認め
るものであることから，この特例を設けた趣旨が妥当し，債権者の
手続的負担を軽減するべき必要性が特に高いものに限定されていま
す。請求債権とすることができる債権は，民事執行法151条の2第1
項各号に掲げられている，①夫婦間の協力扶助義務（民752），②婚姻
費用分担義務（民760），③子の監護費用分担義務（民766等），④扶養義
務（民877から880まで）に係る債権になります。請求債権目録は，下記
【参考例】を参照してください。

【参考例：扶養義務等に係る定期金債権による差押えの請求債権目録】

請　求　債　権　目　録

　　○○家庭裁判所令和○年（家イ）第○○号事件の調停調書正本
に表示された下記金員及び執行費用
　　　　　　　　　　　　　　　記
1　確定期限が到来している債権及び執行費用　金○○○○円
　(1)ア　金○○○○円
　　　　　ただし，債権者，債務者間の長男○○についての令和○
　　　　年○月から令和○年○月まで1か月金5万円の養育費の未
　　　　払分（支払期毎月末日）
　　　イ　金○○○○円
　　　　　ただし，債権者，債務者間の長女○○についての令和○

年○月から令和○年○月まで1か月金5万円の養育費の未払分（支払期毎月末日）

(2) 金○○○円

ただし，執行費用

（内訳）本申立手数料 　　　　　　　金○○○円

本申立書作成及び提出費用 　金○○○円

差押命令正本送達費用 　　　金○○○円

資格証明書交付手数料 　　　金　○○円

送達証明書申請手数料 　　　金　○○円

2　確定期限が到来していない各定期金債権

(1)　令和○年○月から令和○年○月（債権者，債務者間の長男○○が満20歳に達する月）まで，毎月末日限り金5万円ずつの養育費

(2)　令和○年○月から令和○年○月（債権者，債務者間の長女○○が満20歳に達する月）まで，毎月末日限り金5万円ずつの養育費

以　上

5　また，平成15年の民事執行法改正により，扶養義務等債権に基づく強制執行においては，この法律上一律に差押禁止とする範囲がその給付の「4分の3」に相当する部分から「2分の1」に相当する部分に減縮されています（民執152Ⅲ）。（差押禁止範囲の特例）

6　なお，扶養義務等に係る定期金債権については，東京地方裁判所民事執行センター「インフォメーション21」（http://www.courts. go.jp/tokyo/saiban/minzi_section21/index.html）においても，ケースごとの詳細な記載例が公開されています。

差押・仮差押債権目録　　給与・報酬関係　　449

174　労務報酬債権（給料支払形態が不明のとき）の場合

　債権者が債務者に対する金銭債権の回収を図るため，債務者が第三債務者に対して有する給料又は労務報酬債権（給料支払形態が不明のとき）の差押えの申立てをする際に差押債権目録を作成する場合

【記　載　例】

差　押　債　権　目　録

　金○○○万円

　債務者（○○勤務）が，第三債務者から支給される，本命令送達日以降支払期の到来する給料（基本給と諸手当。ただし，通勤手当を除く。）又は継続的に支払いを受ける労務報酬債権（日給，週給，歩合手当，割増金）並びに賞与債権（夏季，冬季，期末，勤勉手当）の額から所得税，住民税及び社会保険料を差し引いた残額の4分の1（ただし，給料債権及び継続的に支払を受ける労務報酬債権から上記と同じ税金等を控除した残額の4分の3に相当する額が，下記一覧表記載の支払期の別に応じ，同記載の政令で定める額を超えるときは，その残額から政令で定める額を控除した金額。また，賞与債権については，上記税金等を控除した残額が44万円を超えるときは，その残額から33万円を控除した金額。）にして，頭書の金額に満つるまで

差押・仮差押債権目録　　給与・報酬関係

　　なお，前記により弁済しないうちに退職したときは，退職金債
　権から所得税及び住民税を控除した残額の4分の1にして，前記に
　よる金額と合計して頭書金額に満つるまで

記

支　払　期	政　令　で　定　め　る　額
毎　　　月	33万円
毎　半　月	16万5000円
毎　　　旬	11万円
月の整数倍の期間ごと	33万円に当該倍数を乗じて得た金額に相当する額
毎　　　日	1万1000円
その他の期間	1万1000円に当該期間に係る日数を乗じて得た金額に相当する額

以　上

作成上の留意点

1　本事例は，債権者が債務者に対する金銭債権の回収を図るため，
　債務者（被雇用者又は労役者）が第三債務者（雇用主又は使用者）
　に対して有する給与債権又は労務報酬債権を差し押さえる際に作成
　する差押債権目録の記載例です。いずれも，継続的給付債権（民執
　151）に該当します。

2　労務報酬債権とは，労役者又は雇人が使用者からその労力又は役
　務のために行った継続的かつ定期的に支払を受ける報酬債権全般を
　指します。差押債権が給料債権か労務報酬債権かどうか不明な場合
　には，第三債務者が混乱しないように，「給料又は継続的に支払を受

差押・仮差押債権目録　　給与・報酬関係　　451

ける労務の報酬」として特定しておくことで，いずれの債権であっても差押えをすることができます。

3　また，歩合手当や時間外割増金の場合でも，それが実質的に見て労力又は役務に対する報酬であって，給与と同様に生計を維持するために支給を受ける継続的な収入であれば，その支払期に受けるべき給付の4分の3について差押えが禁止されます（民執152Ⅰ①）。

4　本事例は，債権執行の申立てを想定したものですが，保全命令の申立てにおいて仮差押目録を作成するときも同様です。ただし，保全命令の申立ての場合には，保全の必要性の観点から，「本命令送達日以降令和○年○月○日までの間に支払期の到来する。」というように，本案訴訟の平均審理期間を考慮して1年程度の期間に見合う金額を仮差押債権目録とするのが実務の取扱いとなります（民事保全・実務と書式2205頁）。

5　本事例は，債務者の給与等の支払期が明らかでないときの記載例です。この場合には，差押禁止の範囲が第三債務者にも判別しやすいように，民事執行法施行令2条で定める金額を表示します。

《参考となる判例》

○「給料」とは，労役者又は雇人が使用者から継続的かつ定期的に支払を受ける労力又は役務に対する報酬の意味と解するのが相当であり，日給又は月給として支払を受けるものたると，歩合又は出来高払の名称により支払われるものたると，又は各種手当金の名称により労働契約の諸般の実情に応じ支払われるものたるとを問わず，それが継続的かつ定期的に支払われるものである限り，すべてこれを含むものと解する。

（大阪高判昭35・9・30高民13・7・670，判時249・21）

452　　差押・仮差押債権目録　　給与・報酬関係

175　役員報酬債権及び役員退職慰労金債権の場合

　債権者が債務者に対する金銭債権の回収を図るため，債務者
が第三債務者に対して有する役員報酬債権及び役員退職慰労金
債権の差押えの申立てをする際に差押債権目録を作成する場合

【記　載　例】

　　　　　　　　　　差　押　債　権　目　録

　金○○○万円
　1　債務者（○○勤務）が第三債務者から支給される，本命令送
　　達日以降支払期の到来する役員報酬及び役員としての賞与から
　　所得税，住民税，社会保険料を控除した残額にして，頭書金額
　　に満つるまで
　2　上記1により頭書金額に満つる前に退職したときは，役員退
　　職慰労金から所得税及び住民税を控除した残額にして，上記1
　　と合計して頭書金額に満つるまで
　　　　　　　　　　　　　　　　　　　　　　　　　　以　上

作成上の留意点

1　本事例は，債権者が債務者に対する金銭債権の回収を図るため，
　債務者（会社役員）が第三債務者（会社）に対して有する役員報酬
　債権及び役員退職慰労金債権を差し押さえる際に作成する差押債権

目録の記載例です。役員には，法人の取締役，執行役，会計参与，監査役，理事，監事及び清算人等が含まれます。

2　役員報酬とは，株主総会で決議された支給基準によって，取締役等に対して，一定期間を単位として定期的に支払われる報酬のことです。また，役員賞与とは，役員に対する臨時的な給与であり，非常勤取締役に対して一定の時期に支給する給与及び退職金以外のものをいいます。

3　退職慰労金とは，役員が退職する際に支給される一切の給与を指します。その額は，役員時の役職，在任年数，役員としての功績を基にした算定式によって計算されることが一般的とされています。

4　役員報酬債権等は，労働者の労働の対価としての給与とは異なるものであって，会社との委任契約に基づく報酬債権たる性質を有するものであり，継続的給付債権（民執151）に該当します。

5　本事例は，債権執行の申立てを想定したものですが，保全命令の申立てにおいて仮差押目録を作成するときも同様です。ただし，保全命令の申立ての場合には，保全の必要性の観点から，「本命令送達日以降令和○年○月○日までの間に支払期の到来する。」というように，本案訴訟の平均審理期間を考慮して1年程度の期間に見合う金額を仮差押債権目録とするのが実務の取扱いとなります（八木一洋・関述之『民事保全の実務［第3版増補版］（上）』183頁（金融財政事情研究会，2015））。

6　役員報酬債権等は，給与とは異なり，民事執行法152条1項の適用はなく，法定控除額（所得税，住民税，社会保険料）を差し引いた全額についての差押えが可能と解されています。また，退職慰労金についても，役員報酬の後払い的性質を有すると解されていますので，退職慰労金も，民事執行法152条2項にいう「退職手当及びその性質を有する給与に係る債権」に該当しません。

454　　　差押・仮差押債権目録　　給与・報酬関係

7　使用人兼務役員（いわゆるサラリーマン重役）の場合は，下記【参考例】のとおりです。

8　使用人兼務役員とは，役員のうち，法人の使用人としての職制上の地位を有し，かつ，常時使用人としての職務に従事する役員のことです。使用人兼務役員に対する給与は，税法上，役員としての職務に対する給与と使用人としての職務に対する給与に分けて取り扱われます。したがって，債務者が代表取締役以外の役員の場合であり，使用人兼務役員に該当する場合には，資格併存が認められ，給与債権と役員報酬債権が併存的に成立すると考えられます。そのため，その両方の債権を差し押さえることができるものとされています。ただし，使用人兼務役員の給与債権の部分については，民事執行法152条の適用があるため給付の4分の3の差押えが禁止されますが，役員報酬債権の部分については，全額についての差押えが可能となります。

【参考例：給料債権等・役員報酬債権等並存型の場合】

差　押　債　権　目　録

　金〇〇〇万円
　債務者（〇〇勤務）が，第三債務者から支給される，本命令送達日以降支払期の到来する下記債権にして頭書金額に満つるまで
記
1　給料（基本給と諸手当。ただし，通勤手当を除く。）から，所得税，住民税，及び社会保険料を控除した残額の4分の1（ただし，上記残額が月額44万円を超えるときは，その残額から33万

差押・仮差押債権目録　　給与・報酬関係　　455

円を控除した金額)

2　賞与から1と同じ税金等を控除した残額の4分の1 (ただし，上記残額が44万円を超えるときは，その残額から33万円を控除した金額)

3　役員として毎月又は定期的に支払を受ける役員報酬及び賞与から1と同じ税金等を控除した残額

4　上記1ないし3により頭書金額に満つる前に退職したときは，

　①　退職金から所得税及び住民税を控除した残額の4分の1

　②　役員退職慰労金から所得税及び住民税を控除した残額

　にして，1ないし3と合計して頭書金額に満つるまで

　なお，支払日が同日となる最終回については，上記記載の順序による。

以　上

456 差押・仮差押債権目録　　給与・報酬関係

176　公務員の俸給債権の場合

　債権者が債務者に対する金銭債権の回収を図るため，債務者が第三債務者に対して有する俸給債権等の差押えの申立てをする際に差押債権目録を作成する場合

【記　載　例】

　　　　　　　　差　押　債　権　目　録

　金〇〇〇万円
　債務者（〇〇出張所勤務）が，第三債務者から支給される，本命令送達日以降支払期の到来する下記債権にして，頭書金額に満つるまで
　　　　　　　　　　　　記
1　俸給・給料及び諸手当（ただし，通勤手当を除く。）から所得税，住民税，社会保険料を控除した残額の4分の1（ただし，上記残額が月額44万円を超えるときは，その残額から33万円を控除した金額）
2　期末手当，勤勉手当（その外の賞与の性質を有するものを含む。）から1と同じ税金等を控除した残額の4分の1（ただし，上記残額が44万円を超えるときは，その残額から33万円を控除した金額）
　なお，1及び2により弁済しないうちに退職したときは，退職金から所得税，住民税を控除した残額の4分の1にして，1及び2と合計して頭書金額に満つるまで

　　　　　　　　　　　　　　　　　　　　　以　上

差押・仮差押債権目録　　給与・報酬関係　　457

作成上の留意点

1　本事例は，債権者が債務者に対する金銭債権の回収を図るため，債務者（公務員）が第三債務者（国又は地方公共団体等）に対して有する俸給債権等を差し押さえる際に作成する差押債権目録の記載例です。

2　俸給債権とは，公務員が受け取る諸手当を除いた基本的給与を指します。また，諸手当の中には，扶養手当，調整手当，超過勤務手当が含まれます。いずれも，継続的給付債権（民執151）に該当します。

3　従前は「共済組合掛金」を控除対象としていましたが，平成27年10月1日から被用者年金の一元化に伴い，公務員にも厚生年金保険給付に係る「組合保険料」が徴収されることになりました。一般に「社会保険料」には，厚生年金保険の保険料を控除する趣旨で使われていることから，公務員の俸給債権等も，民間会社の給料債権等（「171　給料，賞与及び退職金債権の場合」参照）と同様に，控除対象を「社会保険料」とすることになりました（東京地方裁判所民事執行センター「公務員の俸給債権等の差押えおよび賃料債権差押命令の分割発令」金法2026号58頁（金融財政事情研究会，2015））。

4　本事例は，債権執行の申立てを想定したものですが，保全命令の申立てにおいて仮差押目録を作成するときも同様です。ただし，保全命令の申立ての場合には，保全の必要性の観点から，「本命令送達日以降令和○年○月○日までの間に支払期の到来する。」というように，本案訴訟の平均審理期間を考慮して1年程度の期間に見合う金額を仮差押債権目録とするのが実務の取扱いとなります（八木一洋・関述之『民事保全の実務［第3版増補版］（上）』183頁（金融財政事情研究会，2015））。

458 　　差押・仮差押債権目録　　給与・報酬関係

5　俸給債権及び諸手当も，給料債権と同様に，その支払期に受ける
　べき給付の4分の3の差押えが禁止されています(民執152Ⅰ②。ただし，
　俸給債権等に係る債権の4分の3の額が民事執行法施行令2条に定める額（標準
　的な世帯の必要生計費を勘案して政令で定める額）を超える部分については，
　差押えが禁止されていません。)。また，退職手当についても，4分の3に
　相当する部分が差押禁止になります（民執152Ⅱ）。

差押・仮差押債権目録　　給与・報酬関係　　459

177　国会議員の歳費債権の場合

　債権者が債務者に対する金銭債権の回収を図るため，債務者が第三債務者に対して有する国会議員歳費債権等の差押えの申立てをする際に差押債権目録を作成する場合

【記　載　例】

差　押　債　権　目　録

金○○○万円

　ただし，債務者が，第三債務者から支給される，本命令送達日以降支払期の到来する歳費及び期末手当にして，各支払期に受ける金額から所得税，住民税（及び国会議員互助年金納付金）を控除した残額にして，頭書金額に満つるまで

以　上

作成上の留意点

1　本事例は，債権者が債務者に対する金銭債権の回収を図るため，債務者（国会議員）が第三債務者（国）に対して有する議員歳費債権等を差し押さえる際に作成する差押債権目録の記載例です。

2　国会議員に支払われる歳費とは，国会議員に対して支払われる給与（議員報酬）を指します（憲49）。また歳費のほかに，期末手当（扶養手当，調整手当が含まれます。）が国から支払われることになりま

す。これらについては，いずれも継続的給付債権（民執151）に該当します。

3　本事例は，債権執行の申立てを想定したものですが，保全命令の申立てにおいて仮差押目録を作成するときも同様です。ただし，保全命令の申立ての場合には，保全の必要性の観点から，「本命令送達日以降令和○年○月○日までの間に支払期の到来する。」というように，本案訴訟の平均審理期間を考慮して1年程度の期間に見合う金額を仮差押債権目録とするのが実務の取扱いとなります（八木一洋・関述之『民事保全の実務［第3版増補版］（上）』183頁（金融財政事情研究会，2015））。

4　国会議員に支払われる歳費権等は，役員報酬債権と同様に民事執行法152条1項の適用はなく，法定控除額（所得税，住民税）を差し引いた全額について差押えをすることができると解されています。

5　控除される国会議員互助年金納付金に関し，平成18年4月1日に「国会議員互助年金法」（昭和33年法律第70号）が廃止されました（国会議員互助年金法を廃止する法律（平成18年法律第1号））。しかし，掛け金（納付金）は停止になりましたが（同法附則2），既に支払った掛け金に関して減額をして支給することが盛り込まれているため（同法附則3），国会議員互助年金納付金分（年金相当分）については，差押えの範囲から控除する必要があります。

差押・仮差押債権目録　　給与・報酬関係　　461

178　地方公共団体の議会議員報酬債権の場合

　債権者が債務者に対する金銭債権の回収を図るため，債務者が第三債務者に対して有する地方公共団体の議会議員報酬債権等の差押えの申立てをする際に差押債権目録を作成する場合

【記　載　例】

差　押　債　権　目　録

　金○○○万円

　ただし，債務者が第三債務者から支給される，本命令送達日以降支払期の到来する議員報酬及び期末手当にして，各支払期に受ける金額から所得税，住民税（及び○○議会議員共済掛金）を控除した残額にして，頭書金額に満つるまで

以　上

作成上の留意点

1　本事例は，債権者が債務者に対する金銭債権の回収を図るため，債務者（地方議会議員）が第三債務者（地方公共団体）に対して有する議員報酬債権等を差し押さえる際に作成する差押債権目録の記載例です。

2　地方議会の議員には，地方自治法203条に基づき議員報酬及び期末手当が支給されます。これらは，いずれも継続的給付債権（民執151）に該当します。

3　本事例は，債権執行の申立てを想定したものですが，保全命令の申立てにおいて仮差押目録を作成するときも同様です。ただし，保全命令の申立ての場合には，保全の必要性の観点から，「本命令送達日以降令和○年○月○日までの間に支払期の到来する。」というように，本案訴訟の平均審理期間を考慮して1年程度の期間に見合う金額を仮差押債権目録とするのが実務の取扱いとなります（八木一洋・関述之『民事保全の実務［第3版増補版］（上）』183頁（金融財政事情研究会，2015））。

4　議員報酬債権等は，労働者の労働の対価としての給与とは異なるものであり，請負契約又は準委任契約に基づく報酬債権たる性質を有するものです。また，地方議会議員は，地方自治法に定める兼職制限を受ける以外は報酬を伴う兼職が禁止されていません。したがって，役員報酬債権に準じて，全額の差押えが認められると解されています（後記《参考となる判例》参照）。

5　控除される議会議員共済金について，平成23年6月1日で年金制度は廃止されました（地方公務員等共済組合法の一部を改正する法律（平成23年法律第56号））。しかし，掛け金（納付金）は停止になりましたが，既に支払った掛け金に関しては，減額をして支給することが盛り込まれているため，当分の間，議会議員共済掛金（年金相当分）については，差押えの範囲から控除する必要があります。

《参考となる判例》

○一般職公務員がその職務上の収入を唯一の生活給として支給せられ，それ以外の生活給の支給を受けることは禁止されているのに対し，地方議員は一般職公務員等に加えられているような一般的な兼職禁止義務から解放されており，報酬債権には一般職公務員のような差押禁止の債権を含まないとした事例（大阪高決昭33・8・19下民9・8・1645）

差押・仮差押債権目録　　給与・報酬関係　　463

179　診療報酬債権の場合

　債権者が債務者に対する金銭債権の回収を図るため，債務者が第三債務者に対して有する診療報酬債権の差押えの申立てをする際に差押債権目録を作成する場合

【記載例1：社会保険の場合】

差　押　債　権　目　録

　金○○○万円

　ただし，債務者が○○県○○市○○町○丁目○番○号所在，○○医院（開設者：○○県○○市○○町○丁目○番○号，○○○○）名義で第三債務者から支払を受ける，本命令送達日以降支払期の到来する，債務者の診療に係る診療報酬債権及び公費負担医療費にして，支払期の到来した順序で，支払期が同じ場合は金額の大きい順序で，頭書金額に満つるまで

以　　上

【記載例2：国民健康保険の場合】

差　押　債　権　目　録

　金○○○万円

　ただし，債務者が○○県○○市○○町○丁目○番○号所在，○○医院（開設者：○○県○○市○○町○丁目○番○号，○○○○）

名義で第三債務者から支払を受ける，本命令送達日以降支払期の
到来する，債務者の診療に係る診療報酬債権及び公費負担医療費
にして，支払期の到来した順序で，支払期が同じ場合は金額の大
きい順序で，頭書金額に満つるまで

以　上

作成上の留意点

1　本事例は，債権者が債務者に対する金銭債権の回収を図るため，
　債務者（医師又は歯科医師）が第三債務者に対して有する診療報酬
　債権を差し押さえる際に作成する差押債権目録の記載例です。

2　診療報酬は，保険診療の際に医療行為等の対価として計算される
　報酬を指し，医療行為を行った医療機関・薬局の医業収入の全てを
　意味します。

3　健康保険制度は，会社員等が加入する社会保険と自営業者等が加
　入者となる国民健康保険とに分かれます。したがって，債務者（医
　師又は歯科医師）に支払われる診療報酬について，社会保険加入者
　の分については社会保険診療報酬支払基金から支払われることにな
　り，国民健康保険加入者の分については国民健康保険団体連合会か
　ら支払われることになります。

4　【記載例1】は社会保険の場合で，社会保険診療報酬債権を差し押
　さえる場合です（第三債務者は社会保険診療報酬支払基金になり，
　送達場所は同本部において診療報酬等に係る債権差押命令の受付業
　務を行う業務部事業費管理室資金管理課債権管理係となります。）。

5　【記載例2】は国民健康保険で，国民健康保険診療報酬債権を差し
　押さえる場合です（第三債務者は各都道府県の国民健康保険団体連
　合会になります。）。

差押・仮差押債権目録　給与・報酬関係　　　465

6　従前，医師又は歯科医師の診療報酬債権については，継続的給付
債権とみることができるかについては説が分かれていました。しか
し，保険医療機関，指定医療機関等の指定を受けた病院又は診療所
が支払基金に対して取得する診療報酬債権について，基本となる同
一の法律関係に基づき継続的に発生するものであって継続的給付に
係る債権に該当するものとされました（後記《参考となる判例》参
照）。この判例を受けて，現在の実務では，将来分の診療報酬債権を
請求する場合も，その期間について必ずしも期間を限定する必要は
ないという取扱いをしています（園部・書式債権・その他財産権・動産等
執行の実務187頁）。

7　本事例は，債権執行の申立てを想定したものですが，保全命令の
申立てにおいて仮差押目録を作成するときも同様に使用できます。
ただし，将来分の請求期間における仮差押えの場合には，保全の必
要性の観点から，「本命令送達日以降令和〇年〇月〇日までの間に
支払期の到来する。」というように，本案訴訟の平均審理期間を考慮
して1年程度の期間に見合う金額を仮差押債権目録とするのが実務
の取扱いとなります（八木一洋・関述之『民事保全の実務［第3版増補版］
（上）』183頁（金融財政事情研究会，2015））。

8　診療報酬については開設者名で支払われることから，第三債務者
が誰に対する診療報酬の差押えなのかが識別できるように開設場所
と開設者名を記載します。また，債務者が現住所と異なる場所で開
業している場合又は債務者の氏名と異なる開設者名で開業している
場合には，【記載例1】【記載例2】のように（　）内に開設者の住所
及び氏名も併記します。

9　なお，従前は，将来分の診療報酬債権を請求する場合に，診療期
間で特定するのが実務の主流でした。しかし，第三債務者の便宜を
踏まえ，現在の実務では，【記載例1】【記載例2】のように，支払期

間で特定することが望ましいとされています（民執実務・債権編（上）
146頁）。

《参考となる判例》
○保険医療機関，指定医療機関等の指定を受けた病院又は診療所が支払基
　金に対して取得する診療報酬債権は，基本となる同一の法律関係に基づ
　き継続的に発生するものであり，民事執行法151条の2第2項に規定する
　「継続的給付に係る債権」に当たるというべきであるとした事例（最決
　平17・12・6民集59・10・2629，判時1925・103）

差押・仮差押債権目録　　給与・報酬関係　　467

180　介護報酬債権の場合

　債権者が債務者に対する金銭債権の回収を図るため，債務者が第三債務者に対して有する介護報酬債権の差押えの申立てをする際に差押債権目録を作成する場合

【記　載　例】

差　押　債　権　目　録

　金○○○万円

　ただし，債務者が○○県○○市○○町○丁目○番○号所在，○○介護サービス（介護保険事業所番号○○（10桁），開設者：○○県○○市○○町○丁目○番○号，○○介護サービス株式会社）名義で第三債務者から支払を受ける，本命令送達日以降支払期の到来する平成12年厚生省令第20号第1条所定の介護給付費及び公費負担医療等に関する費用にして，支払期の早い順序で，支払期が同じ場合は金額の大きい順序で，頭書金額に満つるまで

以　上

作成上の留意点

1　本事例は，債権者が債務者に対する金銭債権の回収を図るため，債務者（介護事業者）が第三債務者に対して有する介護報酬債権を差し押さえる際に作成する差押債権目録の記載例です。

2 介護報酬とは，介護保険給付の対象となる各種サービス（居宅介護サービス費，施設介護サービス費，介護予防サービス費等）の総称であり，介護給付費と公費負担医療費に関する費用を含みます。いずれも医療保険における「診療報酬」に相当するものです。介護サービスを提供した事業所・施設は，そのサービスの対価として，保険者である市町村から介護報酬の支払を受けます（ただし，各事業所・施設がそれぞれの市町村から介護報酬の支払を受けるのは事務手続が煩雑になることから，各都道府県の国民健康保険団体連合会が代行して審査・支払を行っています。）。

3 第三債務者の負担を考慮し，介護保険事業者番号である10桁の番号の記載が必須とされています。通常，介護サービス情報公表システムのURL「http://www.kaigokensaku.mhlw.go.jp」で，事業所番号を検索することができます。

4 将来分の介護報酬を請求する場合，その期間の特定については，診療報酬債権と同様に，基本となる同一の法律関係に基づき継続的に発生するものであって継続的給付に係る債権に該当すると解されています。したがって，現在の実務では，必ずしも期間を限定する必要はない取扱いをしています（民執実務・債権編（上）149頁）。

5 本事例は，債権執行の申立てを想定したものですが，保全命令の申立てにおいて仮差押目録を作成するときも同様に使用できます。ただし，将来分の請求期間における仮差押えの場合には，保全の必要性の観点から，「本命令送達日以降令和○年○月○日までの間に支払期の到来する。」というように，本案訴訟の平均審理期間を考慮して1年程度の期間に見合う金額を仮差押債権目録とするのが実務の取扱いとなります（八木一洋・関述之『民事保全の実務［第3版増補版］（上）』183頁（金融財政事情研究会，2015））。

差押・仮差押債権目録　　裁判手続関係　　469

第3　裁判手続関係

181　和解金の場合

債権者が債務者に対する金銭債権の回収を図るため，債務者が第三債務者に対して有する和解金に基づく債権の差押えの申立てをする際に差押債権目録を作成する場合

【記　載　例】

差　押　債　権　目　録

金○○○万円

ただし，令和○年○月○日に○○地方裁判所令和○年（ワ）第○○号事件において成立した裁判上の和解に基づき，債務者が第三債務者に対して有する和解金債権にして，頭書金額に満つるまで

以　上

作成上の留意点

1　本事例は，債権者が債務者に対する金銭債権の回収を図るため，債務者が第三債務者に対して有する和解金に基づく債権を差し押さえる際に作成する差押債権目録の記載例です。

2　本事例は，債権執行の申立てを想定したものですが，仮差押え（保

470 　　　差押・仮差押債権目録　　裁判手続関係

全命令)の申立ての際に作成する仮差押債権目録にも使用できます。
3　和解とは，当事者が互いに譲歩をしてその間に存する争いをやめ
　ることを約することによって成立する契約をいいます（民695）。
4　本事例は，債務者と第三債務者との間で民事訴訟が提起され，そ
　の訴訟の中で成立した和解において，第三債務者が債務者に対して
　和解金を支払うことになった事案であり，その和解金債権を債権者
　が差し押さえるケースです。
5　和解契約の場合，その内容において要素の錯誤がある場合には和
　解が無効になるという判例（後記《参考となる判例》参照）があり
　ますので，差押えに当たっては，和解条項の内容についても注意を
　払っておく必要があります。

《参考となる判例》
○仮差押の目的となっているジャムが一定の品質を有することを前提とし
　て和解契約をなしたところ，当該ジャムが粗悪品であったときは，和解
　は要素に錯誤があるものとして無効であると解すべきであるとした事例
　（最判昭33・6・14民集12・9・1492）

182 供託金の場合

債権者が債務者に対する金銭債権の回収を図るため，債務者が第三債務者に対して有する供託金（①還付請求権，②取戻請求権）の差押えの申立てをする際に差押債権目録を作成する場合

【記載例1：供託金還付請求権の場合（一般）】

差　押　債　権　目　録

金○○○万円

ただし，債務者が第三債務者に対して有する下記供託金還付請求権及び供託利息払渡請求権にして，頭書金額に満つるまで

記

供託金の表示

供　託　番　号　○○地方法務局○○支局令和○年度金第○○号

供託年月日　令和○年○月○日

供　託　金　額　金○○○万円

以　上

472 　　　　差押・仮差押債権目録　　裁判手続関係

【記載例2：供託金取戻請求権の場合（一般）】

差 押 債 権 目 録

金○○○万円

ただし，債務者が第三債務者に対して有する下記供託金取戻請

求権及び供託利息払渡請求権にして，頭書金額に満つるまで

記

供託金の表示

　　供 託 番 号　　○○地方法務局○○支局令和○年度金第○○号

　　供託年月日　　令和○年○月○日

　　供 託 金 額　　金○○○万円

以　上

作成上の留意点

1　本事例は，債権者が債務者に対する金銭債権の回収を図るため，
　債務者が第三債務者（国：法務局）に対して有する供託金（①還付
　請求権，②取戻請求権）を差し押さえる際に作成する差押債権目録
　の記載例です。

2　【記載例1】及び【記載例2】は，いずれも供託の原因を明示しな
　い一般的な記載例です。ただし，実務では，債権の特定として具体
　的な原因を明示します（具体的な原因を特定した記載例は，後記7,
　8のとおりです。）。

3　【記載例1】は，債権者が債務者に対する請求債権の回収を図るた

差押・仮差押債権目録　　裁判手続関係　　473

め，債務者（被供託者）が第三債務者に対して有する供託金還付請
求権を差し押さえる場合です。供託金還付請求権とは，通常，供託
手続がその本来の目的を達成して終了する場合であり，供託金の還
付を受ける権利者（被供託者）は，事由の発生により供託金の還付
を請求できます（供託8Ⅰ）。

4　【記載例2】は，債務者（供託者）が第三債務者（法務局）に対し
て有する供託金取戻請求権を差し押さえる場合です。供託金取戻請
求権とは，通常，供託手続がその本来の目的を達しないまま終了す
る場合であり，供託原因が消滅した場合に，供託者は供託金の取戻
を請求することができます（供託8Ⅱ）。

5　【記載例1】及び【記載例2】の各事例は，債権執行の申立てを想
定したものですが，仮差押え（保全命令）の申立ての際に作成する
仮差押債権目録にも使用できます。

6　本事例の第三債務者は国となりますが，代表者の表示は，当該法
務局の供託官となります。

7　【記載例1】の供託金還付請求権について，供託の原因を明示する
場合は，以下【参考例1】【参考例2】のとおりです。

【参考例1：供託金還付請求権の具体例（債権者不確知による供託金の
場合）】

　　ただし，申立外○○株式会社が債務者又は○○○○を被供託者
とし，債権者不確知を供託原因として，第三債務者に供託した下
記供託金還付請求権及び供託利息払渡請求権にして，頭書金額に
満つるまで

記（以下省略）

（注）　上記は民法494条の供託金還付請求権の差押えであるが，現実に供託金
の取立てを行うには，別訴により，債務者が供託金還付請求権を有してい
ることを確定する必要がある。

474 差押・仮差押債権目録　裁判手続関係

【参考例2：供託金還付請求権の具体例（みなし解放金の場合）】

> 　ただし，債権者と債務者間の○○地方裁判所令和○年（ヨ）第○○号債権仮差押命令申立事件によって，申立外○○○○が，債務者に対して負担する債務を仮差押えされたため，第三債務者に供託した下記供託金還付請求権及び供託利息払渡請求権にして，頭書金額に満つるまで
>
> 記（省略）

8　【記載例2】の供託金取戻請求権について，供託の原因を明示する場合は，以下【参考例3】【参考例4】のとおりです。

【参考例3：供託金取戻請求権の具体例（仮差押解放金の場合）】

> 　ただし，債権者と債務者間の○○地方裁判所令和○年（ヨ）第○○号不動産仮差押命令申立事件の執行取消し（同庁令和○年（ヲ）第○○号執行取消申立事件）のため，債務者が，仮差押解放金として第三債務者に供託した下記供託金取戻請求権及び供託利息払渡請求権にして，頭書金額に満つるまで
>
> 記（省略）

【参考例4：供託金取戻請求権の具体例（宅建業法25条に基づく営業保証供託金の場合）】

> 　ただし，宅地建物取引業法25条に基づき宅地建物取引業の営業保証金として，債務者が，第三債務者に供託した下記供託金取戻

請求権にして，頭書金額に満つるまで

記（省略）

（注）　特定の業種について，その営業によって生じる損害賠償責任を担保する
ため，特別法により営業保証金の供託が義務付けられているものがある（宅
地建物取引業法25，割賦販売法16，旅行業法7）。上記は，このような供託
金の取戻請求権を差し押さえる場合である。

476　　差押・仮差押債権目録　　裁判手続関係

183　破産手続による配当請求権の場合

　債権者が債務者に対する金銭債権の回収を図るため，債務者が第三債務者に対して有する破産手続における配当請求権の差押えの申立てをする際に差押債権目録を作成する場合

【記　載　例】

差　押　債　権　目　録

　金〇〇〇万円

　ただし，〇〇地方裁判所令和〇年（フ）第〇〇号破産申立事件について，債務者が第三債務者に対し有する最後配当請求権にして，頭書金額に満つるまで

以　上

作成上の留意点

1　本事例は，債権者が債務者に対する金銭債権の回収を図るため，債務者（破産債権者）が第三債務者（破産管財人）に対して有する破産手続における配当請求権を差し押さえる際に作成する差押債権目録の記載例です。

2　本事例は，債権執行の申立てを想定したものですが，仮差押え（保全命令）の申立ての際に作成する仮差押債権目録にも使用できます。

3　破産者に対する破産手続開始前の原因に基づいて生じた債権は，

破産債権となり，破産手続によらなければ行使できません。通常，破産手続における配当により弁済を受けることになります。

4 破産手続における配当とは，破産管財人が破産財団に属する財産を換価して得た金銭を，破産債権者に対し，破産債権者の順位及びその破産債権額に応じて分配する手続のことをいいます。また，配当の原資は，破産管財人が換価により収集した破産財団額から，破産管財人の報酬，破産管財業務の経費，公租公課等の財団債権の支出予定額を控除した残金となります。

5 破産管財人は，一般調査期間の経過後又は一般調査期日の終了後であって，破産財団の換価を終了した後に配当可能な金銭が破産財団にあるときは，最終の配当である最後配当を行うこととなります（破195Ⅰ）。そして，この時点で，破産債権者である債務者が配当請求権を有することになります。

478　　差押・仮差押債権目録　　裁判手続関係

184　民事再生手続による民事再生弁済金の場合

　債権者が債務者に対する金銭債権の回収を図るため，債務者が第三債務者に対して有する民事再生弁済金の差押えの申立てをする際に差押債権目録を作成する場合

【記　載　例】

差　押　債　権　目　録

　金○○○万円

　ただし，○○地方裁判所令和○年（再）第○○号民事再生申立事件について，同裁判所が同年○年○月○日にした再生計画認可決定に基づき，その確定日から1年目の令和○年○月○日を弁済期とする債務者の第三債務者に対する民事再生弁済金債権にして，頭書金額に満つるまで

以　上

作成上の留意点

1　本事例は，債権者が債務者に対する金銭債権の回収を図るため，債務者（再生債権者）が第三債務者（再生債務者）に対して有する民事再生手続による再生債権（民事再生計画認可決定に基づく弁済金）を差し押さえる際に作成する差押債権目録の記載例です。

2　本事例は，債権執行の申立てを想定したものですが，仮差押え（保

全命令)の申立ての際に作成する仮差押債権目録にも使用できます。

3 　再生債務者に対して再生手続開始前の原因に基づいて生じた請求権は再生債権となり（民再84），再生手続開始後，再生債権は民事再生法の特別の定めがある場合を除き，再生計画の定めるところによらなければ弁済等を受けることができません（民再85Ⅰ）。

4 　再生計画案が可決されると，一定の場合を除き裁判所によって認可決定がされます（民再174）。この再生計画認可決定が確定することによって（民再176），再生債権者の有する再生債権は，再生計画の定めに従って変更されることになります（民再179Ⅰ）。この場合に，再生債権者である債務者は，再生債務者より，民事再生弁済金（再生債権が再生計画の定めに従って変更されたもの）を受領することができます。

480　　差押・仮差押債権目録　　裁判手続関係

185　更生債権の場合

　債権者が債務者に対する金銭債権の回収を図るため，債務者が第三債務者に対して有する更生債権の差押えの申立てをする際に差押債権目録を作成する場合

【記　載　例】

差　押　債　権　目　録

　金○○○万円

　ただし，○○地方裁判所令和○年（ミ）第○○号会社更生申立事件について，令和○年○月○日に同裁判所から認可された更生計画に基づく更生債権の残金○○○万円のうち弁済期を令和○年○月○日とする金員にして，頭書金額に満つるまで

　　　　　　　　　　　　　　　　　　　　　　　　以　上

作成上の留意点

1　本事例は，債権者が債務者に対する金銭債権の回収を図るため，債務者（更生債権者）が第三債務者（更生会社）に対して有する更生債権を差し押さえる際に作成する差押債権目録の記載例です。

2　本事例は，債権執行の申立てを想定したものですが，仮差押え（保全命令）の申立ての際に作成する仮差押債権目録にも使用できます。

3　更生債権とは，更生会社に対し更生手続開始前の原因に基づいて

差押・仮差押債権目録　　裁判手続関係　　481

　生じた財産上の請求権又は手続開始後の利息・損害賠償請求権等の
　債権をいいます（会更2Ⅷ）。
4　更生債権は，更生計画に従って処理されることになります（「186
　更生計画認可決定に基づく弁済金の場合」参照）。
5　なお，更生計画の認可決定が取り消された場合には，更生債権も
　遡及的に消滅し，この債権を目的とする差押命令の効力も消滅する
　と解されています。

《参考となる判例》
○更生計画によって変更された訴外会社に対する更生債権を差押債権とし
　てなされた債権差押命令に基づいて，更生計画の認可決定が取り消され
　たことにより，更生計画も遡及的に効力を失い，更生債権も遡及的に消
　滅し，この債権を目的とする差押命令の効力も消滅するとした事例（宇
　都宮地判平6・6・3判時1543・131）

482　　差押・仮差押債権目録　　裁判手続関係

186　更生計画認可決定に基づく弁済金の場合

　債権者が債務者に対する金銭債権の回収を図るため，債務者が第三債務者に対して有する更生計画認可決定に基づく弁済金債権の差押えの申立てをする際に差押債権目録を作成する場合

【記　載　例】

差　押　債　権　目　録

　金○○○万円

　ただし，○○地方裁判所令和○年（ミ）第○○号会社更生申立事件について，令和○年○月○日付けの更生計画認可決定に基づき，債務者が第三債務者に対して有する弁済金債権○○○万円の残額金○○○万円のうち弁済期を令和○年○月○日とする金員にして，頭書金額に満つるまで

以　　上

作成上の留意点

1　本事例は，債権者が債務者に対する金銭債権の回収を図るため，債務者（更生債権者）が第三債務者（更生会社）に対して有する更生計画認可決定に基づく弁済金を差し押さえる際に作成する差押債権目録の記載例です。

2　本事例は，債権執行の申立てを想定したものですが，仮差押え（保

全命令）の申立ての際に作成する仮差押債権目録にも使用できます。

3　更生債権とは，更生会社に対し更生手続開始前の原因に基づいて生じた財産上の請求権又は手続開始後の利息・損害賠償請求権等の債権をいいます（会更2Ⅷ）。

4　更生計画案（計画の内容として，個別に債権者の権利を変更する条項が盛り込まれます。）が可決され，認可されると（会更199），更生債権者の有する更生債権は，再生計画の定めに従って変更されることになります（会更205）。この場合に，更生債権者である債務者は，更生会社より，更生弁済金（更生債権が更生計画の定めに従って変更されたもの）を受領することができます。

5　更生債権は，更生計画認可決定によって新たな債権が発生するというわけではなく，特段の事情のない限り，従前の更生債権と同一性を有します。

《参考となる判例》

○認可された更生計画により更生債権につきその一部が免除されその残額につき債務の期限が猶予されたとしても，従前の更生債権が消滅して新たに更生計画において定められた権利が発生するものではなく，更生計画において特定の債権者が届け出た複数の更生債権の金額の合計額が表示され，これに対応する免除額及び分割弁済額が示されていたとして，特段の事情のない限り，更生計画は複数の更生債権を消滅させ，これとは同一性を有しない一個の債権を発生させるものではないとした事例（最判昭58・1・25裁判集民138・51，判時1076・134）

484　　差押・仮差押債権目録　　裁判手続関係

187　競売代金剰余金の場合

　債権者が債務者に対する金銭債権の回収を図るため，債務者が第三債務者に対して有する競売代金剰余金交付請求権の差押えの申立てをする際に差押債権目録を作成する場合

【記　　載　　例】

差　押　債　権　目　録

　金○○○万円

　ただし，債務者が第三債務者に対して有する下記事件についての売却代金剰余金交付請求権にして，頭書金額に満つるまで

記

　債権者○○株式会社，債務者○○○○間の○○地方裁判所令和○年（ヌ）第○○号強制競売申立事件につき，債務者が受領すべき売却代金剰余金

　なお，売却許可決定期日は令和○年○月○日である。

以　　上

作成上の留意点

1　本事例は，債権者が債務者に対する金銭債権の回収を図るため，債務者（物件の所有者）が第三債務者（国：執行裁判所）に対して有する，強制競売申立事件における売却代金剰余金交付請求権を差し押さえる際に作成する差押債権目録の記載例です。

2 本事例は，債権執行の申立てを想定したものですが，仮差押え（保全命令）の申立ての際に作成する仮差押債権目録にも使用できます。

3 不動産競売における代金納付がされると，執行裁判所は，弁済金交付日を指定し，買受人から納付された売却代金を分配することになります。本事例は，弁済金交付日が指定された場合であり，債権者が一人である場合又は債権者が二人以上であって売却代金で各債権者の債権及び執行費用の全部を弁済することができる場合に実施されます（民執84Ⅱ）。

4 弁済金交付日又は配当期日に，配当受領資格者（民執87Ⅰ①ないし④）に配当してもなお剰余が生じる場合には，不動産の所有者に対し，売却代金剰余金を交付することになります。

5 不動産執行手続における競売代金剰余金交付請求権に対する差押えがいつからできるかについては様々な考え方がありえますが，【記載例】は，売却許可決定がされれば，その発生の基礎となる法律関係が存在して，近い将来における発生が確実に見込めるといえ，将来債権として差し押さえることができるとする取扱いに基づいています（民執実務・債権編（上）137頁）。この場合には，差押債権目録には，売却許可決定期日の記載が必要になります。

　なお，弁済金交付日が指定されており，弁済金交付日が明らかなときは，「なお，弁済金交付日は令和○年○月○日である。」と記載し，売却許可決定期日の記載は不要となります。

6 本事例は，売却代金剰余金が法務局に民法494条1項により供託されていない段階のものです。弁済金交付日に物件の所有者が現れず，執行裁判所の書記官が売却代金剰余金を法務局に供託した後は，本事例による差押えではなく，供託金還付請求権を差し押さえることになります。

7 本事例の第三債務者は国となりますが，代表者の表示は，当該不動産執行裁判所の歳入歳出外現金出納官吏となります。

486 差押・仮差押債権目録 裁判手続関係

188 競売手続における配当金の場合

債権者が債務者に対する金銭債権の回収を図るため，債務者
が第三債務者に対して有する競売手続における配当金等交付請
求権の差押えの申立てをする際に差押債権目録を作成する場合

【記 載 例】

差 押 債 権 目 録

金○○○万円

ただし，債務者が第三債務者に対して有する下記事件について
の配当金交付請求権にして，頭書金額に満つるまで

記

○○地方裁判所令和○年（ケ）第○○号担保不動産競売申立事
件につき，債務者が抵当権者として受領すべき配当金

なお，配当期日は令和○年○月○日である。

以 上

作成上の留意点

1 本事例は，債権者が債務者に対する金銭債権の回収を図るため，
債務者（配当金受領資格者）が第三債務者（国：執行裁判所）に対
して有する担保不動産競売申立事件における配当金等交付請求権を
差し押さえる際に作成する差押債権目録の記載例です。

2 本事例は，債権執行の申立てを想定したものですが，仮差押え（保

全命令)の申立ての際に作成する仮差押債権目録にも使用できます。

3　不動産競売における代金納付がされると，執行裁判所は，配当期日又は弁済金交付日を指定し，買受人から納付された売却代金を分配することになります。本事例は，配当期日が指定された場合であり，債権者が二人以上であって，かつ売却代金で各債権者の債権及び執行費用の全額を弁済することができない場合に実施される期日です（民執85Ⅰ）。

4　売却許可決定がされれば，その発生の基礎となる法律関係が存在して，近い将来における発生が確実に見込めるといえ，将来債権として差し押さえることができ，この場合には，「なお，売却許可決定期日は令和○年○月○日である。」と記載します（「187　競売代金剰余金の場合」参照）。

5　不動産執行における代金納付がされると，配当等を受けるべき債権者（民執87Ⅰ①ないし④）は，国（執行裁判所）に対して配当金等交付請求権を取得します。配当期日において当受領権者への具体的な配当額が決まり，かつその配当額について民事執行法91条1項各号に定める配当留保事由がないときに現実化するものです。

　　したがって，原則として，配当金等交付請求権は被転付適格を有しませんが，配当期日が経過していることを要件として被転付適格を認めることができ，この場合には，【記載例】のように，配当期日を記載することが必要になります。

6　配当受領資格者が複数の担保権等を有する場合には，どの担保権によって配当金交付等請求権を受けるのか判別できないことがあるため，差し押さえるべき配当金等交付請求権に係る抵当権及び被担保債権を特定（「抵当権者（令和○年○月○日受付第○○号）」等）して表示します（民執実務・債権編（上）137頁）。

7　本事例の第三債務者は国となりますが，代表者の表示は，当該不動産執行裁判所の歳入歳出外現金出納官吏となります。

488 差押・仮差押債権目録　　裁判手続関係

189　買受申出保証金の場合

　債権者が債務者に対する金銭債権の回収を図るため，債務者が第三債務者に対して有する買受申出保証金返還請求権の差押えの申立てをする際に差押債権目録を作成する場合

【記　載　例】

差　押　債　権　目　録

　金○○○万円

　ただし，債務者が○○地方裁判所令和○年（ケ）第○○号担保不動産競売申立事件につき，第三債務者に対して有する買受申出保証金の返還請求権にして，頭書金額に満つるまで

　　　　　　　　　　　　　　　　　　　　　　　　以　上

作成上の留意点

1　本事例は，債権者が債務者に対する金銭債権の回収を図るため，債務者（買受けの申出をした者）が第三債務者（国：執行裁判所）に対して有する買受申出保証金返還請求権を差し押さえる際に作成する差押債権目録の記載例です。

2　本事例は，債権執行の申立てを想定したものですが，仮差押え（保全命令）の申立ての際に作成する仮差押債権目録にも使用できます。

3　競売手続で不動産の買受けの申出をしようとする者は，執行裁判

所が定める買受申出保証金を提供しなければなりません（民執66）。この買受けの申出をした者が最高価買受申出人にならなかったときは，執行裁判所から同人に対し，この保証金が返還されることになります。

4　買受けの申出をした者が最高価買受申出人となり，売却許可決定が確定した後で代金納付がされると，買受申出保証金は不動産の売却代金に充当されることになります（民執78Ⅱ）。この場合には差し押さえた買受申出保証金返還請求権の目的物が消滅してしまい，本事例の差押えは不能になります。

5　また，代金が納付されなかった場合でも，直ちに買受申出保証金が返還されるわけではありません。再売却によって他の買受人が現れて代金を納付されたときには買受申出保証金（前買受人の保証）が売却代金に充当されることになりますので，この場合にも本事例の差押えは不能になります。ただし，代金が納付されなかった場合でも，取消しや取下げにより不動産競売事件が終了したときには，買受申出保証金が最高価買受申出人に返還されることになりますので，このときには本事例の差押えが実体的に有効になります。

6　本事例の第三債務者は国となりますが，代表者の表示は，当該不動産執行裁判所の歳入歳出外現金出納官吏となります。

490　　差押・仮差押債権目録　　裁判手続関係

190　保釈保証金の場合

　債権者が債務者に対する金銭債権の回収を図るため，債務者が第三債務者に対して有する保釈保証金還付請求権の差押えの申立てをする際に差押債権目録を作成する場合

【記　載　例】

差　押　債　権　目　録

　金〇〇〇万円

　ただし，債務者（被告人〇〇〇〇）が第三債務者に納付した被告人〇〇〇〇に係る〇〇地方裁判所令和〇年（わ）第〇〇号被告事件の保釈保証金について，債務者が第三債務者に対して有する還付請求権にして，頭書金額に満つるまで

以　上

作成上の留意点

1　本事例は，債権者が債務者に対する金銭債権の回収を図るため，債務者（刑事被告人）が第三債務者（国：裁判所）に対して有する保釈保証金の還付請求権を差し押さえる際に作成する差押債権目録の記載例です。

2　本事例は，債権執行の申立てを想定したものですが，仮差押え（保全命令）の申立ての際に作成する仮差押債権目録にも使用できます。

差押・仮差押債権目録　　裁判手続関係　　　　491

3　保釈保証金とは，身柄を釈放する代わりに，公判への出頭等を確
　保するために預ける金銭のことをいいます。保釈は，保釈請求権者
　（勾留されている刑事被告人，弁護人，法定代理人，保佐人，配偶
　者，直系の親族，兄弟姉妹）から請求に基づいて行われるのが一般
　的です。

4　ただし，実際の出捐者が刑事被告人であったとしても，弁護人名
　義で納付された保釈保証金については，刑事被告人に還付請求権が
　認められていません。したがって，この場合，刑事被告人を債務者
　とする債務名義では，保釈保証金の還付請求権を差し押さえること
　はできないとされています。

5　本事例の第三債務者は国となりますが，代表者の表示は，保釈を
　決定した裁判所の歳入歳出外現金出納官吏となります。

《参考となる判例》

○弁護人が保釈を請求し，かつ，保釈保証金を納付した場合において，た
　とえ実質上の出捐者が被告人であったとしても，国に対して保釈保証金
　返還請求権を有する者は，弁護人であって被告人ではないとした事例（最
　判昭59・6・26裁判集民142・241，判時1129・53）

第4 その他

191 抵当権（根抵当権）付債権の場合

債権者が債務者に対する金銭債権の回収を図るため，債務者が第三債務者に対して有する抵当権によって担保される債権の差押えの申立てをする際に差押債権目録を作成する場合

【記載例1：抵当権付債権の場合】

差　押　債　権　目　録

金○○○万円

ただし，下記物件につき○○地方法務局令和○年○月○日受付第○○号をもって設定登記を経た抵当権によって担保される，弁済期令和○年○月○日，利息年○パーセント，遅延損害金年○パーセントの約定で令和○年○月○日に貸し渡した債務者の第三債務者に対する貸金について債務者が第三債務者に対して有する支払請求権にして，頭書金額に満つるまで

記

物件の表示

所　　　　在　　　○○県○○市○○町○丁目○番地

家 屋 番 号　　　○番

種　　　　類　　　事務所

構　　　　造　　　鉄筋コンクリート造陸屋根2階建

差押・仮差押債権目録　　その他　　493

```
　床　面　積　　1階　○○．○○平方メートル
　　　　　　　　2階　○○．○○平方メートル

　　　　　　　　　　　　　　　　　　　　　　　以　上
```

【記載例2：根抵当権付債権の場合】

```
　　　　　　　　　差　押　債　権　目　録


　金○○○万円

　ただし，下記物件につき○○地方法務局令和○年○月○日受付
第○○号をもって設定登記を経た，原因令和○年○月○日設定，
極度額○○○万円，債権の範囲金銭消費貸借取引とする根抵当権
によって担保される債権のうち，貸付日の古いものから，同一債
権内では元本を先にし，附帯金はその発生順序により，頭書金額
に満つるまで

　　　　　　　　　　　　記（省略）
```

作成上の留意点

1　本事例は，債権者が債務者に対する金銭債権の回収を図るため，
　債務者（①抵当権者，②根抵当権者）が第三債務者（抵当権等の債
　務者）に対して有する抵当権等によって担保される債権（事例の場
　合は貸金）を差し押さえる際に作成する差押債権目録の記載例です。

2　登記された抵当権等によって担保された金銭債権に対する債権差
　押命令が効力を生じたときは，差押債権者はその登記記録に差押え
　がされた旨の登記の嘱託をするように執行裁判所に申し立てること

ができます（民執150）。

3　本事例は，債権執行の申立てを想定したものですが，仮差押え（保全命令）の申立ての際に作成する仮差押債権目録にも使用できます。

4　【記載例1】は，抵当権によって担保される債権を差し押さえるときの記載例です。

5　【記載例2】は，根抵当権者によって担保される債権を差し押さえるときの記載例であり，被担保債権の具体的な内容が判明していない場合のものです。根抵当権は，継続的な取引によって生じる多数の債権を担保するものですので，被担保債権の具体的な内容が判明しない場合には，【記載例2】のように「貸付の古い順序に従って差し押さえる」等と記載し，個々の元本及び既に発生している利息，遅延損害金のうち，どの債権を差し押さえるのかを特定することになります。

6　根抵当権に担保される債権が判明しており，その特定した債権を差し押さえる場合は，次の【参考例】のとおりです。

【参考例：根抵当権によって担保される債権が特定されている場合】

差　押　債　権　目　録

金○○○万円

元金○○○万円，最終弁済期令和○年○月○日の約定で令和○年○月○日に債務者が第三債務者に貸し渡した貸金について，債務者が第三債務者に対して有する貸金元本の支払請求権にして，元本，利息，遅延損害金の順序により頭書金額に満つるまで

なお，上記債権は，下記の根抵当権によって担保されている。

記

担保権の表示

　別紙物件目録記載の不動産について

(1)　令和○年○月○日設定の根抵当権

　　　極　度　額　　○○○万円

　　　債権の範囲　　保証委託取引，金銭消費貸借取引，手形債
　　　　　　　　　　権，小切手債権

(2)　登　記

　　　○○地方法務局○○出張所

　　　　　　令和○年○月○日受付第○○号

　　　　　　　　　　　　　　　　　　　以　上

（別紙物件目録省略）

《参考となる判例》

○債権に対する強制執行において，被差押債権が根抵当権によって担保される登記簿上「金銭消費貸借取引」と記載された債権であるときは，根抵当権によって担保される債権は，極度額の限度内における個々の債権の確定元本及び確定の前後を通じ個々の債権について発生する利息・遅延損害金が含まれるので，被差押債権としては，根抵当権の被担保債権たる個々の債権の元本及び利息・遅延損害金のうち，どの債権であるかを特定することを要するとした事例（大阪高決昭55・2・20下民31・1～4・11，判時970・161）

496　　　　差押・仮差押債権目録　　その他

192　交通事故による損害賠償債権の場合

　債権者が債務者に対する金銭債権の回収を図るため，債務者が第三債務者に対して有する損害賠償債権（交通事故による賠償金）の差押えの申立てをする際に差押債権目録を作成する場合

【記　載　例】

差　押　債　権　目　録

　金〇〇〇万円

　ただし，令和〇年〇月〇日午後〇時頃に〇〇県〇〇市〇〇町〇丁目〇番地先路上において第三債務者が運転する自動車が債務者の運転する自動車に追突して債務者を負傷させたことにより，第三債務者が債務者に支払うべき損害賠償請求権にして，頭書金額に満つるまで

　　　　　　　　　　　　　　　　　　　　　　　　　　以　上

作成上の留意点

1　本事例は，債権者が債務者に対する金銭債権の回収を図るため，債務者が第三債務者に対して有する損害賠償債権（交通事故による賠償金）を差し押さえる際に作成する差押債権目録の記載例です。

2　本事例は，債権執行の申立てを想定したものですが，仮差押え（保

全命令)の申立ての際に作成する仮差押債権目録にも使用できます。

3　【記載例】は，債務者と第三債務者との間で自動車による交通事故が発生し，その結果，債務者（被害者）が第三債務者（加害者）に対して有する交通事故による賠償金債権について，債権者が差し押さえるケースです。不法行為に基づく損害賠償債権を被差押債権とするため，当該不法行為の具体的な内容（日時・場所・事故の状況等で特定します。）を表示します。

4　なお，債務者が第三債務者に対して損害賠償請求訴訟を提起している事案であれば，第一審判決の言渡後その確定前にされた転付命令が認容された事案があります。

《参考となる判例》

○本件差押債権は，その請求訴訟の判決の確定等によって形成されるものではないから，判決が確定しない限り（第一審判決が言渡されたが未確定），本件差押債権には券面額がないというものではない。ただ第三債務者がその存否，数額を争って訴訟事件が係属している以上，その客観的に存在している数額を確知することが困難であるに過ぎないとした事例（札幌高決昭55・6・2判タ421・112）

498　　差押・仮差押債権目録　　その他

193　郵便振替払込金払渡請求権の場合

　債権者が債務者に対する金銭債権の回収を図るため，債務者が第三債務者に対して有する郵便振替払込金払渡請求権の差押えの申立てをする際に差押債権目録を作成する場合

【記　載　例】

差　押　債　権　目　録

　金〇〇〇万円

　ただし，債務者が第三債務者（〇〇貯金事務センター扱い）に対して有するゆうちょ銀行振替口座（口座番号〇〇〇〇）払込金払渡請求権にして，頭書金額に満つるまで

以　上

作成上の留意点

1　本事例は，債権者が債務者に対する金銭債権の回収を図るため，債務者（加入者）が第三債務者（ゆうちょ銀行）に対して有する郵便振替払込金の払渡請求権を差し押さえる際に作成する差押債権目録の記載例です。

2　本事例は，債権執行の申立てを想定したものですが，仮差押え（保全命令）の申立ての際に作成する仮差押債権目録にも使用できます。

3　郵便振替は，振替口座を有する加入者と加入者以外との間あるい

は加入者相互間における送金及び債権債務の決済の手段として利用されています。簡単で確実な送金及び債権債務の決算手段を提供するゆうちょ銀行のサービスとされています（郵政民営化以前には，郵便振替法に基づき日本郵政公社が取り扱っていた郵便振替口座による送金決済サービスでした。）。この場合，通帳は発行されず，口座に受払いがあった場合には，その都度貯金事務センターから届出住所へ受払通知書が郵送されることになり，特に大量の取扱いに向いています。

4　振替口座から郵便為替証書に表示する金員について，加入者も含む受取人に払い出し，又はその証書の持参人に対して支払うことを総じて払渡しといいます。本事例は，加入者が有する振替口座からの払渡請求権を差し押さえるケースとなります。

194 法人税還付請求権の場合

債権者が債務者に対する金銭債権の回収を図るため，債務者が第三債務者に対して有する法人税還付請求権の差押えの申立てをする際に差押債権目録を作成する場合

【記　載　例】

差　押　債　権　目　録

金○○○万円

ただし，債務者が第三債務者に対して有する法人税法第80条1項（欠損金繰戻し）による下記法人税還付請求権にして，頭書金額に満つるまで

記

還付所得事業年度　令和○年○月○日から令和○年○月○日まで
欠 損 事 業 年 度　令和○年○月○日から令和○年○月○日まで

以　上

作成上の留意点

1　本事例は，債権者が債務者に対する金銭債権の回収を図るため，債務者（納税者）が第三債務者（国：税務署）に対して有する法人税還付請求権の払渡請求権を差し押さえる際に作成する差押債権目録の記載例です。

差押・仮差押債権目録　　その他　　501

2　本事例は，債権執行の申立てを想定したものですが，仮差押え（保全命令）の申立ての際に作成する仮差押債権目録にも使用できます。

3　法人税とは，法人の所得金額などを課税標準として課される税金（国税）のことです。また，法人税の欠損金の繰戻し還付制度とは，青色申告法人の確定申告書を提出する事業年度において生じた欠損金額がある場合に，その欠損金額に係る事業年度（欠損事業年度）開始の日前1年以内に開始したいずれかの事業年度（還付所得事業年度）の所得に対して，法人税額の還付を税務署より請求することができる制度です（法税80Ⅰ）。

4　原則として還付請求は欠損事業年度の確定申告書の提出期限までに，その確定申告書の提出と同時に行う必要があるため，債務者が還付請求書を提出していることが前提となります。

5　本事例の第三債務者は国となりますが，代表者の表示は，国税資金支払命令官（通常は税務署長）となります。

195 ジョイントベンチャーの分配金の場合

債権者が債務者に対する金銭債権の回収を図るため，債務者が第三債務者に対して有するジョイントベンチャーの分配金請求権の差押えの申立てをする際に差押債権目録を作成する場合

【記 載 例】

差 押 債 権 目 録

金○○○万円

ただし，債務者が申立外○○工事株式会社らとの間で○○建設共同企業体協定を締結し，かつ○○建設共同企業体を結成して○○県との間で下記工事を請け負ったことに基づき，債務者が第三債務者に対して有する利益の分配金請求権のうち，本決定送達後令和○年○月末までに支払を受けるものにして支払期の早いものから頭書金額に満つるまで

記

契 約 日	令和○年○月○日
工 期	令和○年○月○日から同年○月末頃まで
工 事 件 名	県立○○学校校舎改築工事
工 事 場 所	○○市○○町○丁目○番○号

以 上

差押・仮差押債権目録　　その他　　503

作成上の留意点

1　本事例は，債権者が債務者に対する金銭債権の回収を図るため，債務者が第三債務者（ジョイントベンチャー）に対して有する利益の分配金請求権を差し押さえる際に作成する差押債権目録の記載例です。

2　本事例は，債権執行の申立てを想定したものですが，仮差押え（保全命令）の申立ての際に作成する仮差押債権目録にも使用できます。

3　ジョイントベンチャーとは，主として土木建築業界等における共同企業体（"Joint Venture"の略語であるJVの呼称が用いられることが多いです。）を指し，一つの工事を施工する際に複数の企業が共同で工事を受注し施工するための組織をいいます。一社では実行不可能な複雑・大規模な事業を行う場合でも，ジョイントベンチャーを設立することで，業務量の分散や得意分野に特化できるというメリットがあります。また，発注側にも受注側にもリスクを分散できるという効果があって，主にゼネコン業界や海外企業進出の一形態として行われています。

4　この共同企業体は，民法上の組合に該当するとされています。したがって，ジョイントベンチャーに利益が生じた場合には，ジョイントベンチャーが，その構成員に対して会計上の利益の一定割合を利益分配金として支払うことになります。

504　　　差押・仮差押債権目録　　その他

196　貸金庫の内容物の引渡請求権の場合

　　債権者が債務者に対する金銭債権の回収を図るため，債務者
　が第三債務者に対して有する貸金庫の内容物の引渡請求権の差
　押えの申立てをする際に差押債権目録を作成する場合

【記　載　例】

　　　　　　　　　差　押　債　権　目　録

　　金〇〇〇万円
　　ただし，債務者が第三債務者に対して有する下記貸金庫の内容
　物の引渡請求権（これに基づく引渡しは，貸金庫に入室させた上，
　貸金庫契約の定めるところにより，貸金庫の内容物を取り出すこ
　とができる状態にする方法による。）
　　ただし，売得金の配当（執行官による受領及び売却）を求める
　動産の範囲は，現金，貴金属，宝石及び有価証券
　　　　　　　　　　　　　　　記
　　第三債務者の〇〇支店の貸金庫室内に存在する債務者との貸金
　庫契約に係る貸金庫
　　　　　　　　　　　　　　　　　　　　　　　　　以　上

作成上の留意点

1　本事例は，債権者が債務者に対する金銭債権の回収を図るため，
　　債務者が第三債務者（銀行）に対して有する貸金庫の内容物の引渡

差押・仮差押債権目録　　その他　　505

請求権を差し押さえる場合に作成する差押債権目録の記載例です。

2　この引渡請求権は，利用者自らが開扉して内容物を取り出すという方法での引渡しを求める権利であって，銀行に対して内容物の交付を求める権利ではありません。そこで債務者の第三債務者に対する貸金庫契約に基づく貸金庫の内容物の引渡請求権に対する強制執行は，①貸金庫内容物の引渡請求権の差押え（民執143），②差押債権者の申立てを受けた執行官による貸金庫内容物の受領及び売却と売得金の執行裁判所への提出（民執163），③執行裁判所による売得金の配当等（民執166Ⅰ③）という一連の手続によって実施されます。

3　また，貸金庫の内容物引渡請求権を差押債権として特定するためには，貸金庫を特定しなければなりません。そのため，【記載例】のとおり，「第三債務者○○支店の貸金庫室内に存在する債務者との貸金庫契約に係る貸金庫」と記載した上で，貸金庫を特定することになります。この表示によれば，仮に，債務者が第三債務者の同一店舗において複数の貸金庫を利用している場合でも，その全ての貸金庫の内容物引渡請求権が差押えの対象となると解されています（民執実務・債権編（下）202頁）。

4　本事例は，債権執行の申立てを想定したものですが，仮差押え（保全命令）の申立ての際に作成する仮差押債権目録にも使用できます。

5　本事例の差押えは，個々の動産を特定するものではなく，銀行の占有が貸金庫の内容物全体につき一個の包括的な占有として成立すると解されています。ただし，実務では，一連の手続を考え，受領を求める動産の範囲を限定する記載例が多いです（【記載例】のように，売得金の配当を求める動産の範囲に限定します。）。

6　本事例の差押えにより，債権者は貸金庫契約に基づいて第三債務者（銀行）に対し，貸金庫室への立入り及び貸金庫の開扉に協力すべきことを請求することができます。銀行がこれに応じることで，

債権者が貸金庫を開扉できる状態になり，債権者が銀行に対し，貸金庫契約の定めるところによって内容物を取り出すことができる状態にするように請求することができます。

《参考となる判例》

○貸金庫の内容物については，利用者の銀行に対する貸金庫契約上の内容物引渡請求権を差し押さえる方法により，強制執行をすることができる。また，貸金庫契約上の内容物引渡請求権に係る取立訴訟においては，差押債権者は，貸金庫を特定し，それについて貸金庫契約が締結されていることを立証すれば足り，貸金庫内の個々の動産を特定してその存在を立証する必要はないとした事例（最判平11・11・29民集53・8・1926，判時1694・3）

第5章 その他の目録

508

第1 手形・小切手目録

197 手形の場合

約束手形金請求訴訟を提起しようとする際に，手形目録を作成する場合

【記 載 例】

手 形 目 録

約束手形

　　金　　　額　　○○○万円

　　支 払 期 日　　令和○年○月○日

　　支　払　地　　○○県○○市

　　支 払 場 所　　株式会社○○銀行○○支店

　　振　出　日　　令和○年○月○日

　　振　出　地　　○○県○○市

　　振　出　人　　○○株式会社

　　受　取　人　　○　○　○　○

　　第1裏書人　　○　○　○　○

以　上

510 　　その他の目録　　手形・小切手目録

作成上の留意点

1　手形訴訟（民訴350以下）の場合には，手形を特定するためや判決書
に添付するため，手形目録を作成するのが一般的です。

2　手形には，約束手形と為替手形があります。本事例は，約束手形
金請求の事例です。手形目録には，手形要件（手75）をもれなく正確
に記載する必要があります。留意事項は次のとおりです。

①　「支払期日」とあるのは，手形法75条3号の「満期」のことであ
り，「満期」と記載する例もあります。「支払期日」は支払呈示期
間（手77Ⅰ③・38Ⅰ）を決めるために必要です。

②　「支払地」（手75④）及び「振出地」（手75⑥）は，最小独立行政区
画（市・町・村，東京都の場合は区）を表示します（後記《参考
となる判例》参照）。

③　手形の裏書人に対する請求の場合は，手形目録に裏書人を記載
します。

④　手形要件を欠く手形は効力がありません（手76Ⅰ）。振出日や受
取人は白地のままで裏書きされることもあるので，訴状提出時ま
でに補充しておく必要があります。

3　為替手形（手1）の場合は，金額，支払期日，支払地，支払場所，
振出日，振出地，支払人，引受人，振出人，受取人等によって特定
します。

《参考となる判例》

○約束手形の振出地について，市町村のような行政区画中，独立した最小
地域をいうとした事例（大判明34・10・24民録7・9・124）

○小切手の支払地の表示方法について，小切手面上の記載により最小行政
区画たる地域を推知するに足るものでよいとした事例（大連判大15・5・
22民集5・426）

その他の目録　　手形・小切手目録　　511

198　小切手の場合

　小切手金請求訴訟を提起しようとする際に，小切手目録を作成する場合

【記　載　例】

```
                小　切　手　目　録


    金　　　額　　○○○万円
    支　払　人　　株式会社○○銀行○○支店
    支　払　地　　○○県○○市
    振　出　日　　令和○年○月○日
    振　出　地　　○○県○○市
    振　出　人　　○○株式会社
    持参人払式
                                        以　上
```

作成上の留意点

1　小切手訴訟（民訴367）においては，小切手を特定するためや判決書に添付するため，小切手目録を作成するのが一般的です。

2　小切手目録には小切手要件（小切手1）をもれなく正確に記載する必要があります。小切手要件を欠く小切手は効力がありません（小切手2Ⅰ）。

512　　　その他の目録　　手形・小切手目録

3　「支払人」（小切手1③）は，振出人の支払委託に基づき，振出人の当座預金を資金として小切手金の支払をする銀行です。「支払地」（小切手1④）は，小切手金が支払われる銀行店舗の所在する一定の区域（最小独立行政区画）です（「197　手形の場合」記載の《参考となる判例》参照）。「振出日」（小切手1⑤）は，小切手が振り出された日です。振出日の翌日から10日間の支払呈示期間（小切手29Ⅰ）を定めるため必要です。「振出地」（小切手1⑤）は，小切手が振り出された場所の所在する一定の区域（最小独立行政区画）です（「197　手形の場合」記載の《参考となる判例》参照）。

4　小切手では，「受取人」の記載のない場合には，当然に持参人払式とみなされます（小切手5Ⅲ）。したがって，「受取人」の記載のない場合には，【記載例】のように「持参人払式」と記載して小切手を特定すれば足ります。

第2 登記目録

199 一般的な場合

抵当権設定契約の不存在を理由に抵当権設定登記抹消登記請求権を被保全権利として抵当権処分禁止の仮処分命令の申立てをしようとする際に，当該抵当権を特定，明示するため登記目録を作成する場合

【記 載 例】

登 記 目 録

○○法務局令和○年○月○日受付第○○号抵当権設定登記
  原　　　　因　　令和○年○月○日金銭消費貸借同日設定
  債　権　額　　金○○○万円
  利　　　　息　　年○○パーセント
  損　害　金　　年○○パーセント
  債　務　者　　○○県○○市○○町○丁目○番○号
             ○○株式会社
  抵 当 権 者　　○○県○○市○○町○丁目○番○号
             ○○株式会社

以 上

514 その他の目録　登記目録

作成上の留意点

1　登記目録を作成するのは，本事例のように既に登記されている権利を特定，明示するために作成する場合と，まだ登記はされていないが，訴訟手続や保全命令手続で設定を求める登記の内容を特定，明示するために作成する場合があります。いずれの場合も，登記目録には不動産登記法上の登記事項（本事例の抵当権の場合は，不登59・83参照）を記載して登記や権利を特定します。既に登記されている場合は，【記載例】のように法務局，受付年月日，受付番号及び登記の目的を記載します。

2　登記目録に記載する事項は，登記の種類により異なります。主なものは次のとおりです。

【参考例1：地役権の移転登記請求権又は抹消登記請求権を被保全権利とする地役権処分禁止仮処分命令申立ての場合】

登　記　目　録

　○○法務局令和○年○月○日受付第○○号地役権設定登記

　　　原　　　因　　　令和○年○月○日設定
　　　目　　　的　　　通行
　　　範　　　囲　　　全部
　　　要　役　地　　　○○県○○市○○町○丁目○番○，同番○，同番○

以　上

【参考例2：根抵当権設定登記請求権を被保全権利とする不動産処分
禁止仮処分命令申立ての場合】

登　記　目　録

登記の目的　　根抵当権設定

原　　因　　令和○年○月○日設定

極　度　額　　金○○○万円

債権の範囲　　金銭消費貸借取引，手形債権，小切手債権

債　務　者　　○○県○○市○○町○丁目○番○号
　　　　　　　○○株式会社

根抵当権者　　○○県○○市○○町○丁目○番○号
　　　　　　　○○株式会社

以　上

516　　　　　　　その他の目録　　登記目録

200　仮登記上の権利の場合

　仮登記上の権利の譲受人が譲渡人に対して有する登記請求権を被保全権利として処分禁止の仮処分の申立てをしようとする際に，仮登記上の権利を特定，明示するために登記目録を作成する場合

【記　載　例】

登　記　目　録

　○○法務局令和○年○月○日受付第○○号所有権移転請求権仮登記
　　　　原　　　　因　　令和○年○月○日売買予約
　　　　権　利　者　　○○県○○市○○町○丁目○番○号
　　　　　　　　　　　　○　○　○　○

　　　　　　　　　　　　　　　　　　　　　　　　　　以　上

作成上の留意点

1　仮登記は，本登記をするための実体上，手続上の要件が備わっていない場合に，将来の登記の順位を保全するために行われる登記手続です（不登105・106）。
2　この仮登記には，①実体法上の権利変動は生じているが，本登記申請に必要な手続上の要件を具備しない場合に認められるもの（不

その他の目録　登記目録　　517

登105①，条件不備の仮登記）と，②実体法上の権利変動はないが，将来
の権利変動を求めることができる請求権が発生している場合にその
請求権（始期付き又は条件付きのものその他将来確定することが見
込まれるものを含む。）を保全するために認められるもの（不登105②，
請求権保全の仮登記）があります。

　このように仮登記は，発生原因が異なり，仮登記ごとに登記の目
的も異なるので，契約書や登記記録等をよく確認して正確に登記目
録を作成する必要があります。

3　本事例のように売買予約が成立した場合は，買主は売買完成前で
　も，所有権移転請求権保全の仮登記をすることができます（大判大4・
　4・5民録21・426）。この場合の「登記の目的」は，「所有権移転請求権
　仮登記」と記載します（不動産登記実務497頁）。

　　なお，農地法3条又は5条の許可を条件とする売買についても仮登
　記をすることができ，この場合の「登記の目的」は，「条件付所有権
　移転仮登記」と記載します（不動産登記実務497頁）。

4　仮登記について登記目録を作成する事案としては，本事例のほか，
　仮登記の本登記手続請求訴訟や仮登記に基づく本登記の承諾請求訴
　訟（不登109参照）などがあります。

5　本事例のほか，仮登記の登記目録の記載例は次のとおりです。

【参考例1：農地法5条の許可を条件とする場合】

登　記　目　録

　○○法務局令和○年○月○日受付第○○号条件付所有権移転
仮登記
　　原　　　因　　令和○年○月○日売買（条件　農地法5条の

518　　　　　　　その他の目録　　登記目録

許可）
権　利　者　　○○県○○市○○町○丁目○番○号
　　　　　　　　○　○　○　○

以　上

【参考例2：地上権設定仮登記の場合】

登　記　目　録

○○法務局令和○年○月○日受付第○○号地上権設定仮登記
原　　　因　　令和○年○月○日設定
目　　　的　　木造建物所有
存　続　期　間　　○○年
権　利　者　　○○県○○市○○町○丁目○番○号
　　　　　　　　○　○　○　○

以　上

その他の目録　　登記目録　　　519

201　保全仮登記の場合

　債務者が根抵当権設定契約をしたのに登記手続をしないので，債権者が根抵当権設定登記請求権を保全するために不動産処分禁止の仮処分命令の申立てをする際に，被保全権利である根抵当権設定登記請求権を特定，明示するため登記目録を作成する場合

【記　載　例】

```
                    登　記　目　録


      登記の目的　　根抵当権設定
      原　　　因　　令和○年○月○日設定
      極　度　額　　金○○○万円
      債権の範囲　　令和○年○月○日付電気製品売買取引，
                    手形債権，小切手債権
      債　務　者　　○○県○○市○○町○丁目○番○号
                    ○　○　○　○
      根抵当権者　　○○県○○市○○町○丁目○番○号
                    ○○株式会社

                                            以　　上
```

520 その他の目録　登記目録

作成上の留意点

1　本事例のような不動産に関する所有権以外の権利の保存，設定又は変更についての登記請求権保全のための処分禁止の仮処分の執行は，処分禁止の登記とともに，仮処分による仮登記（保全仮登記）をする方法により行います（民保53Ⅱ）。

2　登記目録は，本案訴訟において請求が認容され保全仮登記による本登記手続が行われることを考慮し，登記される権利内容を特定して記載する必要があります。

3　なお，裁判所が登記嘱託をする場合に登記嘱託書の別紙となる保全仮登記の登記目録は，次のとおりです。

【参考例：「登記嘱託書兼登記原因証明書」別紙登記目録の場合】

登　記　目　録

登記の目的　　　根抵当権設定保全仮登記

原　　　因　　　令和○年○月○日設定

極　度　額　　　金○○○万円

債権の範囲　　　令和○年○月○日付電気製品売買取引，
　　　　　　　　手形債権，小切手債権

債　務　者　　　○○県○○市○○町○丁目○番○号
　　　　　　　　○　○　○　○

権　利　者　　　○○県○○市○○町○丁目○番○号
　　　　　　　　○○株式会社

以　上

その他の目録　担保権目録　521

第3　担保権目録

202　先取特権の場合

　一般先取特権（給料債権）に基づき，債務者が第三債務者に対して有する債権の差押命令の申立てをしようとする際に，担保権を特定，明示するため担保権目録を作成する場合

【記　　載　　例】

担　保　権　目　録

　債権者と債務者間の雇用契約に基づく，毎月○日締切，翌月○日払いの約定による債権者が債務者に対して有する給料債権に基づく一般先取特権

以　上

作成上の留意点

1　担保権目録は，担保権の実行としての競売申立てや債権差押命令申立ての場合（物上代位の場合を含む。）などに担保権を特定，明示するために作成します。

　　担保権は，担保権設定日，担保権の種類・態様（留置権，先取特権，質権，抵当権，根抵当権）で特定し，登記された担保権の場合は，さらに法務局，登記受付年月日，受付番号で特定します。

522　　その他の目録　　担保権目録

　なお，実務では，担保権と被担保債権と請求債権をまとめて一つの目録（担保権・被担保債権・請求債権目録）を作成し，被担保債権と請求債権との関係を明確にする場合が多いと思われます。この場合の記載例については，後記「204　根抵当権の場合」を参照してください。

2　先取特権は，民法上，本事例のような一般先取特権（民306以下）のほかに特別先取特権（民311以下）があります。特別先取特権で実務上問題になるのが動産売買先取特権（民321）です。

　動産売買先取特権に基づく物上代位による債権差押命令申立てのように，動産が第三者債務者に転売された事案では，債権者と債務者との間で売買された動産と同一の動産が第三債務者に譲渡されたことを明らかにする必要がありますので，担保権目録に対象動産を記載する場合は，売買動産が特定できるように記載しなければなりません。

　動産売買先取特権に基づく物上代位による債権差押命令申立書の担保権目録の記載例は，次のとおりです。

【参考例】

担　保　権　目　録

　下記の動産を，債権者が債務者に対し令和〇年〇月〇日に売却し，さらに債務者が第三債務者に対し令和〇年〇月〇日に売却したことにより，債務者が第三債務者から受けるべき金銭について債権者が有する動産売買の先取特権（物上代位）

その他の目録　　担保権目録

記

1　商　品　名　　〇〇〇〇

2　型　　　式　　〇〇〇〇

3　製　造　所　　〇〇製作所

4　製　造　年　度　　令和〇年度

5　製　品　番　号　　〇〇〇〇

6　売渡年月日　　令和〇年〇月〇日

7　数　　　量　　〇台

8　単　　　価　　〇〇万円

9　金　　　額　　〇〇〇万円

以　上

524 　　　その他の目録　　担保権目録

203　抵当権の場合

抵当権に基づき不動産の競売の申立てをしようとする際に，抵当権を特定，明示するため担保権目録を作成する場合

【記　載　例】

担　保　権　目　録

1　令和○年○月○日設定の抵当権
2　登記
　　○○地方法務局○○支局
　　令和○年○月○日受付第○○号

以　上

作成上の留意点

1　抵当権の担保権目録は，本事例のように抵当権に基づく担保不動産競売の申立てをする場合のほか，抵当権の物上代位に基づく債権差押命令の申立てをする場合などにも，申立書の別紙として作成，利用します。

2　抵当権を特定するためには，①主体，②権利の種類，③設定日，④対象不動産，⑤被担保債権が必要と考えられますが，①は当事者目録に表示されており，④は物件目録に表示されており，⑤は担保

その他の目録　　担保権目録　　525

権特定のための補助手段と考えられます(阪本・不動産競売申立て191頁，192頁)。したがって，【記載例】の程度で足りると考えられます。実務では，担保権目録を単独で作成するのではなく，後記「204　根抵当権の場合」記載のとおり，「担保権・被担保債権・請求債権目録」を作成する例が多いと思われます。

3　なお，複数の物件があり，物件により抵当権設定日が異なる場合や抵当権の移転がある場合は，次のように表示します。

【参考例1：複数の物件があり，抵当権設定日が異なる場合】

担　保　権　目　録

1　令和○年○月○日設定（物件1，2），
　　令和○年○月○日追加設定（物件3）の抵当権（注）
2　登記
　　○○地方法務局○○支局
　　令和○年○月○日受付第○○号（物件1，2）
　　令和○年○月○日受付第○○号（物件3）

以　上

（注）　この他に，次のような表示方法がある（園部・書式不動産執行の実務78
　　　頁）。

「1　令和○年○月○日設定の抵当権（物件1，2），
　　令和○年○月○日設定の抵当権（物件3）　　」

526　　　　その他の目録　　担保権目録

【参考例2：抵当権移転の場合】

担　保　権　目　録

1　令和○年○月○日設定，同年○月○日移転の抵当権
2　登記
　　○○地方法務局○○支局
　　主 登 記　　令和○年○月○日受付第○○号
　　付記登記　　令和○年○月○日受付第○○号

以　上

その他の目録　　担保権目録　　　527

204　根抵当権の場合

根抵当権に基づき不動産の競売の申立てをしようとする際
に，担保権・被担保債権・請求債権目録を作成する場合

【記　載　例】

担保権・被担保債権・請求債権目録

第1　担保権
　1　令和○年○月○日設定の根抵当権
　　　極　度　額　　金○○万円
　　　債権の範囲　　銀行取引，手形債権，小切手債権
　2　登記
　　　○○法務局○○出張所
　　　令和○年○月○日受付第○○号
第2　被担保債権及び請求債権
　　　下記債権のうち極度額金○○万円の範囲
　　　　　　　　　　　　　記
　1　元金　　金○○万円
　　　ただし，令和○年○月○日付金銭消費貸借契約による貸付
　　金（弁済期令和○年○月○日）
　2　利息金　金○○円
　　　ただし，1の金員に対する令和○年○月○日から令和○年
　　○月○日まで約定の年○○％の割合による利息金（年365日

528 その他の目録 担保権目録

の日割計算）

　3　損害金

　　ただし，1の金員の弁済期の翌日である令和○年○月○日
　から支払済みまで，1の金員に対する約定の年○○％の割合
　による遅延損害金（年365日の日割計算）

以　　上

作成上の留意点

1　担保権を特定，明示するために目録を作成しますが，実務では，
　担保権単独の目録ではなく，本【記載例】のように，担保権，被担
　保債権及び請求債権を一つの目録に記載する例が多いと思われま
　す。これは，各別に3種類の目録を作成するよりも，一つにまとめた
　方が担保権と被担保債権及び請求債権との関係が明確になり，分か
　りやすく，また効率的であるためと考えられます。

2　なお，複数の担保権がある場合は，次のように表示します。

【参考例：複数の担保権の場合の担保権の表示】

　1　担保権

　（1）　その1

　　①　令和○年○月○日設定の根抵当権

　　　極　度　額　　金○○万円

　　　債権の範囲　　銀行取引，手形債権，小切手債権

　　②　登記

　　　○○法務局○○出張所

　　　令和○年○月○日受付第○○号

(2)　その2

①　令和○年○月○日設定の根抵当権

極　度　額　　金○○万円

債権の範囲　　銀行取引，手形債権，小切手債権

②　登記

○○法務局○○出張所

令和○年○月○日受付第○○号

530　　その他の目録　　財産目録

第4　財産目録

205　土地，建物の場合

　家庭裁判所の後見開始の審判とともに選任された成年後見人が，家庭裁判所に提出する財産目録を作成する場合

【記　載　例】

　　　　　　　　　財　産　目　録

1　不動産（土地）

所　　在	地　番	地　目	地積(㎡)	備　　考
○○市○○町○丁目	○番	宅地	○○	自宅の敷地（居住用）
○○市○○町○丁目	○番	畑（現況：宅地）	○○	持分2分の1

2　不動産（建物）

所　　在	家屋番号	種　　類	床　面　積（㎡）	備　　考
○○市○○町○丁目○番地	○番	居宅	1階○○ 2階○○	自宅（居住用）
○○市○○町○丁目○番地	○番	居宅	○○	

　　　　　　　　　　　　　　　　　　　　　　　以　上

その他の目録　　財産目録　　531

作成上の留意点

1　本事例は，家庭裁判所の審判により選任された成年後見人が，選任後1か月以内に作成することとなる被後見人の財産の目録（対象財産が不動産のみの場合）を想定して記載したもので，一般的には一覧表形式にして作成します。

2　後見人（成年後見人，未成年後見人）に選任された者は，被後見人の財産の調査に着手し，1か月以内に財産の目録を作成しなければなりません（民853Ⅰ本文）。また，家庭裁判所は，後見人に対し，いつでも財産の目録の提出を求めることができることとなっており（民863Ⅰ），後見人の選任後1か月以内に作成する財産の目録については，必ず提出を求められています。

3　財産の目録は，登記記録や固定資産評価証明書を利用して本人の財産の内容が特定できるように記載します。また，財産の目録は，今後家庭裁判所が行っていく後見等監督に利用されることになりますので，土地や建物の現状等も記載します。

4　加えて，成年後見人が作成する財産の目録の場合，成年被後見人が居住の用に供する不動産の売却，賃貸等の処分については，家庭裁判所の許可が必要であり（民859の3），家庭裁判所は，成年被後見人の居住用の不動産を把握する必要があることから，どの不動産が居住用不動産であるか分かるように記載します。

5　なお，家庭裁判所によっては，今後の後見等監督の効率的な事務処理のため，庁独自の書式を使用しているところもあります。そういった場合は，各家庭裁判所の書式に沿った内容で財産の目録を作成します。

6　保佐人や補助人については，後見人のような財産の目録の作成義務はありませんが，家庭裁判所は，財産の目録の提出を求めることができ（民876の5Ⅱ・876の10Ⅰ・863Ⅰ），また，通常，選任後は，財産の目録の提出を求められていますので，同様の方法で作成します。

532　　　　　　その他の目録　　財産目録

206　現金，預貯金，国債，株式等の場合

　家庭裁判所の後見開始の審判とともに選任された成年後見人が，家庭裁判所に提出する財産目録を作成する場合

【記　載　例】

財　産　目　録

1　預貯金・現金

金融機関の名称	支店名	口座種別	口座番号	残　高	管理者
○○銀行	○○支店	普通預金	○○○○○○○	○○，○○○	後見人（年金入金）
○○銀行	○○支店	普通預金	○○○○○○○	○○，○○○	後見人
○○銀行	○○支店	定期預金	○○○○○○○	○○，○○○	後見人（解約予定）
現　金				○○，○○○	後見人
合　計				○○，○○○	

その他の目録　　財産目録　　　　　533

2　有価証券（株式，投資信託，国債，外貨預金など）

種　類	銘柄等	数　量 （口数，株数，額面等）	評価額（円）
株　式	○○株式会社	○○○株	○○，○○○
投資信託	○○証券	○○○口	○○，○○○
国　債	○○証券	額面○○○円	○○，○○○

3　保険契約

保険会社 の名称	保険の種類	証券番号	保険金額 （受取金額）	受取人
かんぽ生命	簡易保険	○○○○	死亡時 ○○万円	○○○○
○○生命	生命保険	○○○○	死亡時 ○○万円	○○○○

以　上

作成上の留意点

1　本事例は，成年後見人が選任後1か月以内の作成することとなる
　財産の目録（対象財産が不動産以外の場合）を想定して記載したも
　ので，財産の内容が一覧できるように一覧表形式にして作成します
　　（後見等監督の効率的な処理のため，各家庭裁判所が配付した書式
　を利用するのが一般的です。）。

2　財産の目録は，預金通帳，証券等を利用して，本人の財産が特定
　できるように上記【記載例】のように記載します。

3　年金の入金先，口座の解約予定など，後見監督に資する情報につ
　いては，財産の目録の適宜の場所，報告書又は年間収支予定表など
　に記載しておくことが相当です。

第5 その他

207 債権一覧表

再生手続開始の決定に対し，再生債権者が即時抗告の申立てをしようとする際に，再生債権者が有する債権を特定，明示するために債権一覧表を作成する場合

【記 載 例】

債 権 一 覧 表

債権の種類	債権額	損害金	備 考
貸 金	○○万円		令和○年○月○日金銭消費貸借契約による貸付金
		○○円	令和○年○月○日から○月○日まで年14％の割合による損害金
売買代金	○○万円		
合 計	○○万円	○○円	

以 上

その他の目録　　その他　　535

作成上の留意点

1　本事例は，再生手続開始の決定に対する即時抗告の際に作成する
　債権一覧表の場合です。抗告人は抗告権を有することを主張するた
　めには，自分が再生債権者であることを主張しなければなりません。
　債権が多い場合は，これを見やすくするため，便宜的に債権一覧表
　を作成することがあります。

2　本事例のほか，再生債権者が民事再生手続開始の申立てをする場
　合に債権の存在を特定，明示するために作成することもありますし，
　債権譲渡が問題となる訴訟事件において，対象となる債権が多数あ
　る場合に債権一覧表を作成する例もあります。

536 その他の目録　その他

208　登記権利者・義務者目録

不動産仮差押命令の申立てをしようとする際に，登記権利
者・義務者目録を作成する場合

【記　載　例】

登記権利者・義務者目録

　〇〇県〇〇市〇〇区〇〇町〇丁目〇番〇号
　　　　　　　　　　登記権利者　〇　〇　〇　〇
　〇〇県〇〇市〇〇区〇〇町〇丁目〇番〇号
　　　　　　　　　　登記義務者　〇　〇　〇　〇
　　　　　　　　　　　　　　　　　　　以　上

作成上の留意点

1　不動産仮差押命令の申立てのように登記嘱託を要する事件の申立
　ての場合に，登記嘱託用に「登記権利者・義務者目録」を添付する
　ことがあります。登記後に保全事件を取り下げる場合も，保全登記
　の抹消登記手続をする必要があるので，登記嘱託の便宜のため「登
　記権利者・義務者目録」を添付します。
2　「登記権利者・義務者目録」は，登記嘱託のために使用するもの
　ですから，当然のことながら登記記録に表示された住所氏名で作成
　します。複数の不動産がある場合に，登記義務者の表示に食い違い
　があるときは，当該不動産を特定した上，併記します。

その他の目録　　その他　　537

209　登録権利者・義務者目録

　　登録された普通自動車の仮差押命令の申立てをしようとする
際に，登録権利者・義務者目録を作成する場合

【記　載　例】

```
                登録権利者・義務者目録

     ○○県○○市○○区○○町○丁目○番○号
                      登録権利者　○　○　○　○
     ○○県○○市○○区○○町○丁目○番○号
                      登録義務者　○　○　○　○
                                    以　上
```

作成上の留意点

1　自動車の仮差押命令申立てのように登録の嘱託を要する事件につ
　いては，裁判所からの嘱託の便宜のため「登録権利者・義務者目録」
　を作成し提出する場合があります。また，仮差押命令申立てを取り
　下げた場合も抹消登録手続のために作成します。

2　「登録権利者・義務者目録」の作成に当たっては，自動車登録フ
　ァイル（車両4・6）に記録されているとおりに記載します。

3　複数の自動車がある場合に，登録義務者の表示に食い違いがある

場合は，当該自動車を特定した上，登録ファイル上の氏名と実際の
氏名を併記します。

4　自動車以外にも，登録された航空機，建設機械，小型船舶や特許
権等の知的財産権に対する仮差押命令申立ての際も同様に作成しま
す。

その他の目録　　その他　　　　　539

210　遺産目録

遺産分割の審判の申立てをしようとする際に，遺産目録を作成する場合

【記　載　例】

遺　産　目　録

1　不動産
　(1)　土地
　　　　所　　　　在　　　○○県○○市○○町○丁目
　　　　地　　　　番　　　○番○
　　　　地　　　　目　　　宅地
　　　　地　　　　積　　　○○平方メートル
　　　　固定資産評価額（令和○年）　　　○，○○○，○○○円
　　　　使用状況等　　　被相続人の持分2分の1。(2)の敷地。
　(2)　建物
　　　　所　　　　在　　　○○県○○市○○町○丁目○番地○
　　　　家 屋 番 号　　　○番○
　　　　種　　　　類　　　居宅
　　　　構　　　　造　　　木造瓦葺2階建
　　　　床　面　積　　　1階　○○平方メートル
　　　　　　　　　　　　2階　○○平方メートル
　　　　固定資産評価額（令和○年）　　　○，○○○，○○○円
　　　　使用状況等　　　相手方○○○○が居住

2 預貯金

(1) ○○銀行○○支店普通預金（口座番号○○○○○○○）

残高　○，○○○，○○○円（令和○年○月○日時点）

保管状況等　通帳は申立人が保管

(2) ゆうちょ銀行通常貯金（記号番号○○○○○－○○○○
○○○○）

残高　○，○○○，○○○円（令和○年○月○日時点）

保管状況等　通帳は相手方○○○○が保管

3 株式

○○株式会社　○○株

評価額　○○，○○○円（令和○年○月○日終値○円）

保管状況等　○○証券○○支店管理

4 現金

○○○，○○○円

保管状況等　申立人が保管

以　上

作成上の留意点

1　本事例は，遺産分割の審判の申立てを想定した遺産目録です。遺産分割の審判・調停の申立てをするには，遺産目録を提出しなければならず（審判につき家事規102 I，調停につき家事規127・102 I），通常は，申立書の別紙として「遺産目録」を作成して提出します。

2　遺産目録には，被相続人の遺産（分割の対象となる遺産）を，不動産，預貯金，株式等に分類した上，内容が特定できるように記載します。また，申立時点の遺産の評価額，残高や財産の使用状況や

証書等の保管状況等も記載します。

3　不動産については，不動産登記記録又は登記事項証明書の内容を正確に記載しますが，一団の土地や土地とその土地上の建物については，できるだけまとめて記載するようにします。また，不動産が共有の場合は被相続人の持分を，不動産登記記録上の名義人が被相続人と異なる場合には実際の名義人の氏名も記載し，相続人等が不動産を使用している場合はその旨も記載します。

4　預貯金については通帳の保管者を，債権については証書番号など，現金については現金の保管者も記載します。なお，預貯金については，下記判例のとおり，相続開始と同時に当然に分割されることなく遺産分割の対象となりますが，平成30年7月6日に成立した「民法及び家事事件手続法の一部を改正する法律」により創設された民法902条の2により一定限度での払戻しが可能となり，同法に基づき権利行使された預貯金債権は，当該共同相続人が遺産の一部分割によりこれを取得したものとみなされます（民909の2）。

　このような場合においても，具体的相続分を超過するときは，その後の遺産分割において清算義務を負うことになるため（堂薗幹一郎・野口宣大編著『一問一答新しい相続法』75頁（商事法務，2019））払戻分についても，払戻しを受けた遺産と明記した上で，遺産目録又は申立書の別紙等として記載しておくことが相当と思われます。

5　本事例のほか，遺留分侵害額請求（遺留分減殺請求），遺産の範囲確認等の訴えの訴状を作成する場合も「遺産目録」を作成することがありますが，これらの場合には，遺産の内容を特定する事項だけを記載しています（なお，標題を「財産目録」としたり，訴額算定の資料として評価額を記載することもあります。）。

《参考となる判例》

○保険受取人とされた相続人が取得する死亡保険金請求権又は死亡保険金
　は，民法903条1項に規定する遺贈又は贈与に係る財産には当たらず，特
　段の事情が存ずる場合のみ，特別受益に準じて持戻しの対象となるとし
　た事例（最決平16・10・29民集58・7・1979，判時1884・41）
○相続開始から遺産分割時までの間に生じた賃料債権は，遺産とは別個の
　財産というべきであり，各共同相続人がその相続分に応じて分割単独債
　権として確定的に取得するとした事例（最判平17・9・8民集59・7・1931，
　判時1913・62）
○共同相続された普通預金債権，通常貯金債権及び定期貯金債権は，相続
　開始と同時に当然に相続分に応じて分割されることはなく遺産分割の対
　象となるとした事例（最決平28・12・19民集70・8・2121，判時2333・68）

その他の目録　　その他　　543

211　証拠保全申立ての検証物目録

　医療過誤があったとして損害賠償請求訴訟を準備している者
が，診療録の改ざん等の危険性があるとして，病院の所持する
診療録等について証拠保全（検証）の申立てをしようとする際
に，検証物目録を作成する場合

【記　載　例】

検　証　物　目　録

　○○○○（令和○年○月○日生）の診療（令和○年○月○日か
ら令和○年○月○日まで）に関して作成された下記の資料

記

1　診療録

2　医師指示票

3　看護記録

4　レントゲン写真

5　諸検査結果票

6　診療報酬明細書（レセプト）控え

7　その他診療に関し作成された一切の資料及び電磁的記録

以　上

544　　　　その他の目録　　その他

作成上の留意点

1　証拠保全の申立書には，当事者の表示，証明すべき事実，証拠，証拠保全の事由を記載しなければなりませんが（民訴規2Ⅰ・153Ⅱ），検証における「証拠」とは検証の目的物をいい（菊井維大・村松俊夫『全訂民事訴訟法Ⅱ［第2版］』726頁（日本評論社，1989）），具体的に明示することが必要です。

2　検証の目的物は，裁判所の証拠保全決定の便宜のため，「検証物目録」として作成して提出します。また，当事者の表示についても「当事者目録」を作成して提出するのが一般的です（当事者目録については，「89　証拠保全申立ての場合」を参照してください。）。

3　検証物目録には，検証の目的物が特定できるように記載します。本事例は医療過誤における診療録等の検証を証拠方法とした証拠保全の検証物目録ですが，実務では，記載例のように対象者を氏名，生年月日で特定し，診療期間を限定した上，証拠保全の対象とする書類等を記載します。また，検証の目的物が電磁的記録で保管されている場合もありますので，電磁的記録も証拠保全の対象となるようその旨も記載します。

その他の目録　　その他　　　545

212　出資持分権目録

　信用金庫の会員の出資持分権に対して差押命令の申立てをする際に，出資持分権目録を作成する場合

【記　　載　　例】

　　　　　　　　　出　資　持　分　権　目　録

　債務者（会員）が第三債務者（信用金庫）に対して有する出資持分権
　　　口数　　　○○口
　　　一口　　　○○○円
　　　　　　　　　　　　　　　　　　　　　　　　　以　　上

作成上の留意点

1　本事例は，信用金庫の会員の出資持分権に対する差押命令申立ての際に作成する「出資持分権目録」を想定したものです。

2　信用金庫の会員の出資持分権に対しては，持分会社等の社員の持分と異なり，強制執行に関する明文の規定はありませんが，会社法609条の規定の趣旨から強制執行ができるものと解されており（深沢ほか・民執実務（中）831頁），また，これを肯定する裁判例もあります（東京地判昭44・5・29下民20・5〜6・396，判タ240・245）。

3　信用金庫の会員の出資持分権に対する強制執行は，債権執行の例

により（民執167 I），申立書には，債権執行の申立ての場合と同様に，差し押さえるべき債権の種類及び額その他債権を特定するに足りる事項を記載しなければなりません（民執規133・21③）。実務では，「出資持分権目録」を作成し，【記載例】のように口数を表示するなどして特定しています。

4　本事例のほか，商品取引所の会員や協同組合の組合員の出資持分権の差押命令についても「出資持分権目録」を作成して提出します。

《参考となる判例》

○信用金庫の会員の持分については，旧民事訴訟法625条により差押換価することができるとした事例（東京地判昭44・5・29下民20・5〜6・396，判タ240・245）

その他の目録　　その他　　547

213　社員持分権目録

持分会社（合資会社）の社員の持分に対して差押命令の申立
てをする際に，社員持分権目録を作成する場合

【記　載　例】

社　員　持　分　権　目　録

　債務者が第三債務者（合資会社）に対して，同社の有限責任社
員として有する持分権
　　　出資金額　　○○○○円

以　上

作成上の留意点

1　本事例は，合資会社の社員の持分権に対する差押命令申立ての際
　に作成する「社員持分権目録」を想定したものです。

2　持分会社（合名会社，合資会社及び合同会社）の社員の持分権に
　ついては，会社法609条，611条7項及び621条3項において，差押えに
　関する規定があることから，強制執行の対象になると考えられてい
　ます。

3　持分会社の社員の持分に対する強制執行は，債権執行の例により
　（民執167Ⅰ），申立書には，債権執行の申立ての場合と同様に，差し
　押さえるべき債権の種類及び額その他の債権を特定するに足りる事

項を記載しなければなりません（民執規133・21③）。

4　したがって，申立書には上記事項を記載することになりますが，実務では，裁判所の差押命令の便宜のため，「社員持分権目録」を作成して提出します。合資会社に対する社員持分権目録は，【記載例】のように，有限責任社員か無限責任社員かの区別を記載した上，出資金額を表示して特定します。

5　なお，社員持分権目録中の出資金額の記載については，本【記載例】のほか，「出資金額額面○○○○円，一口○○○○円，○○○○口」という記載方法もあります（園部・書式債権・その他財産権・動産等執行の実務・635頁，深沢ほか・民執実務（中）834頁参照）。しかし，申立債権者にこのような特定（記載）を求めることが困難な場合もあり，社員持分権の最小限度の特定の観点から，本書では【記載例】のとおりとしました。

《参考となる判例》

○合名会社の社員の持分は，旧民事訴訟法625条により差押えができるとした事例（大判大5・7・6民録22・1350）

その他の目録　　その他　　549

214　振替社債等目録

振替株式について，強制執行の申立てをしようとする際に，
振替社債等目録を作成する場合（株式の銘柄が特定できる場合）

【記　載　例】

振　替　社　債　等　目　録

1　差押えの目的及び限度

　　債務者が振替機関等の加入者（顧客）として有する下記の振
替株式のうち，2の順序に従い，金○○○○円（換価に際して差
し引かれる源泉徴収額及び手数料等の額を控除後の金額）に満
つるまで

　　ただし，1株を差押命令が振替機関等に送達された日（その日
が休日の場合は直近の取引日）の取引所の基準値段（複数の取
引所に上場されている場合は，最高値）により換算（1株に満た
ないものは切り捨て）するものとする。

記

(1)　○○電気株式会社　　普通株

(2)　○○商事株式会社　　優先株

2　差押えの順序

(1)　複数の銘柄の振替株式があるときは，次の順序とする。

　　ア　先行する，①仮処分の執行，②滞納処分による差押え，

③担保権の実行による差押え，④強制執行による差押え，⑤仮差押えの執行，⑥没収保全の執行，のいずれもされていないもの。

　イ　①から⑥までのいずれか又はそのいくつかがされているもの

(2)　同じ順位のものの間では，振替株式の銘柄に付されたコード番号の若い順（アルファベットは数字に遅れるものとし，また，アルファベット順にＡを若いものとする）

3　差し押さえられた振替株式につき，発行者が次の各行為をするために，振替機関に対し，増加比率，交付比率又は割当比率等を通知し，これに基づき，振替機関等において，差し押さえられた振替株式が記載又は記録された債務者の口座の保有欄に振替社債等の増加又は増額の記載又は記録をしたときは，その増加又は増額の記載又は記録がされた振替社債等も，差押えの対象とする。

(1)　当該振替株式の分割

(2)　会社の合併，会社分割，組織変更，株式交換，株式移転又は取得条項付株式，全部取得条項付種類株式，取得条項付新株予約権若しくは取得条項付新株予約権付社債の取得に際して，当該振替株式の対価として振替社債等を交付する行為

(3)　振替株式，振替新株予約権又は振替新株予約権付社債の無償割当て

(4)　その他これらに類する行為

以　上

その他の目録　　その他　　　　551

作成上の留意点

1　振替社債とは，振替機関が取り扱う社債（社債，国債，地方債，株式，新株予約権，新株予約権付社債，投資口等（社債株式振替2Ⅰ））のうち同法66条の要件に当たるものをいい，原則として，社債券が発行されることはありません（社債株式振替67）。株式については，「株式等の取引に係る決済の合理化を図るための社債等の振替に関する法律等の一部を改正する法律」が平成21年1月5日から施行されたことにより，株券等が電子化され，電子化された株式等も振替制度の対象となっています。

2　振替社債等に関する強制執行の申立書には，差し押さえるべき振替社債等の種類及び額その他振替社債等を特定するに足りる事項を記載することになりますが（民執規150の8・133），これらの事項を「振替社債等目録」として作成して提出するのが一般的です。

3　振替社債等が特定できる場合は，その銘柄，額又は数量を記載するとともに，差押えの順序についても記載します。また，債務者が口座管理機関（振替機関又は他の口座管理機関に口座を開設した上で，他の者のために口座を開設する者をいいます。（社債株式振替2Ⅳ））である場合（振替機関等は直近上位機関）は，自己口座と顧客口座が存在することから，差押えの対象を明確にするために，「自己口座に記載又は記録されたもの」に限る旨記載します。

4　本事例は，振替株式の強制執行を想定したものですが，差押え後に，発行者が差押えにかかる振替株式の分割をすることで差押えにかかる権利の数や内容が変動された場合，増加，交付又は割り当てられた振替社債等に差押えの効力が及ぶか問題があることから，差押命令では，変動後の権利についても差押えの効力が及ぶ旨表示することが相当であると考えられています（武智舞子・長谷場暁・佐野勝

信「株式等の取引に係る決済の合理化を図るための社債等の振替に関する法律
等の一部を改正する法律の施行に伴う民事執行規則及び民事保全規則の一部改
正の概要」金法1853号12頁（金融財政事情研究会，2008））。したがって，申
立てに当たっては，【記載例】の3のように記載するのが相当といえ
ます。

5　本事例は民事執行法による強制執行の申立ての際の振替社債等目
録を想定したものですが，民事保全法による振替社債等に関する仮
差押さえ等の際の振替社債等目録の記載についても同様です。

　　なお，当事者目録の記載については，「86　民事保全事件の場合①
（通常の仮差押え，仮処分の場合）」を参照してください。

その他の目録　　その他　　553

215　電子記録債権目録

　債務者を電子記録名義人とする電子記録債権について，強制執行をしようとする際に，電子記録債権目録を作成する場合（電子記録債権が特定できる場合）

【記　載　例】

```
　　　　　　　電 子 記 録 債 権 目 録

　金○○○○円
　ただし，債務者が第三債務者に対して有する電子記録債権のう
ち，別紙当事者目録記載の電子債権記録機関の記録原簿に記録さ
れた下記記録番号の債権記録に係る電子記録債権にして，下記の
順序により，頭書金額に満つるまで。
　なお，同一の記録番号に係る電子記録債権について，利息，遅
延損害金又は違約金の定めがあるときは，元本，利息，遅延損害
金，違約金の順序による。
　　　　　　　　　　　　　　記
　1　記 録 番 号　　○○○○○○○○
　　　元 本 の 額　　○○○○円
　　　支 払 期 日　　令和○年○月○日
　2　記 録 番 号　　○○○○○○○○
　　　元 本 の 額　　○○○○円
　　　支 払 期 日　　令和○年○月○日
　　　　　　　　　　　　　　　　　　　　　　以　上
```

554 その他の目録　その他

作成上の留意点

1　電子記録債権とは，その発生又は譲渡について電子記録債権法の規定による電子記録を要件とする金銭債権をいいます（電子債権2Ⅰ）。電子記録債権は，電子債権記録機関（電子記録を業とする主務大臣の指定を受けた株式会社）が，当事者の請求又は官庁若しくは公署の嘱託に基づき，記録原簿に発生記録をすることによって生じます（同法15）。

2　電子記録債権については，強制執行をすることができますが（民執規150の9），申立書には，差し押さえるべき電子記録債権を特定するに足りる事項及び電子記録債権の一部を差し押さえる場合は，その範囲を明らかにしなければなりません（電子債権49Ⅲ，民執規150の15Ⅰ・133）。

3　本事例のように電子記録債権が特定できる場合には，金額，支払期日及び記録番号を記載した「電子記録債権目録」を作成して提出します。

4　ところで，電子記録の開示については，登記制度と異なり，原則として債権記録に記録されている者に限られていますので（電子債権87・88），一般債権者等が記録原簿の記録事項を閲覧したり，記録事項証明書の交付を受けることはできません。そのため，申立債権者が電子記録債権の内容を特定できないときは，電子記録債権に順序をつける等の抽象的な特定方法により作成できると考えられています（岩井一真・武智舞子「電子記録債権法の施行に伴う民事執行規則及び民事保全規則の一部改正の概要」金法1874号15頁（金融財政事情研究会，2009））。

その他の目録　　その他　　555

216　補助人の同意行為目録

補助開始の審判の申立てとともに，補助人に対する同意権付与の申立てをしようとする際に，同意行為目録を作成する場合

【記　載　例】

同　意　行　為　目　録

1　本人所有の不動産の売却
2　通信販売又は訪問販売による契約の締結
　　（ただし日用品の購入その他日常生活に関する行為を除く。）

以　上

作成上の留意点

1　本事例は，補助開始の審判の申立てとともに補助人に対する同意権付与（被補助人が特定の行為をするのに補助人の同意を必要とする申立て）を求める場合を想定したものです。
2　上記申立てに当たっては，申立書に同意を必要とする行為を記載することとなりますが，裁判所の審判の便宜のため，「同意行為目録」を作成して提出することがあります（なお，補助人に対する代理権付与のみを求める場合は「同意行為目録」の作成は不要です。）。
3　補助人の同意を得なければならない行為は法律行為に限られ，また，民法13条1項に定める行為の一部に限られています（民17Ⅰ・13

Ⅰ）。したがって，民法13条1項各号の全部を補助人の同意を要する行為とした同意行為目録は不適法ですし，「自己の財産の処分の一切」のように記載することもできません。また，「日用品の購入その他日常生活に関する行為」については対象にできませんので（民13Ⅰただし書・9ただし書），【記載例】のように除外する旨を記載します（標題の下に「以下の法律行為（ただし，日用品の購入その他日常生活に関する行為を除く。）」と記載した上，具体的な行為を記載していく方法もあります。）。

4　なお，保佐人に対する同意権付与の申立て（民13Ⅱ）についても同様に「同意行為目録」を作成して提出することになりますが，民法13条1項に定める法律行為については，審判で定めるまでもなく保佐人の同意が必要となっており（民13Ⅰ），審判で求めることができる法律行為の範囲が補助人の場合と異なっていますので注意が必要です。

その他の目録　　その他　　557

217　任意後見契約目録

　任意後見契約の解除許可審判の申立てをしようとする際に，任意後見契約目録を作成する場合

【記　載　例】

任　意　後　見　契　約　目　録

　公正証書を作成した公証人の所属　　○○法務局
　証　書　番　号　　　　　　　　　令和○年第○○○号
　証書作成年月日　　　　　　　　　令和○年○月○日
　登　記　番　号　　　　　　　　　第○○○－○○○号
　本　　　　　　人　　　　　　　　○　○　○　○
　任　意　後　見　人　　　　　　　○　○　○　○

　　　　　　　　　　　　　　　　　　　　　　　　以　上

作成上の留意点

1　任意後見契約の解除許可の審判（家事別表第一・121項）の申立てに当たっては，対象となる任意後見契約を特定するため，「任意後見契約目録」を作成します。

2　「任意後見契約目録」の作成に当たっては，【記載例】の事項を後見登記等ファイル（後見登記5）に記録されているとおりに記載します。

558 その他の目録　　その他

3　本事例のほか，任意後見監督人の選任の審判（家事別表第一・111項）
を求める場合や任意後見監督人の選任後の後見開始の審判（家事別
表第一・1項）の申立てをする場合についても作成します。

4　なお，家事審判事件で作成する目録には，「当事者目録」「物件目
録」「財産目録」「遺産目録」などのほかに，次のような目録もあり
ます。

(1)　代理行為目録

　　　保佐人や補助人に対する代理権付与の申立てに当たり，対象
となる代理行為を記載するものです。

(2)　任意後見契約における代理権目録

　　　任意後見契約を締結するに当たり，対象となる代理権を記載
するものです。目録については「任意後見契約に関する法律第3
条の規定による証書の様式に関する省令」で定められており，選
択方式になっている様式（任意後見契約に関する法律第3条の規定によ
る証書の様式に関する省令附録第1号様式）と具体的な代理権を記載す
る様式（任意後見契約に関する法律第3条の規定による証書の様式に関す
る省令附録第2号様式）のどちらかの様式を選択することになりま
す。

〔改訂版〕裁判上の各種目録記載例集
当事者目録、物件目録、請求債権目録、
差押・仮差押債権目録等

平成22年９月９日　初　　版発行
令和元年10月16日　改訂初版発行

編　著　佐　藤　裕　義

発行者　新日本法規出版株式会社
代表者　星　　謙一郎

発 行 所　新日本法規出版株式会社

本　　社　(460-8455)　名古屋市中区栄１－23－20
総轄本部　　　　　　　　　電話　代表　052(211)1525

東京本社　(162-8407)　東京都新宿区市谷砂土原町２－６
　　　　　　　　　　　　　電話　代表　03(3269)2220

支　　社　札幌・仙台・東京・関東・名古屋・大阪・広島
　　　　　　高松・福岡

ホームページ　https://www.sn-hoki.co.jp/

※本書の無断転載・複製は、著作権法上の例外を除き禁じられています。＊＊
※落丁・乱丁本はお取替えします。　　　　　ISBN978-4-7882-8628-3
5100087　改訂裁判目録記載　　　　　　　Ⓒ佐藤裕義 2019 Printed in Japan